北大三题

◎ 齐海滨 著

商務印書館

目　录

1　鄱阳湖畔小松岗

——记我与外法史年会的一番因缘

差不多三个月前，也就是2011年10月下旬，在海口举行的全国外国法制史第24届年会的闭幕式上，会长何勤华教授向与会者郑重发出征文邀请。外法史学会成立于1982年，很快就是它的而立之年了。学会的30周年纪念事项中，计划出版两本文集：一本是论文集，一本是散文集。我当时就和邻座的刘艺工教授说，我倒是可以写一篇。艺工立表赞同，说他也考虑写。接下来在上海参加西方法律思想史的年会，见到主持统稿的李秀清教授又说起这件事。秀清恳切地说，齐老师你一定要写的。于是在从上海回武汉的火车上，我就在心里大概钩稽了一下，觉得确实有一些可以写的东西，打算回去后尽快完成。

然而后来一连串的琐事使我顾不上这件事了。其中一件最要紧的事情，是办理社保手续。我自2006年底回国在华中科技大学教书已有5年，一直是签订特聘合同，不属学校人事编制。年内我被北大人事处档案室告知，北大方面已经在一年多前把我以及类似情况其他教师的人事档案移交给劳动人事部的人才中心，而劳动人事部前时发通知说，补交养老保险的手续截至2011年底，我的户口所在地北京市海淀区又进一步规定截止期提前两周。我是1969年下乡到北大荒农场，1989年出国，两年半后接到北大的一纸通知。这样我的档案工龄是22年半，需要补交1992年以后的养老保险，这样退休后才有所保障。我在武汉工作，户口仍在北京，办理这些手续不但两地数次往返多有麻烦，还要急急忙忙筹措一大笔钱。所以一直到年底前，除了日常工作以外我基本上都在操心这件事，而到了年底我与华科的合同也期满了。网上有好事者用旭日阳刚的著名表演将汪峰作品做了戏仿："如果有一天，我老无所依，请你把我放在，那新闻联播里。"看到这样的段子，心有戚戚焉。我当然不想到了那一天被这样放在新闻联播里。不过我也知道，经过廿余年山水流转，我和农民工实际上只是工种不同，身份已差不太多。

可想而知，这样一番折腾下来，就很难有情绪来勉强写什么纪念文字了。转眼到了寒假，看看邮箱里关于截稿日期的邮件，又觉得不写也不好。毕竟，当初是想写的，是有感而发的；又毕竟，回国5年来与外法史年会结下的一番因缘，对于我确乎有着某种特殊的意义。于是就给秀清打电话，询问可否宽限一下，得到秀清厚待，这才重新开始整理那些被社保、合同等等消解于无形的情绪，希望能写出一篇差可对得起初衷的纪念文字。

说到我与外法史年会的结缘，首先应该感谢我在华科的同事李红海教授。那是在 2007 年 10 月中旬的一天，红海在学院门口见到我，热情邀我和他一起参加下旬在江西南昌召开的第 20 届全国外法史年会。那次会议的承办方是江西财经大学。红海邀我同去自有他的考虑，他想在会上争取把下一届年会拉到华科举办，因此希望我能帮他做一下何勤华、贺卫方和高鸿钧这几位正副会长的工作。我对红海的邀请颇有沉吟。我那时正在给研究生上比较法总论这门课，而据说国内不少院校原来教《外国法制史》一课的老师，都已经把课程改称为《比较法》了，所以我去开会也不能说是师出无名。不过我那时刚从浙大开会回来不久，在长三角跑了一大圈之后，身体有些疲劳，不想出门了。红海鼓动说，齐老师你回国后还没见到这些人吧？这是个好机会，南昌离武汉又不远，你也不需要提交论文，就当去看看老朋友吧。看我有些心动，红海又趁热打铁说，外法史年会一直都有会后考察的传统，这次是去庐山。

就是这最后一句话，如同电光石火在我脑中猛地闪射了一下，也如同废弛已久的古琴被怦然拨动，音尘四散。它使我想起1990年春天的一件事。那时我在美国洛杉矶加州大学做访问学者，大概是4月间，从图书馆的报上读到中共前总书记胡耀邦先生归葬鄱阳湖畔共青城的消息。我当时以此为题写了一首词，连同一年前悼耀邦去世时写的另外一首，合为《江城子二首》（写此文时，我又上网查了一下，资料记载耀邦骨灰于1990年底归葬鄱阳湖畔，可是我那首词的确作于4月的洛杉矶加大校园，而年底时我分明已到了耶鲁）。其词如下：

“国中不可无耀邦。是天良，是人常。更是青春热血总飞扬。终日乾乾惟吐哺，偏少个，铁心肠。　　凄清小雨泪沾裳。自悲凉，自徜徉。夜半无声星斗看微茫。何意天公心似铁，劫未尽，路犹长。”

“人生风雨百回尝。好儿郎，试刚强。天纵老夫能发少年狂。海祝一篇惜未赠，君去矣，愿难偿。　　青山绿水自还乡。小松岗，伴身旁。日夜涛声流爱入长江。约得来年湖畔去，歌一曲，唱浏阳。”

是的，约得来年湖畔去，此其时也。打定主意我问红海，会后从南昌去庐山的途中，是否将去共青城耀邦陵园呢？红海说不知道，会议通知里没有说。于是我对红海说，好的，我去开会，我料定东道主江财很可能安排我们去那里，倘若万一不安排去，那我就不跟大家一起上庐山了，自己去谒访耀邦陵园。这样，我就如期和红海一起坐火车去了南昌。

10月下旬的赣北，正是王勃《滕王阁序》所描状的时节，看着车窗外沿途展放的三秋景色，心中纷至沓来的便是那些少时名句了："豫章故郡，洪都新府，星分翼轸，地接衡庐。襟三江而带五湖，控蛮荆而引瓯越。……时维九月，序属三秋。潦水尽而寒潭清，烟光凝而暮山紫。……云销雨霁，彩彻区明。落霞与孤鹜齐飞，秋水共长天一色。"彼时一路心境之旷达，可想而知。我上一次到南昌还是在1976年的夏天，那时"文革"正处于强弩之末的最后一幕高潮，欲访滕王阁也空有遗址。30余年过去，变化当然是很大了，有诗如下纪之曰：

"滕王阁外抚河边，月下涛声不纪年。
我借秋风拂赣水，红尘欲洗认前笺。"

偏偏事有凑巧。我们报到的当晚红海就接到家里电话，说孩子突然生病，情况听起来还很严重。红海焦急犹豫了一夜，第二天还是决定赶回去，匆忙间拜托我代表学院完成下届东道主需要履行的职责。于是我就这样被强赶着鸭子上架，莫名其妙地在会上代表华科法学院亮相了。所谓亮相，大抵就是在会议闭幕式上代表我所在的学院循例致辞。其实红海到南昌后很快就跟学会方面协商好了，下一届年会确定在华科举办，似乎没有遇到有力的竞争者，也就根本无需我出面帮什么忙，所需只是最后上台说一番话、表一个态而已。

我那时刚回国不久，既不了解国内办会的一般情况，也不知道在这种情境中该说些什么例行话，本不情愿做这件事，却又无法推脱。红海临走时，跟我只交代了一件最重要的事项，即关于会后考察。他已经向学会提出了一个非同小可的项目：去神农架。我当时就对红海说，你这张牌一出，那就谁也没办法跟你争了，问题是真的可行么？他说行前已跟院领导谈过了，得到大力支持的承诺。于是我在致辞时，也就按照红海的托付这样讲了。

其实除了循例表态以外，想来我的致辞多少也还是有一点个性之处，主要就是跟外法史专业套了一番近乎。我先说了自己当年报考北大填的志愿不是法律，而是历史系世界史专业，那是因为年少读书时受培根影响所致。在北大法律系时教我们外法史一课的是孙孝堃老师，令我印象深刻。我还讲了一个关于我和由嵘老师的故事。那是 1982 年春夏我们 78 级毕业之前，学习委员邵景春拿来一份由各教研室合拟的数百个毕业论文题目供同学们备选。看到其中有“试论伊斯兰法的本质与特点”一题，大家面面相觑愕然不知所云，因为我们上过的外法史课并无此内容。于是姚红提议让我接招，诸人一阵撺掇后，我也就势领受下来。表面看，好像是演了一出道旁儿杀马，其实是我自己被这样陌生的题目引发了好奇心。

论文指导老师是由嵘教授，他说非常高兴终于有学生愿意选这个题目，因为它具有填补空白的意义；同时也告诉我难度甚大，尚无可资参考的前人研究基础。那时候北大图书馆里能够查到的相关资料也很少，论文做得确实很困难。偏巧这时候我在海淀镇上理发又感染上严重的角膜炎，眼睛肿得差不多有一个月时间无法看书，以致不得不拖到最后一刻才交论文。记得我是在截止日的晚上 6 点钟把论文送到由老师在蔚秀园的住所。后来由老师告诉我，他是在晚饭后大约 8 点开始读论文，阅完已是午夜。因吃惊于论文的质量和水准，老师兴奋激动得无意入睡，在书桌前一直等到天蒙蒙亮，迫不及待地拿着论文穿越校园，一路摸到我所在的宿舍楼层。当时我们宿舍里 6 个人都还没有起床，朦胧中听到走廊里有人问齐海滨住哪一间，有起得早正去洗脸的其他宿舍同学回答说是 329，很快宿舍门被推开，由老师进门就问齐海滨是哪个床，我赶紧坐起来，由老师一把掀开蚊帐在床沿坐下，很激动地说，你的论文很精彩，本科论文写成这样真是难得，我看了以后一夜都没睡觉，一定要来祝贺和鼓励你，听说你要跟沈宗灵老师读研究生了，我也要祝贺沈老师。那番情景，不但令我大为受宠若惊，也强烈感染了几位室友。当年的北大师长就是如此以身立范，今天回想起来，犹觉感人至深。

当然，除了闭幕式上的致辞，我也不是只在会议上做了看客，我记得是发了言的，也见到了不少旧雨新知。那次是第20届年会，主题是“混合的法律文化”（据说是相承于前一届年会的主题“多元的法律文化”）。我很注意地听了学者们的发言，并且在湘潭大学夏新华教授发言之后，针对他所提出的“三个法系说”主动作了评论。我现在已经想不起来我当时具体说了些什么，大略是提到了已故哈佛教授亨廷顿关于三个文明的理论，并以之作参照，讲了一些新华观点的可观可取之处和需要谨慎之处。在我发言后，会务人员给我送来一张字条，居然是多年未见的吉林大学邓正来教授写给我的，说他刚进会场，正好听到我的发言，把他原本想说的话说了。于是赶忙在会务人员的引领下找到正来，将近廿年不见，正来外形已非昔日倜傥青年，相见别有一番感慨。会上还见到了日本教授铃木敬夫的女儿铃木光，我和她回忆起20年前在北大与铃木教授相见的情景。我告诉她，我还保留着当时和铃木教授一起赴沈宗灵老师家宴的照片，彼此又是一番唏嘘。

要说我在会上最有意义的收获，应该是结识了许多年轻一代的优秀学者，特别是令我甚感耳目一新的70后学者。其中印象最深刻的，当属郑州大学的苏彦新教授，尽管彦新不属70后。记得第一天开会时刚入座，坐在我前排的彦新回头打招呼，红海向我作了介绍。接下来，我就不断发现彦新的言行散逸着独特的学术人格魅力，和我以前熟悉的崔之元有些相类，这对于我是一种新奇的感受，惊叹我们法学界也可以出这样博览群书惟知是求的认真学者。会后回到武汉不久，我的研究生魏宇来找我，说德国学者茨威格特等人所著的《比较法总论》国内只见贺卫方等人翻译的第一卷，他想找第二卷来读，却遍寻不着。我说那你来得正好，我给你介绍一位刚结识的老师，就是你们河南人，他肯定有第二卷。联系彦新后，不日就收到从郑州快递来的该书复印件。我感慨系之。

外法史会议上还有更多年轻的博士生们，其中非常引人注目者，是被我称为金童玉女的来自北大的两个年轻人于明和胡娟，他们是从华政考过去的一对恋人，分别师从苏力和卫方，于明还恰好是南昌人。有趣的是，在庐山脚下的白鹿洞书院里，正来在众目睽睽下于圣人塑像前大行叩拜之礼，胡娟见状很认真地对我说：齐老师您千万别也这样做啊，要不然我们可真接受不了。我连说你们放心，我绝无此意，我这辈子都没有磕过什么头，心里有谱就是了，当然我能够理解邓老师。

未出我之所料，会后东道主江财安排的考察项目中果然有耀邦陵园，而且是第一站。耀邦陵园所在地为鄱阳湖畔的德安县富华山，位于南昌市东北 70 公里处。数年过去，尽管留有照片为证，我对陵园的形制景观却真是别梦依稀了。印象里，只是觉得陵园的展室内外风格似乎不甚协调。外部的景观构筑颇具匠心和气象，室内展品则过于疏简，而且几乎不见实物，但是来访者也不难理解此间隐衷。我细细看完展览，却找不到可以题词留念的地方，于是向管理人员询问。经过好一番周折，拿给我一本很大的绢面红底纪念册和一管黑色的题词笔。我展开纪念册，伏案写下了这样一首七律：

“鄱阳湖畔小松岗，万里来归祭意长。
是改革家真赤子，惟人道者自贤良。
民非刍狗仁须尽，身乃坩埚火任伤。
廿载去思天亦老，连天秋水吊甘棠。”

显然，我这样做是占用了参访时间，很怕同行者中啧有烦言，然而使我感动的是，大家不但并无表现不耐者，反而有不少老师聚集一旁静观，秀清等人还抓拍了照片。我当时就暗自感慨，这既是人同此心的自然证明，也恰是外法史学会会员们史家手眼的本能展露。离开陵园，我长舒一口气，一个积念了18年的心愿也终于完成。我想到鲁迅先生《为了忘却的纪念》中开篇的那段话。但是我也反问自己：我是否真如作者那样“很想借此悚身一摇，将悲哀摆脱，给自己轻松一下”呢？我不确定。

回想起来真要感谢那次会议的东道主江财，或许是因为回国后的先入为主印象，也或许本就得益于历史积淀人文荟萃的庐山，像那样组织安排得几近完美的考察活动，以后数年间我再不曾有幸遇到。三辆大巴如此载着百余学者，一路浩浩荡荡，走过了庐山脚下的白鹿洞书院，而后盘旋上了庐山。我在白鹿洞也有一首五律诗纪游：

“匡庐头白处，鹿角挂林泉。
往圣学如缕，生民命即天。
山青多种树，柳老再吹绵。
深谢汤因比，遗思启后贤。”

在庐山则真是留下了墨迹，却可惜不出自我本人：我看到芦林一号院山前一卖书画者有文房四宝，便想自己写来，但是人家不干，非要以百元价代写。我只好把自己刚成的一首七律诗《登庐山》请他写在一幅横轴上，再买下以为纪念，诗曰：

“芦林池畔有神仙，每缚睡裳舞几旋。
萧瑟秋风飘海日，依稀别梦绕桃源。
焚坑法术翻新妙，革命庖厨烹小鲜。
革命不知何处去，浪淘千古大江边。”

很遗憾，由于我还要依约赶往合肥的中科大，只在庐山小住一夜，次日清晨便下山赶早班火车离开了。不过，那一晚在庐山和我聊到深夜的江财研究生廖鹏，一个做会务的热情爽朗有着很强求知欲的湖南小伙，后来很长一段时间都和我保持着联系。

然而，翌年在我们武昌召开的以普通法系及其影响为主题的第21届外法史年会，据与会者反映，就不像南昌会议这般美好了。我回到学校以后，对红海说明了情况，也向各位学院领导再三申明了关于神农架承诺的意义。尽管没有人将筹办会议的工作交付给我，作为局外人，我却对这个神农架念兹在兹，还委托在省政府工作的在职研究生龚善军做相关调研，因为小龚的家就在神农架山区。后来听说取消了会后考察项目，我便问红海是怎么回事，红海解释说研究后确认神农架太远，往返时间不够，改为参访武汉市区景点。我听罢大惊，说这怎么可以，须知这样做的后果一是食言二是破例，会后考察本是外法史学会的传统，也是我们去年主动承诺了的项目，即便神农架不可行，也要找出合适的替代方案。于是我向省人防部门的一位经常出差的朋友征询，他建议以去宜昌参观三峡大坝作为替代选择，还详细介绍了具体情况和经验。我将这些转达给红海和学院领导，强调说去年闭幕式是我代表学院致辞，如果取消了考察项目我无法向学会交待，务须坚持。好在去三峡的建议后来被采纳，我也就放下心来，认为其他一切都好说。

会议在华科举办，我虽身为客卿，也是应该出席的，但起初我有课没去参加，后来因故受学院委托，与裴丽萍副院长一起到招待所找厦大的徐国栋教授协商事情，才听国栋说起与会者们对会务工作多有不满，严重影响到学院和学校声誉。当晚我反复思索以后，还是决定做一次明显对自己不利也不公平的傻事。正好会议的最后半天议程轮到我主持，我便以主持人的身份代表学院承揽了本不属于我的责任，就会务工作不尽人意之处向学会和各位与会者诚恳致歉。同时我也向大家说明，承做会务的师生都很努力，红海累得都已经感冒了，但是由于学院年轻，第一次承办全国性的大型学术会议缺乏经验，因此还希望大家谅解。

我这样做之前并未征询红海和学院的意见，只是发于自身的处事本能和道德训练，既是出于以大局为重的考虑，也是出于去年我在南昌阴差阳错当了一回代表所派生的责任。我在台上能够明显感觉到，与会者们是很期待东道主有这样一番表示的，我看到的表情和收到的字条都证明了这一判断。我确信自己这样做无论对于学院还是学会，都是必要的和有益的；尽管我也知道，时至今日大概不会有什么人像我这般行蠢事，但是既然我自认已是出土文物，那就只能展现作为出土文物的价值了，至于这价值是否被承认，不管也罢。

转过年来，第22届年会是在辽宁大学举办的，以大陆法系及其影响为主题。由于连续参加了两次年会，我看来已被学会登录在册，又收到了邀请函。这次我觉得，沈阳那么远，空手跑一趟不合适，于是约请两个研究生写相关论文，研究对象分别是上海法租界时期和台湾日据时期的法律制度。安排王振伟到上海市档案馆查阅了两周文献，然后他在暑假期间努力完成了论文初稿，红海阅后推荐给了会议。另一位学生张玲玉当时刚考取人大的中法史博士生，迁转之中本就事务繁多，能够找到的台湾法律史方面的资料又少得无法提供有效支持，临到开会之前虽然勉强成篇，却已来不及向会议提交。及至两年后我访问台大法学院时，与专治台湾法律史的王泰升教授一见如故，承蒙王教授慷慨相赠的累册著述和资料，我还说起那次流产了的研究事例。沈阳的会议我没有参加会后的考察，而是临时决定和吉大的李拥军老师一起赶赴长春，成全了一次怀旧之旅。

不过，在沈阳会议上我倒是被学会分派了一个单元议程的角色，忘了是主持还是评论。我在发言中还谈到了我对外法史学会的一番观察和评价。我记得大略是说，我回国后所参加的各种学术会议，以外法史年会最具特色，因为它有一种予人学术家园感觉的朴实而亲切的氛围。此一氛围的形成，应是积年所致。而在多种促成因素中，据我观察大端者或有三：一者在于勤华会长的领导力及其风格，在国内学术管理体制中，外法史专业资源相对有限，所幸有赖勤华以华政校长之身多年担任学会会长，对学会的发展居功至要。二者在于学会副会长中女士居多，会员中女学者所占比例也明显高于其他学会，这一结构的成因可能与外法史学科多年来的边缘性质有关，但却无意间成就了外法史学会独特的祥和气氛，有如北欧国家的议会局面。三者在于学会虽然有若大家庭般展现融融之乐却不乏卫方这样的超级明星，这便既使得年会动见观瞻，也使得与会者情绪饱满。我说完了这番话，下来就和拥军一起地遁北上了，所以来不及获知别人的反应，但是我想基本上应该得到赞同。

接下来是在广州由华南师大承办的第23届年会，其主题按说是我最感兴趣的，法律与宗教。这个兴趣从本科毕业论文考察伊斯兰法开始，积以海外多年的生活与学术经验，发展出成型思考，很希望择机与有识者交流。我原计划是不仅要参加，也寄还了邀请函的回执，而且还准备把十几年前在海外刊物《文化中国》上发表的一篇谈法的内在化与神圣性的旧文修改后提交。然而事不遂人愿，那一年我受华科校领导的委托，从头至尾都在忙于筹建高研院的工作，会议召开又时近年底，愈发忙得不可开交。更糟糕的是我那段时间还患了感冒，症状来势汹汹，也不便成行。一年后看到编印成册的论文集，翻阅之下甚为遗憾，慨叹机会就这样错失了，安可复得。

然后就是本文开头提到的这次海南年会。转眼这已是我回国后的第五次外法史年会了。五届年会，一番因缘，无论是偶然还是必然，看来我终究都与外法史年会结下了不解之缘。

我感谢这份因缘。当初，它来得如此自然、随机，却又如此恰到好处、妙不可言。我很清楚地知道，我需要为自己18年后的回国选择，安排一个检视内心的仪式，一个迎放心灵和良知的仪式，我也早已——几乎就是在出国之时——在彼岸的异乡和自己约定了这个仪式，这个约定也一直在内心坚守着，以诗为证，像溶洞中的钟乳石，被岁月滴注成沉默的想望。当然我也清楚地知道，尽管我所回归的这个社会已经在物质结构和精神气质上发生了彻底的改变，作为旧时代的出土文物，我的存在必定彰显出别样的荒谬和不合时宜，但是社会终究自有其底线，个体也终究要寻找其关联。对于我，鄱阳湖口的小松岗，既是这个良知底线的凸示，也是这个意义关联的指归，它就是我选择的仪式所在。但是，尽管我本质地需要这样一个仪式，我却不想刻意地制作和追求它。感谢红海，感谢江财，感谢外法史年会，以如此完美的机缘盈手相赠，除了感谢，岂有它哉。

鄱阳湖畔小松岗。写到这里我还想补充说，这一诗句我后来在别处又原样地、但却更加强调地使用过。使用的原因，是我在回国5年多来的工作和生活经验中，尽管难得却又分明真切地感受和确认到，即使在（或者毋宁说正是在）物欲横流的今天，胡耀邦式的共产党人仍然存在。他们仍然能够以自身的行为和决策，标识着我们身处社会与人群之不可缺位的底线和关联，向身边的人们传递着人性的温暖和信念的力量。因此，我愿意把那首《鹧鸪天》词引述在这里，以表达对他们的由衷礼赞：

“不尽涛声祭耀邦，鄱阳湖畔小松岗。
廿年心锁封铜锈，一脉仁医化旧伤。

容海大，立峰刚，虚怀慧眼暖肝肠。
铁肩道义文章手，来试青山好课堂。”

2012年2月2日初草于美国康州新港西园

5月8日夜补毕于武昌喻家山不知庐

2　我的北大，我的沈老师

一

还是一周前的 2 月 11 日，我最后一次收到北大法学院筹办“沈宗灵教授九十华诞庆典”的通知。活动将在本月 25 日举办，要求确定参加者回函。我立即回复，告知我早已订好机票，将于 2 月 23 日回国、24 日抵京、25 日准时参加。自从寒假到纽黑文以来，每逢这里的朋友们问起归期，我都会主动延伸解释一下理由，说我的北大导师沈宗灵先生将年满 89 周岁，按照中国人的贺寿传统，他多年指导过的学生们商计好要为老师作九十暖寿。每一位朋友闻言，无论中国人还是美国人，都笑逐颜开，连称难得。我明白，不用再多说什么，这样一种完满的人生展现，是很容易传达且感染与人的。很多年了，一直都记得弘一法师那则甚似偈语的诗句：“问余何适，廓而王言，华枝春满，天心月圆。”是的，春满、心圆，何等境界，不唯佛家既有。回国教书五年来，我内心里一直隐隐地、殷殷地期待的这个情境，也终于就要真实地来到了。

美国东部时间 2 月 15 日晚上，或许真是冥冥之故，我突然想收拾行李，上楼找出箱子，把衣物书籍药品等等悉数装点好，还称了重量。妻子晓宁觉得奇怪，因为我的多年习惯，是临行前一晚才做这些事的。次日上午，我先是接到陈睿从日本打来的电话，告诉我从北大网站上看到沈老师去世的消息，时间是 2 月 16 日 9 点多。北京与美东有 13 个小时的时差，算起来我收拾行装的时间，正是沈老师弥留和离去之际。放下电话，我打开电脑上网查询，看到邮箱里有李清伟刚发来报噩耗的邮件，问我是否已在国内，还有杨昂几个小时以前发的一封邮件：“齐老师，沈宗灵老师去世了，您见信赶紧和强世功老师联系。”接下来，又陆续收到多封我在华科的同事和研究生发来的邮件，标题都是“请老师节哀顺变”。我按照杨昂留下的电话号码给世功打过去，向他了解情况。世功告诉我，治丧委员会已确定 20 日上午举行追悼会，原定 25 日的祝寿聚会也改为 20 日下午的追思会。对我来说，时间很紧迫。

我马上给晓宁打电话，告诉她我准备改签机票，争取第二天动身回国，赶上参加沈老师的追悼会。晓宁闻讯也很愕然和伤感。她做过多年的脑内科医生，连叹说高龄老人真是不能怀有强烈期待，本来多好的一件事，就差这么几天啊。我解释说，贺寿活动是沈老师的学生们自行安排的，虽然一年多以前就征询过老师和师母的意见，但是遭到沈老师反对后，还没有把我们已在进行筹备的事明确告诉他，只是师母知情而已，所以沈老师临终前，都应该还不是很清楚这件事。晓宁提醒我有两个重要之约：20 日要去波士顿看望赛德曼教授夫妇，他们也都是 90 来岁的高龄老人，早就在热切期盼这次见面；21 日要去医院体检复查，医生要根据血检和超声结果做诊断，还要开处方拿下个学期的药带回国。她还担忧，我在这样的季节、境况和情绪中仓促成行，辗转奔波，万一自己再出什么意外就麻烦了。挂了电话，我反复考虑良久，还是决定提前回国，暖寿不成，也要为导师作最后送行。

我这次往返没有像以往那样选乘国航，而订了价格相对便宜的东航机票，从纽约到上海后，还要次日转机去北京。然而事情偏偏难遂人愿。我拨打原来所知的东航电话全部无效，而它声称的唯一对外服务热线 95530，拨打后也没有任何反应。由于时差原因，这里的白天正是国内的夜晚，我也不便打扰和委托国内的亲朋代劳。无奈之下我上百度搜索东航网站，然后拨打网站的客服电话。这样的事情我以前在国内做过，是有效的正面经验。但是这次却很不幸，我前后花了十多个小时改签机票，未料情急之中却落入网上黑代理的诈骗圈套，支付了改签差价后，却被告知无法“启动”机票。

劳民伤财还在其次，重要的是耽误了本来已经很紧迫的时间，而且还冒上了两头落空的风险：原订机票被改变而新订机票又不能用，到时候就走不成了。紧急情况下，我只好打电话给原来在北大的学生包桂莲，说明情况后，桂莲判断说我被骗了，她马上直接和东航联系，要求对方必须 Hold 住我的机票，无论哪个代理都不得在上面改动。东航方面愿意配合，并建议我们报警挽回损失。我委托桂莲代我和治丧委员会联系，代致悼念花篮。

如此一大番折腾，使我精疲力竭。这次寒假回来身体有些状况，一直在这边调理和检查。参加导师的贺寿盛会，本是我自己的重要内心支持，却在多年夙愿将成之际倏然散落，在遭逢巨大的心理失落和感伤的同时，再被人性的险恶卑劣一面如此趁火打劫，我需要喘息。晚上是早就订好与两家友人一起吃饭的，他们正好还都是沈老师的杭州同乡，读过我那篇关于沈老师的旧文。因为我需要抓紧时间处理改签机票的事，也只好由晓宁一个人开车去了，向人家道歉并解释，期间打电话告诉我，举座婉叹唏嘘。

我把心神安顿下来，计算了一下所余时间和航班行程，确认已经来不及再改签、也来不及处理提前回国必须处理好的各项事务，我只好接受这样无奈的现实。这时已近北京时间的 17 日中午，我给老师家里打了电话，家里的阿姨说家人都去医院办手续了。几个小时后我再打师母的手机，她们还在外面，背景嘈杂，师母接电话后听不清楚，我请沈老师的女儿沈莉代接，说了我这边的情况，慰问师母一家人。

此时这里已是深夜了。我上网查看邮件，其中有杨瑛的一封，说已经与治丧委员会联系好，花篮的事已经办妥。还有赵晓力群发的一则通知，说已经和张骐等建立了一个悼念网站，放入讣告和相关的纪念回忆文章及照片等。看到我那篇旧文已首先在列，我即给晓力回复，请他用我附上的《北大三题》置换《受教燕园》，晓力马上应允了。我这样做的缘由是，这三篇纪念性旧文都是应当时聚会主办者要求的作业，主题分别是我在北大的老师、同学与学生，恰好构成一个完整系列。我对晓力解释说，三篇是一体的，第一篇是纪念沈老师，第二篇的主题也是悼念，第三篇虽然关乎学生，却有薪火之意，在纪念师者的意义上也是本质相关的。

其实我在前些天还与晓宁商量，为沈老师贺寿带什么礼物。商量了半天莫衷一是，晓宁建议说买些老年人保健药品吧，我说沈老师的儿子女儿都在美国，会不会和人家带重复了呢。我想来想去，最后决定除了保健药以外，再把《北大三题》用大号字体打印出来，做成一本书送给老师，相信老师会乐见。多谢晓力他们的尽心，使我能够把礼物以这样的方式献给沈老师。我也嘱咐曾经跟我看望过沈老师的陈睿和赵冬，尽快把对沈老师的追怀写成文字。这样忙碌了整整一天，夜里我还是无法入睡。起来继续上网阅览相关信息，然后把20年前在耶鲁读书时沈老师给我的信件翻找出来，再翻看我保留的80年代与沈老师的一些合影。一下子，天又亮了。

二

不仅往事历历。尤其是，我在不到三个月以前，还带着赵冬刚刚去看望了沈老师和师母，与两位老人相谈甚欢，和师母私下商量了贺寿的一些细节，还承蒙老师相赠了新版译著。沈老师是从来不（严格说是极少）赠书和题字的，这次却是主动拿出来送给我们，赵冬捧着书当场激动得无以复加，想获得题字又不敢张口。我知道这样的机会对年轻人实在珍贵，便吁请沈老师给他写几个字。沈老师终于盛情难却，强勉而为。我看到老师今天罕见地随和，判断机不可失，便想与老师合影留念。我前一天刚好参加了商务印书馆的汉译学术名著论证会，见到了多年未见的潘汉典先生，老人家年逾九旬了，虽然身患重症，但是头脑清楚，精神不错，席间我们相谈许久。他听说我第二天要去见沈老师，托我代致问候。此时我把相机里与潘老的合影展示给沈老师，老人细细端详了一回。临别时我提出照相的请求，师母体谅我们，接过相机使劲从旁动员，沈老师总算没有拒绝，我们也很荣幸地成为师母的作品。出得老师家门，赵冬一路上犹很兴奋，连说自己太幸运了。我对他说，要珍惜这个缘分哦，沈老师比我年长 30 岁，我比你年长 30 岁，薪火已经传递到你们手上了，你看你照得多豪迈。当时一番话说得赵冬脸上庄严起来。因为我的相机还在武汉，连夜让赵冬传过来这张三人合影，然后转发给了晓力。

把这一切做完，我知道我需要动笔了。我不克亲往参加北大为沈老师举行的追悼会和学生们为沈老师举行的追思会，但是我要写下此时我对老师想说的话，我要把这篇纪念文字放到悼念网站上，也要请人代我把它呈现在追思会上。我还要在 25 日那天，如期赶到沈老师家里，和师母一起为老师暖寿。毕竟，沈老师离去的时日，距他的 90 寿辰仅仅一周。

写一些什么呢？14 年前，在纪念沈老师执教 50 周年之际，我的那一篇《受教燕园》（写时的标题原来是“Proclaim Liberty”）已经差不多把该说的和能说的都说了。我后来在附识中说明了一下文章的原委（见于这次悼念网站上的《北大三题》），华科出版社的编辑几年前在审稿时，曾经对附识中的某些欲言又止之处提出疑问，我当时也做了一些口头解释（可能下文中会略有涉及这些内容）。当年的纪念活动是罗玉中老师负责的，两厚册纪念文集也是他做主编。我把文章打印出来挂号寄出不久，就收到了罗老师的回信，信里话不多，但是很有分量，他写道：“当先生的若能有在人品、学品上均如此深得真谛的学生，也不枉从教一生了吧？我们会将它作为纪念文集中分量很重的一篇文章收入其中。”

大概是一年之后，我接到过信春鹰的电话，她说国内的朋友们看了文章都感慨：过了这么多年，海滨还是一点都没变啊。于是根据春鹰的反应，我大体测量出了我和发生了巨变的中国社会出现了怎样的强烈反差。不知有汉无论魏晋，陶渊明这句话对我来说真是传神之语。因此几年后我应罗老师邀请初到华科教书时，就公开使用两个自称，或曰燕昭马骨，或曰出土文物。其实我真正喜欢的是刻舟求剑这个成语的趣味，不过我感觉自己并无所求，其传神也就不及于我。人生必然是充满不确定性的过程，这种不确定性在我身上的展现何以应和导师对我的深切期待与理解，是我在下文大概不能回避的问题。但是我不想一下子就说这么沉重的事，那就先跟着感觉走吧。

已经忙乱一天多了。我坐在电脑前，沉静心情，体会沈老师逝世的消息带给我怎样的心理冲击。我整理了一下，确认这种冲击和家人中亲长离去的感觉相似。除了在心理上一段时间内不能相信亲长离去这种普遍的感觉惯性以外，我还体会到了李敖数年前的一番话。李敖在 70 岁那年母亲去世，他说这使他实实在在地感觉到人生的悲凉，因为挡在自己前面的一堵墙顿然消失了。回想起来，这几年我每次去见沈老师，师生面对而坐，我的确是感到似有一种心理磁场就在那里，除了让我感到那种来自旧时光的亲切，便是感到在一种精神屏障下的安稳踏实。李敖指说的这堵墙，挡住了什么又提供了什么呢？可以形象地解释说，这是挡在他自己和阎罗之间、为他提供未来生命庇护的心墙。

当然我们也不妨哲学地解释，这是既阻挡又沟通虚无和实有之间的墙。我们每个生命的肇始皆非自我选择，而由亲长带来，这种生物学的事实关系提供了试图阐释生命意义的一种心理学基础。当然生命有延续的链条，意义也因之获得连续性的存在传递。个体生命从亲长获得对意义的解释，转而又从后代获得对意义的支持。我的老师与我没有生物学的生命联系，但是我却分明感受到了李敖对于生命的悲凉。这种感觉使我意识到，在我自己以教师的社会身份所标识的个体精神生命中，沈老师作为我的授业导师，以他 30 多年的言传身教，给予了我最基本也是最重要的东西，它决定了我的精神归属，也提供了对于精神意义的阐释。我知道，我自己需要这种归属和阐释。

那么，这种东西是什么呢？我在十几年前那篇旧文中其实提到了，就是四个字：不合时宜。而且我在后来的附识中也特别提到，我回国后第一次看望沈老师，在老师家一起吃饭的时候，师母在一边不断地感慨：唉，这样的老师和学生啊。“这样”是怎样，是什么意思，师母没有说，我也没有问。师母当然是最了解沈老师的人。这么多年过去，她想必也看出了我和导师精神气质的相似与不同。

我觉得，如果一定要对她说的“这样”做概念分析，比较靠谱的，就只能是“不合时宜”这四个字了。在师母看来，我与导师的不似尽管多且明显，但那只是表现风格和方式上的，这是因为我们不同的人生阅历和性格使然；但是我与导师在精神本质上是相似的，我们都有着不合时宜的强烈精神个性，因此我们都注定要在经历时代动荡和社会变迁的过程中，有所自遣、有所遭逢。当然，所有的自遣与遭逢，都来自于有所守持。

三

我在那篇旧文附识中谈到了一些事，尽管话说得隐涩，致使华科出版社的编辑以为指涉着什么不得了的事情。其实我想说的只是关于沈老师的两件事，或者说两个问题，而这两者在我为文纪念时却无法写出来。一个问题是关于学术自由。本来文章的主题和开始的段落，已经挑明我想谈的主题是，沈老师执教 50 年，是作为法科教师和学者的 50 年，而他个人的学术实践活动与法学教育和研究中的学术自由之间的关系，是我观察和体会最深切的部分，也是沈老师最有个性展示的部分。但是就如我后来在附识中所言，尽管是隔海纪念，拉开了时空距离，我仍然感觉到写不下去，顾虑即使勉强写出效果也不会好，所以后来就写成了那个样子。

30 多年过去了，沈老师今已溘然长逝，我自己从青年学生变成了年长教师，中国社会也发生了巨大的变革，中共中央甚至已经以全会决议的名义专门推进文化事业改革，然而学术自由的命题仍然显得过于重大、敏感和难以操作。换句话说，这便是对学者而言的所谓“时宜”。我对编辑说，理工科学者或许对这个问题感受不同，但是人文社会科学就不一样，那是安身立命之所在。既然不方便多谈，就只能点到为止。就后来读者们的反应而言，即使文中没有展开学术自由的命题，其实也还好，它毕竟向读者真实传达了沈老师学术人生的较多侧面，有助于外界对不易接触的沈老师加深了解。

不过另一个问题处理起来就非常微妙和麻烦，而且是双重的微妙与麻烦，因为它既是政治性的，又是私人性的。它在政治意义上仍然具有高度敏感和不宜讨论的性质，在私人意义上由于沈老师的强烈个性和自尊，又使了解他的人认为，将它保持讳莫如深的状态更为妥当。我这里讲的是发生在 50 年代中后期的那一场著名运动，和沈老师在其影响与支配下以后 20 多年的屈辱命运（屈辱正是沈老师本人的用辞）。这便是横亘在沈老师漫长人生之旅中那个最大、且最根本的不合时宜。正是因为这一点，我在 30 多年中一直有意地避免与沈老师哪怕是隐含地涉及这个问题，尽管我刚进北大不久就知道了这件事的一些内情。

1978 年 12 月的某个周六，我和陈欣正准备骑车回家，法律系一位领导来到我们宿舍，找我和陈欣、邵景春等人去抄写文档。去了系办公室才发现是关于右派改正的文件，当年北大法律系划了四个右派，各自都有一叠档案。当时分工我抄写的是王铁崖先生的材料，好像陈欣抄写的是沈老师的材料。所以我对王先生的具体情况很了解，而陈欣几年后说：老齐，早知道你后来读沈老师的研究生，当初真该让你抄沈老师的。那个下午我们花了不短的时间做这件事，期间陈欣因为一些笔迹问题还多次找我帮忙辨认，所以我也知道了沈老师的一些情况。当然，按照要求，我们随后都是守口如瓶的，守得久了也就忘记了。

我在十几年前为文回忆时，几次感到需要涉及这个要害问题，可我知道那是导师人生的深刻伤口，我认为自己没有权利触碰它，即使牺牲所谓的真实，我也不能冒犯，因为我是学生。可是如我在附识中所说，我5年前回国不久，就先后遇到孔治国和强世功分别代表《法制日报》和《中国法院》的相关栏目向我约稿，要我写沈老师。我授权他们按照报刊篇幅改写我的文章，结果却分别出现了与我原文本意不符的一些表述。治国不知何故，将我引钱钟书先生谈他的导师吴宓“尊而不亲”的说法，作为文章的标题。我见报后大吃一惊，赶紧打电话告诉治国这绝非我本意，我是说沈老师表面予人冷峻刻板印象，其实内里不然，并在文中举例说明。可惜木已成舟，而且治国还专程把报纸给沈老师送到家里了。

等到我后来回北京去看望老师和师母时，两位老人竟然很高兴地再三为之感谢我。我怕他们误解，便解释说文章其实是孔治国对我那篇旧文的改写，标题也是他自拟的，尽管是我授了权，但发表前我确实不知道他这样处理。沈老师闻言并不在意，这反倒使我自省起来：莫非治国表述的恰是多数人的看法，我自己才是特殊？当然，无论哪一种观察都是有其道理的。那么沈老师自己比较认可哪一种呢？我不确定。

世功没有自己去改文章，转而交给《中国法院》的编辑来做了。但是我没有想到，编辑部想要踩那个被我认为是沈老师情感要害的人生地雷。他们和我联系，说我的原文没有涉及我认识沈老师之前的部分，编辑部对此不满足，想要补充。我回答说，须知我认识沈老师的时候，正是中共中央三中全会召开、中央组织部纠正“反右扩大化”错误的时候，是当代中国新的历史时期序幕拉启、从而也是沈老师走出沉冤开始他的人生新旅之时。在此之前沈老师的执教生涯大体分作两个阶段，先是为期不到 10 年在上海和北京的教书经历，再是长达 20 余年被剥离正常教学工作的屈辱人生。我听过多位长者谈起沈老师作为青年才俊时的意气风发，也听过多位早年有幸听沈老师授课的老校友回忆留下的深刻印象和教益，但是，我如果写了 50 年代前期的沈老师，怎么跳过中间那一大段历史呢？

编辑说既然是真实的历史，未尝不可表述，而且他们也找到了一些已发表的相关资料。我坚持说，作为学生我不忍触及我的老师那段屈辱人生，我也不认为那种触及真的不可或缺，倘若那样做是编辑部的确定意见，你们可以根据找到的材料作适当补充，但若仍然要以我的名义来发表文章，我强烈要求你们在发表前务必交给沈老师过目，最好先与师母联系，由师母先把一下关，看沈老师能否接受，千万不要伤害了老人。后来编辑告诉我，按照我的要求做了，沈老师和师母都未提出异议。我松了一口气，知道老人展现了宽容，但日后再见沈老师和师母时，我们都绝口不提此事。编辑部给我寄来的刊物，尽管文章署名是我，我却一直避而不看。我不忍看。

如我在旧文中描述（当然还有许多事情并不适合写出来），即便在后来的所谓新时期，沈老师也仍然时时展现他的不合时宜。我不但经常能够近距离地观察和体验到他与外部环境的冲突（当然这并不意味着凡冲突必以沈老师一方的理由更正确），有时候也不得不尽量设法从中或代为沟通和调解这些冲突。我知道沈老师看到了这一点，在当时或事后他也对我的相应做法表示了认同的态度。所以从外表看起来，我尽管比导师年轻一辈，当时却并非显得不合时宜，甚至可能还相反。然则表面终究不是内里，或者说表面和内里本是一体，只是在特定情境之下的张力表现不同。在那一个著名的年份，我们师生不仅深深地看到了自己，也看到了彼此。

四

我是在 1989 年 8 月按原计划去美国的，分别在波士顿大学和加州大学洛杉矶分校做访问学者。出国前的两个月里，我先是尽力把赛德曼教授夫妇安全送到外地然后返回美国，把我的学生们送回家，他们中还有人到系办公室要开证明信，说暑假里要社会调查，惹得系办的老师大喊这都是什么时候了还社会调查。然后我就抓紧时间，什么也不想，什么也不管，只顾埋头把我参与承担的两个科研项目（国家七五项目"法社会学"和教委中青年项目"法经济学"）已在进行的部分整理出来。前者一直被国家社科基金办评为样板项目，课题组成员和组织学生们翻译的相关资料陆续整理编印出十几册，还有法社会学研究计划通讯和比较法所工作年报。每印出一辑我都会先送给课题组负责人赵震江老师和沈老师，尽管沈老师不是课题组成员。

记得是在8月初我临行前，终于把手头的一切工作都打理好，匆匆拿着新印出来的几大本材料送到沈老师家，同时也向他告别。而那时距离参加完张宏生老师的追悼会已经一个半月，那段时间我一直没有见沈老师。我们已经很长时间、可能是好几个月没有交流了。我没有想到，沈老师接过材料往茶几上用力一摔，严声发作道：都是这样的时候了，你还有心情干这个！有什么用！

我呆坐在那里。我那时认识老师已有10年，还从未见过他对我发火。我当时没有被老师的激烈反应慑住，一些过去的印象迅速在脑中闪回。记得还是在1981年上《现代西方法哲学》课的时候，有一天课间休息，沈老师居然踱到我的座位前坐下来，征询我对讲课内容的意见。我不但无顾忌地谈了，而且还和老师有所争论，因为我们对分析法学和自然法学两者对于当代中国社会的借鉴意义有不同看法。争论的具体情节我忘记了，但记忆的基本刻痕一直提示我，那是我进北大三年来第一次在知识和理论上遇到的关于秩序和规则意义的最强有力辩护。

八年过去，我更丰富也更深刻地理解了老师。我这几个月都没有顾得上和老师交流，而以沈老师的性格，他接触的人是非常有限的，我愿意承受他这样的怒火。沈老师把火发了出来，也就好了。我们后来彼此也没有再多说什么话。告别了沈老师，我骑车返回香山，一路都回想着老师的那句话，想解读他在那句话背后没有说出来的内心。我是沈老师的学生，我也有我的学生。师生之间的理解和不理解、被理解和不被理解，在那个风雨时期的北大校园演绎出很多令人难忘的故事。

然而我内心确信沈老师是了解和理解我的，尽管我们那时候没有更多的语言交流。在个人气质和表达习惯上，我与导师不同，而多年的相处使彼此都对这些差别非常适应。跨出国门，我在日本东京候转航班去洛杉矶的时候，遇到一队来自台湾由中小学教师组成的亲子旅行团，交谈过后，际遇和积习终于使我将自己的内心以这样一首诗迸发出来：

“初作天涯旅，负笈过扶桑。客心忧寂寞，沉吟理书箱。
知君来大陆，问君去何方？闻声徐回首，淳朴少年郎。
慈父身后立，双佩旅团章。自云居台北，家道尚小康。
暑期同赴美，度假复观光。与君嗟幸会，亲切转凄凉。
烽火连三月，泪雨早千行。大陆今何似，家小欲何将？
听罢无言对，心事两茫茫。白云沉碧海，柳色黯他乡。
有情结于内，有泪凝于眶。有血浓于水，手足不可伤。
相别登程去，落日照舷窗。阳关一杯酒，谁人路漫长！”

这首题为《东京成田机场感事》的诗，和半年后我在洛杉矶写给即将毕业的北大法律系 86 级 2 班学生们那篇题为《枇杷与郁金香——致未名湖畔》的散文，在和沈老师后来的通信中是一起附给了他的。沈老师在 1992 年之前给我的几封回信，我眼下一时来不及找出来。我记得有一封信里老师很恳切地说，非常希望我能够早些回去，但是，如果有不同的打算和选择，也能理解。

1990 年沈老师得知我到耶鲁读书以后，也曾很高兴地给我写信，说机会难得。不过，沈老师连续两封信的抬头称谓不仅吓了晓宁一跳，也让我甚感不安，连忙回信请老师改以新俗。记得我还向沈老师报告了一件我觉得有意义的事。当年我在翻译一篇法经济学文章时，曾将时任耶鲁法学院院长的 Guido Calabresi 教授的名字误译，沈老师居然从我交给他的一大摞翻译资料中细心看出这个错误，还专门找机会告诉我。当我坐在耶鲁的教室里听着Calabresi院长亲自讲的侵权法，回想自己求学路上得有沈老师的一路指点，该是多么欣幸的人生乐事。就在那个红叶烂漫的秋天，Calabresi院长在一个周末请选课的学生们到他家作客。我有一首《生查子》词记述了那次美好的聚会：

“院长抱山居，山在晴窗外。
红叶满山时，弟子连绵拜。

白发立秋风，缕缕青春债。
债户不知愁，纷把菊花戴。”

第二年夏天，耶鲁法学院在编辑出版Yale Law Report杂志时，一位老师偶然看到我这首词的英译，一迭声地慨叹说“You've made my day today!”然后特别推荐给了杂志。编辑部将之发表在该期封底，还专门从学院图书馆的花窗图案中找出了孔夫子像，配合作为封面。这一期杂志显然因此而过于独特，以致当年秋天我去芝加哥会见老同学刘歌时，他引我去见他的一个美国同事、也是耶鲁的老校友，未想到那位律师很快便认出了我，举着刚收到的那本杂志说“I know you! It's you, right?”

我后来也将这一期杂志寄给了沈老师。除了希望导师能隔海分享我在异国他乡的留学故事、同时也引发他当年在宾夕法尼亚大学生活的回忆联想以外，更重要的涵义是，我觉得，我在诗词中所表达的那种跨越种族和文化背景的关于教育、关于师者的隐喻，正是我所要献给导师的。也就是说，那一首词，既是写给 Calabresi 院长，也是写给沈老师的。当然，还包括那时为师有年也已不再年轻的我自己。

五

再度和导师见面，已是分别四年之后了。1993 年 6 月，我和季卫东在应台大法学院的邀请访问台湾之后，经香港回国。正好那时在耶鲁政治系教书的王绍光也到了北京，他和刚从耶鲁做完访问学者回来的胡鞍钢要在北大附近的中科院某研究所召开一个关于分税制改革报告的论证会，也邀我参加，会场上还遇到了几位已在媒体当记者的当年北大学生，相见甚欢。会后我和绍光、卫东相约一起回北大。我们三人正好分别是法律系 77、78、79 级的学生，一同出现在系办公室作了一回不速之客。系领导那时刚换届，魏振瀛老师上任不久，和副主任王晨光、武树臣一起接见了我们，反复动员我们及早回来。

我和卫东也各自去看望了沈老师。经历了一番时空阻隔和转换之后，重新走进老师在中关园的寓所，客厅兼书房里陈设依旧，窗外的树荫和蝉鸣依旧，书案边的人，似也依旧。那一年，沈老师70岁了。见到我（们），老师的欣悦快慰之情溢于言表，言谈中所富含的那种特殊的关注、信赖、期待和尊重，令我印象很深。作为学者，沈老师依然三句话不离本行，落座不久很快就把话题引向"程序"问题。我知道，应该是沈老师已读过卫东在《比较法研究》上发表的《论程序的意义》那篇长文，而且看来他还和法学界其他前辈学者为此交换过意见，有共同的问题要和我们讨论。

我把事情的因果背景向沈老师做了说明。卫东1991—1992学年在斯坦福大学做访问学者，我在1992年3月去洛杉矶开会时，顺便去了斯坦福看望卫东一家。在交谈中，我发现卫东在京都大学完成博士论文的过程中已经形成了关于程序的系统理论（我称之为程序主义），与我半年前在耶鲁费斯教授的讨论课上回答老师和同学关于如何观察和分析中国问题时的基本思路正相契合。于是我建议在卫东离开斯坦福以前开一个研讨会，邀请不同学科专业的旅美学者参加，从跨学科法律研究角度对中国过去十多年的改革开放和社会变迁做整理和总结。我们分工准备，卫东负责完成专供会议讨论的工作论文，我负责联系各基金会寻求赞助、邀请各位学者和其他会务工作。卫东在斯坦福法学院的图书馆写作，图书馆的计算机未装中文软件，他每天把完成的手稿邮寄到耶鲁，我输入计算机打印出来再寄回去。

我们是6月在洛杉矶开的会，与会者还有周其仁（经济学）、甘阳（思想史）、崔之元（政治学）、吴国光（新闻学）、胡平（哲学）、王友琴（文学）、孙红（法律史）、邓郎（环境学）、项小吉（国际关系学）等人，以及一些美国学者。也邀请了王绍光和朱苏力，二人因时间不便未能参加。会议上讨论交流得很充分，效果也不错。卫东会后把论文寄给了《中国社会科学》编辑张志铭，以简缩版发表，之后贺卫方又以完整版发在他主编的《比较法研究》。

沈老师和其他前辈学者，对我们二人以及这些年在海外形成的理论学术观点都很看重，但是也有一些疑惑不解，很想知道我们为什么要从这个角度去观察和总结，问道中国法律的症结果真是在于程序问题么？我除了略述"程序主义"的内涵意旨以外（卫东的论文已经把这项工作完成得很好），大致地回应说，我们并不是在程序法、诉讼法的意义上讨论程序问题，而试图通过跨学科的整合角度以程序为中心看待当代中国的法律和社会运动。我给沈老师举了一个例子来说明。两年前我在耶鲁上过一门很有意思的课，是费斯和埃里克森两位左右对立的著名教授共同主持为时一个学期的seminar，课程名为《民主还是资本主义》。在以中国为案例讨论时我不得不发言，我说如果观察这些年中国出现的具有明显影响和实质性意义的理论或思潮，按照对于政治和经济权力的不同逻辑关系可以用二维框图表示，分别是新权威主义、新保守主义、新民主主义和新自由主义。

两位教授和同学们很感兴趣，追问我自己更赞同四者中哪一个，我当即在黑板上的四框图中心画了一个圈，说作为法律人我克制自己对实质性理论的偏好，我只能赞同这样一个中心。老师和同学又追问那个圆圈应该叫作什么主义？我说如果非要名之以主义，那就是程序主义吧。如果要找出中国法律的症结，并不在法律内部，也绝非法律人能够独力解决。法律人需要设计并说服社会接受作为选择程序的法律，也就是作为选择的游戏规则，如何使 game players 进入后就既不能破局也不能自拔。我记得，沈老师听时若有所思，几度颔首。我现在找到当时记述这次拜访的一首词作《清平乐 与绍光卫东同访北大》：

“南门聚首，季子平安否。
三届学生七八九，北大形魂莫朽。

蝉声引见吾师，松荫窗外迟迟。
却话洛城会议，相询耶鲁新知。”

那一年以后，主要是由于我自己的身体在很长时间内出了问题，就一直没有再回国见沈老师了。1998 年 8 月间，卫东回国后给我打电话，通知我北大法律系要举办沈老师执教 50 周年的庆祝活动，要求每个学生都写一篇纪念文章，编辑文集在北大出版社出版。电话中卫东的语调热情兴奋，传达的事件也意义隆重，我不敢怠慢，认真完成。文稿也给一些在美国的友人和学生看过，他（她）们都喜欢，说写得既深情又深刻。我在后来的附识讲过当时的情况。我是按照我对于类似题材文章的常例去写的，我本不情愿把我和老师个人之间的过从公示于人，可又想不出其他写法，只好勉强为之，还假定大家都会这样写。

等到后来收到编印出的文集，我才发现别人提交的都是学术论文。说实话我当时感觉很糟糕，既不想成为与众不同的特例，也不愿和不确定的读者分享本属作者和导师私人的信息。于是我只好期待这样的学术性纪念文集不会有多少读者，此文也就不至于引人注意。果然后来一直都很平静，除了偶然地听到春鹰那句评论以外。然而，就在我决定回国教书之前的2006年夏天，我突然发现文章出现在国内多家网站上，甚至像“中国农村网”这样看似无关的网站。我的第一反应是删除，却又不知道该找谁交涉，真叫做望洋兴叹。

我是在当年年底回国的。回去以后，才发现事情与我自己的感觉差别甚远。陆续见到的很多年轻一代的学者，见到我几乎都要提及这篇让他们“印象深刻”的文章。这使我觉得，当一个出土文物也是有价值的，被我看作与导师之间当年互动的一些个人信息，也成为他们眼中有意思的“学术史材料”。其中关键的一位，就是前文提到的孔治国。

治国当时兼职《法制日报》理论版编辑，打了好多次电话到武汉辗转找到我约稿，还专程去了沈老师家。老师和师母听治国说我回来了，殷切地再三叮嘱他转达思念。此后治国再打电话就不谈文稿了，而是一而再再而三地催我尽快去北京见沈老师，他说实在感动于老师和师母听到我回国消息时的强烈反应，真受不了老人那种发自肺腑的殷殷之态。我想象不出老师和师母是怎样的表现，却也不好向治国多问什么，因为相形之下我深感惭愧。治国每次来电话都一再地说，齐老师你快去吧，你怎么还没去啊。可是我毕竟工作在武汉，寒假中在美国又生病住了医院，病愈回国后直到春天才有机会去北京。

六

那是2007年的五四校庆。我事先给师母打电话约好时间，辗转来到沈老师远在西二旗的寓所。十几年的岁月又过去了，我已是知天命之年，老师和师母也自然都老了很多，都是八十开外的人了。师母对我介绍说，沈老师退休已久，身体还好，但是不运动，以前在中关园时的散步习惯也放弃了，因为住在高层，环境又陌生，所以基本上不下楼，怎么劝都没有用，又因为离城很远，外出也不方便，也就极少出门，前些年有过一次中风，大体上恢复得不错，只是头脑不像以前那么清楚了。可是我在和沈老师的交谈中，却一点没有感觉到他的头脑有任何不清楚，除了说话稍微慢了一些，气息明显弱了一些，其他都和80年代的状态差不太多。师母笑说，这是因为他看到你来，高兴的，过一会儿你就知道是怎么回事了。师母还告诉我说，沈老师知道我要来，早就做好了准备，一直期期等待着。师母的话让我心里更增惭愧。

沈老师引我进了书房坐下。他先是问我怎么去了武汉。我回答说，罗玉中老师2001年应周济校长之邀到华中科技大学创建法学院，然后几年来一直通过我的舅兄转达邀请，希望我回国后去那里工作。沈老师听罢惊诧道："罗玉中怎么可能到武汉去了，他不是还在北大吗?"我说罗老师的人事关系还在北大，在华科只是做特聘教授，现已卸任，我也是特聘，不算那边的人事编制。接下来沈老师又连发几个问题：你这次算是彻底回来吗？回来是真打算长期教书还是有别的职业选择？你爱人有没有回国工作的计划？

我说，当然是彻底回来，实际上前几年儿子上大学后我就开始联系回国的事，因为发生非典，没有回成；现在他大学已毕业，我也就完成使命回来了。我爱人目前还没有回来的计划，她所在的实验室这几年还离不开。因为我是一个人回来，所以到哪里都一样。我回来就是教书的，从进北大开始，我这辈子就没打算干别的，我"enjoy teaching"，这一点毫无疑义。

沈老师得到我这些答复以后，马上说道："那好，我对你有两个希望或者说要求，一个是你要回北大，去找法学院和学校谈；另一个是你要把当初的在职博士完成，去找研究生院谈。”然后沈老师把早就摊开在案头的《中国法学家名录》指给我看，书页就翻在“沈宗灵”词条，在指导的博士生名录上第一个就是我的名字。我心里一阵感慨，这才明白沈老师为我来访做好的准备就是这个。

我对老师说，这两件事都很难办到。北大的博士资格据说最多保留八年，我已经远远超过了。回北大工作也是有各种硬性条件的，比如年龄，我的情况已不符合。沈老师马上说，吴志攀和朱苏力都是你的同学吧？找他们帮助解决不就可以了吗？我说无论学院学校，处理这些事情都是有既定规则的，他们不可能逾越规则，我也不想给老同学平添这种麻烦。未想到话音刚落，沈老师就激愤地大声说道：“不要说什么规则、什么规定！现在的情况是只要有人有关系，什么事都可以办成！哪里还有什么规则规定，那些东西全是假的！你一定要去找他们谈，我要求你回北大！”

面对老师这样激烈的反应，我心里感受非常复杂。我当然感动于老师对我的深挚关切，也不能不感慨这些年来中国社会发生了何等彻骨的改造，才使我们的沈老师竟然说出这样的话来。凡是了解沈老师的人，或者进而说，凡是读过我那篇记述沈老师旧文的人，都不难体会，这样谈论规则的话从沈老师嘴里说出来，是何等地令人惊心动魄。

接下来我们又说了些别的，不过话题还是与我回来教书不脱干系，因为沈老师关心的只是这个。老师问我有没有什么具体的研究计划，我说目前还没有，我回来之前就跟那边说好只是教书，别的都不做，至少在一段时间内无意做。沈老师问为什么？我说原因在于我自己的心态，我是“no vision，no passion”，既无愿景，也无激情。这个回答让沈老师沉吟半晌。他反复追问并和我辨析了几番以后，显然感觉到问题的复杂和沉重，于是放下了。

我注意到老师案头上还有一本翻开的英文书，问起来，才知道沈老师每天依然是把读书和翻译作为生活内容，这是一本90年代出版的荷兰学者克尔兹的《当代比较法》，因为反映了冷战结束后的欧洲政治现实，所以沈老师从北图借来阅读，而且边读边译，已经差不多翻译一半了。我对老师说，您如果以后不译了，我来接着做剩下的部分吧。沈老师说他只是随手译的，习惯而已，并无出版意求。我后来有一首题为《西二旗访沈宗灵老师》的诗，记述了这次拜访，是这样的：

“吾师唤几回，治国忍相催。
入座人三问，饮答茶数杯：
激情逐逝水，愿景化尘灰。
惟作舌耕乐，江南可赠梅。”

同年暑假结束后，我从国外回来路过北京，又去西二旗看望老师和师母。因为夏日悠长，那次还在老师家吃了晚饭。也就是在吃饭时，师母发出了我前文提到的那番感慨。记得师母还跟我抱怨了一回沈老师，事情的起因是前几年学生们为沈老师八十贺寿，安排在饭店聚会，在那样的场合沈老师居然从头至尾一点应酬话都不说，让师母觉得很难堪，生怕学生们有误解，对不起学生们的好意。我不知道师母在那之后是否对别人谈过这件事，但显然这个感觉她已经憋了很久，在跟我讲这件事的时候还是耿耿于怀。我听了一点都不觉得意外，反而觉得有趣，这才是我熟悉的沈老师，这样的性格才具有美学价值，无论外面的世道人心发生了怎样的变化，哪怕垂垂老矣都保持着自己的个性本色。

我笑过后对师母说，您是最了解沈老师的人了，您当然知道老师拙于社交，他说不出来那些应景的客套话，但是这绝不意味着他内心不理解不感谢别人，他有自己的方式。这一点学生们也都了解，否则他就不是我们心目中的那个沈老师了。他要是在那样的场合突然改变了自己，言行举止像别人一样，那大家反而都会吃惊和不习惯的。所以，我相信学生们都不会有误解，都会从内心爱戴沈老师。师母很欣慰地接受了我的解释，她知道我说的话确实在理。我也有一首浣溪沙词《暑假归来将赴武汉再访沈老师》，记述了这次拜访：

“正是燕山处暑时，一年两度见吾师。庭园风寂柳垂丝。
几畔读心谁感慨，窗前格物我沉思。夕阳无限又归迟。”

次年，也就是2008年的北京奥运会之前，我第三次去西二旗看望沈老师。这一次见面时，师母情不自禁地跟我提到，沈老师年初就满85了，可惜没有好好过一下。我听了顿时觉得心里狠狠一坠，深深自责。沈老师生于1923年2月，我印象里正好晚于梁启超先生50岁。2008年2月沈老师是85周岁了。我上个冬天在武汉生了一场大病，住了一段时间医院，寒假时还没有康复，因此没能出国和家人团聚，也没能回北京，而是去广东东莞的朋友家里度过的。我对师母说，是我们失职了，不过不要紧，以后还有机会的，中国有传统是男过虚女过实，沈老师85寿辰不是今年而是去年2月，接下来后年就是八八“米寿”，然后再过两年就是90大寿了，我们一定为老师好好庆祝。

师母说米寿就不讲了，就希望沈老师能活到90岁。我连忙说那肯定能的，我看沈老师的身心状况都不错的，而且他的体型和生活形态都是长寿型，唯一需要注意的是多少还要锻炼一下，延缓衰老过程。也就是从那个时候起，我就开始留心于张罗沈老师的90大寿了。2012年2月24日，距这个日子还有三年半，我们有充分的时间准备，老师也要努力配合我们，圆了师母和学生们的这个心愿。

七

此后的两年里，我就没有再去北京看望过老师和师母了。原因挺简单，也挺特殊。我回国后在华南理工葛洪义那里做讲座时，认识了他的一个学生陈睿。陈睿后来又到浙大跟孙笑侠读了硕士。这个年轻人和我很投缘，邀请我去湛江家里去过，他父亲还专为邀宴宾朋认了干亲。陈睿 2009 年报考清华王晨光的博士被录取了，于是我就委托他代表我常去看望沈爷爷和奶奶。陈睿第一次去之前，我给老师和师母打电话作了介绍，他自己还用手机通话加短信给我现场直播。老师和师母都很喜欢这个善解人意的年轻人，当然沈老师也没有忘记从开始就认真告诫他“莫学法理”。自此陈睿经常保持和师母的电话联系，也多次代我去问候两位老人，及时向我通报沈老师的情况。这样一直过了两年。

2010 年 12 月我在上海参加北大校友会，见到了刚从北京回来的李清伟，清伟告诉我，他去见了沈老师，还开车带沈老师出去吃了饭（我后来才发现我对沈老师的了解有这一大盲点而不及清伟）。让我没有想到的是，清伟也像四年前的治国一样转达老人的思念，再三强烈地催促我去北京看沈老师。我于是明白，我的安排是有些一厢情愿了，对老师来说，陈睿虽然可以代表我，却不能代替我，即便是以儿子的名义。

我告诉清伟，我马上要去美国，待回来后尽快去北京看沈老师。我们还商量了一年后将要为老师祝贺90大寿活动的各项准备事宜。

三个月后，我应罗豪才老师之约到北大开会，让陈睿打电话探询师母，是否方便看望沈老师，陈睿告诉我两位老人患了感冒，但还是很欢迎我们去。此时我原来在华科的学生赵冬已考进清华从高其才读博，而且也已跟陈睿一起拜见过沈老师了。这次我们一同前往。沈老师和师母已经在一年前搬了家，新居在亚运村附近的惠新西里社区，仍是高层，但距离比原来的西二旗近了许多。

我跟沈老师谈了几件事。一个是在不久前的上海校友会上见到了我原来在北大的班主任吴撷英老师（北大法律系1955级学长），他现在是上海校友会的并列会长，吴老师托我转达问候。沈老师回应感谢，还问吴老师从新加坡回来以后情况怎样。另一个转告也来自上海校友会，也是并列会长的原最高法院副院长李国光（1956级学长），在会上发言时特别回顾说，当年在北大上过的课印象最深获益最多的，就是沈宗灵老师讲的《现代西方法律哲学》。我这才知道，原来这门课不是文革后才从我们77、78级学生开始的。沈老师听后似显欣悦，笑着说很感谢他这样讲。还有一个是我来北京之前在上海大学见到沈四宝院长时听到的消息，芮沐先生去世了。沈老师闻言一愣，过了好一会儿才缓缓表达不满说：这么多年的老同事去世了，学院怎么也不通知一下，让我们表示悼念的机会都没有。我们和师母都说，可能是在网上发消息了。不过我记住了沈老师的这个反应，并且随后在北大开会时转告了在场的罗豪才老师和法学院领导。

我这次去老师家还有一个重要目的，就是和师母商量一年后为沈老师贺90大寿的事情。我知道沈老师不会轻易赞同这样做，所以在谈话时比较注意回避他，师母也以为沈老师听不到我们说什么。可是我每次造访都使沈老师心情高涨，感官也因之比平日警觉得多，居然事情没有瞒得过，沈老师突然插话了。他说了几个反对理由，我也适当地解释了一下。这件事也就此打住了，考虑到老人感冒，我们没有坐多久就告辞了。师母很希望我能多来看老师，说每次来访都会使老师之前很期待、之后很欣然。

这些话，说得我心里不知是什么滋味。我知道，我们师生都在彼此的生命中刻下了很深很深的印痕。老师给我留下的，是坐标、是人生教益；而我给老师留下的，又是什么呢？是理解、是斯世同怀么？我也有一首卜算子词《亚运村见沈宗灵老师》记述这次与老师的见面，词的下阕是这样几句："散木放骸形，法理终堪用。默默回声几度闻，心曲听弦动。"这词里是有好几个出典的，显然。回家以后我又给师母打了电话，仍是说老师90大寿的事情。我还安慰师母说，听清伟讲老师家前段时间出了意外，我在武汉也几乎同时出了同样的事，我们这一对师生真是当得太有缘了。

然后，匆匆地又是大半年过去了。去年11月间，我到北京商务印书馆开会，此时陈睿已在日本东北大学，我叫上赵冬一起去看望沈老师。沈老师的身体和精神状况看来都挺好的，这次我们坐的时间久一些。由于寿辰将近了，我此行的主要目的就是和师母谈好祝寿的事。师母告诉我，张骐已经就此事来过，但是沈老师明确反对操办，学生们也了解沈老师的个性，怕他到时候真的拒绝出席，所以感到为难。我听了以后，觉得需要跟老师讨论一下反对的理由。

沈老师于是讲了几条，大体还是上半年对我说过的那些。第一条是国际金融危机造成的经济困难还很严重，现在去饭店搞活动不应该也不合理。我回答说不是这样啊，现在的问题是产能过剩出口下降居民消费意愿不高，我们一大堆人去饭店是拉动内需为经济做贡献呢。第二条是祝寿活动没有什么实际意义，没有必要搞这种形式。我说必要性和实际意义应该由自愿参加者来确认，学生们都愿意以这样的方式表达对老师的祝贺与感谢，您应该允许和成全啊。第三条是大家都有工作有家庭有各自忙于处理的要事，让这么多人挤占工作或休息时间来祝寿是很麻烦的事情，人家嘴上不说心里也会勉强。我说您怎么知道学生们是这样想呢？据我所知大家都发自内心地赞同这个活动，希望有这样的聚会，而且我们会尽量安排得少花时间。沈老师没有再表示反对。我知道这并不意味着他被说服了，说服沈老师没有那么容易，但是我可以判断他不再那么强烈反对了，因为接下来我们谈话时沈老师的情绪一直很好。

沈老师拿出事先准备好的新版旧译马里旦的《人和国家》送给我们，书是一个年轻编辑送来的，他和师母都搞不清楚这是怎么回事，此书原为50年前沈老师以化名在商务出的内部发行版，不知何故现在被法制出版社重新刊行。赵冬看到书页上责任编辑周林刚的名字，说是他的同学，可以代沈老师去了解情况和处理相关事务。我说我与商务馆的法律编辑还有约，我会询问一下以前该书的版权问题怎么办。

我又告诉沈老师，昨天开会时见到了潘汉典先生，潘老和我细说了50年代与沈老师的交往并托我转达问候。我还讲了上个月去台湾大学开会和交流时的情况，台大法学院的几位法理教授都很推重沈老师，在讲座时向同学们特别介绍了沈老师的学术工作。趁着在场气氛和沈老师的心情都很好，我提出请沈老师在赠书上签名并且合影。我知道这是沈老师从来都不愿做的事情，可是我也明白这样的机会只能越来越少了。师母也使劲从旁动员，我们终于如愿以偿。

就是在这最后的一次乐聚中，忘了讲到什么事的时候师母脱口而出说，沈老师平生最大嗜好是爱吃，所以他们喜欢下馆子。我闻听此言一愣说：啊？我怎么从来不知道沈老师还是个美食家呢？我不由想起一年前在上海听清伟说他开车带沈老师去餐馆吃饭的事，我当时很诧异，还问他：沈老师真会跟你出去吃饭？我实在难以想象沈老师以耄耋高龄还有如此兴致在北京的寒冬里出门下馆子。看来这于我确是一个典型的时代局限：在80年代中国的短缺经济环境下，无论作为学生或同事，我还真是不容易发现沈老师的这个旧癖，印象里倒是有几次陪同外宾赴沈老师家宴的记忆，分别有铃木敬夫教授和赛德曼教授夫妇等人。

临别前我告诉师母，我会先去这里社区附近的几处营业设施察看一下，如果条件和环境好的话尽量就近举办庆贺活动，避免在冬天出远门。我也会联系张骐，把今天的安排转告他，委托他们具体筹备。我们最初设想有三个贺寿项目，一是师生聚会，二是出一本纪念文集，三是成立一个学术基金会。我尝试过劝募的可行性，前景比较乐观。但是后来看到沈老师对祝寿活动的反对，认为基金会之议绝对是无法被他认可的，所以取消了。我们商定先聚会，然后根据聚会的情况决定是否出版文集。

八

离京前我给张骐打了电话，他还是对沈老师的态度很有顾虑。我说，师母和我们大家都愿意有这个庆贺聚会，沈老师的儿子女儿两家也要专程回国参加，到时候师母全家人都会用最恰当有效的方式来做沈老师的工作，相信沈老师会理解学生们的心意，会愿意和我们一起其乐融融。我对张骐说，我可以担保。

再往后，显然是在张骐的安排下，我们开始陆续从北大法学院收到以短信和邮件发来的有关通知。寒假里尽管我在大洋彼岸，也陆续听到了大家都已准备好束装就道的消息。华枝蓄春待满，天心有月将圆。恰恰就在此时，沈老师离去了。老师走得突然，我听老师的女儿说，也走得安详。或许，沈老师终竟是遂了自己的初衷，他莫非就是要以这样一种最不能违背和质疑的方式告诉我们，尊重他“不想给别人添麻烦”的意愿、选择最“有实际意义的形式”来表达我们的纪念？

我知道这种有意义的形式对我来说是什么，我也从来没有动摇过这个早已植根于生命内里的选择。To be a good teacher，做一个好老师，尽可能像沈老师那样认真和负责任的老师。沈老师年长我 30 岁，30 年前的这个时候，我正在北大真实地程门立雪，紧张地备考沈老师的研究生。30 年来，白云苍狗，沧海桑田，无论时空场景怎样戏剧性大幅度转换，我和导师的精神生命彼此印证、交互很深。在和导师最后的一次见面之前，我去过台湾，在新竹清华的校园里，我在黄昏中寻访梅园。暮色四合，秋声遍起，站在梅贻琦先生墓前凭吊，每一个身为教育者的人，很难不想起他的那句名诲：“所谓大学者，非谓有大楼之谓也，乃有大师之谓也。”我离开北大的教职，以公文手续来算，已近 20 年了。这些年几次回母校，感觉也越来越陌生。昔日错落有致的美好燕园，随着时间的推移，被大楼挤占得日渐局促，相应地，同样随着时间的流逝，我们心中的一代大师，也逐一伴风远行。终于不可避免地，这一次，和我有着最切近最至要关系的沈宗灵老师的名字走进了沉重讣告，融入了苍茫背景。这个事实使我切切地感知，我和母校的诸多关联中，最重要的那一脉心系于焉消失。当然，它也使我再一次向自己确认：我在母校所得到的诸多弥足宝贵的精神滋养中，那一朵最美丽的灵魂结晶、那一笔最本质的人生价值，来自和属于我亲爱的导师。

在这个意义上，我的北大，就是我的沈老师。

2012 年 2 月 18-19 日匆匆写于美国康州

附言：

这篇悼文，是在接获沈宗灵老师去世噩耗之后，因未及赶回国参加告别仪式而匆匆写成的。为了赶在仪式之前发到悼念网站上，我在两天里连续写了 30 个小时，不眠不休，事后也震惊于自己在如此年龄还能迸发出这样的精神能量。文章虽然写了很长，不过我还是觉得有很多没有写出来。写完以后我对晓宁说：你抓紧时间帮我看一遍，一个是看有没有什么不该写的被我写了，另一个是以一般读者的眼光看像不像一篇文章，因为我自己都不知道写了些什么，也无法判断，如果没有什么大问题我就发过去了。说完我就在躺在一边迷糊过去了。一个多小时以后我被晓宁叫醒。她脸上带有泪痕，低声对我说：写得挺好的，没有什么不该写的，就这样发过去吧。我把文章发给晓力然后睡去。几个小时后起来，收到晓力简短却重要的回复："齐老师，文章太好了。"我这才放下心来。

随后我也不断收到邮件，有来自以前在北大教过的学生，也有来自现在毕业于华科的学生，他（她）们都看到了这篇文章，被强烈打动。老同学邵景春后来告诉我，他反复看了好几遍，深受感动。我在华科的学生也写信说，在震撼之余经常诵读文章结束的那一大段。不过却有在海外的北大校友提出异议，说最后关于母校和导师的那一句总结，说得有些过了。他们说：须知你在我们的北大经历中很重要，难道我们在你的北大经历中就能被忽略不计么？我解释说，还是要在 context 里面理解作者的本意，我那样说是有明确限定的，不能只看一句话。我觉得，朋友们其实也都能理解。使我有些意外的是，3 月中旬我去台湾政治大学参加第 8 届东亚法哲学会议，对岸的一些学者见到我，也都说从网上看到了我悼念导师的文章，印象深刻。黄源盛教授还说他在主编《法治人生》的刊物，希望可以发表。

商务印书馆的编辑朋友在网上看到了这篇文章以后，说服我将所写各文收编为集，纳入《法律人生》丛书。我犹豫再三，最后还是同意了。原拟将书名定为发在悼念网站上的《北大三题》，后来想到加上这篇悼文就不是三题，而是四题了，于是改作《远游》。考虑到这篇文章较长，为便利读者阅读就分了小节，分节之后又感觉第四节篇幅相对较短，于是补充了关于耶鲁的一些内容。此外，在出版合同期限的切近压力之下，我也把延宕了好几年的两篇纪念文章《空音》和《黄桷树根深叶茂》一口气赶写了出来。是故，面对编者，大德不及感谢；面对读者，惶惑退思书屋。

2012 年 6 月 18 日于武昌喻家山不知庐

3 一个篱笆三个桩

——应北大法律系78级博客征文而作

1978年的深秋。我从河北考入北大不久。一个周日的下午，我到西单商场服装部买冬衣。彼时的中国仍然是短缺经济，每个柜台前都有很多人排队，我也排了很长时间。等我终于挨到柜台前，前面的人付完款正转身准备离开，忽然停下来不走了，靠着柜台盯着我。这个举动让我感到诧异，也就仔细打量了一下对方，终于我们几乎同时问出："你是齐海滨吧？""你是王建中吧？"我们彼此认出是当初在黑龙江一起下过乡的知青伙伴。分别已近8年，不用说我们各自都有了很大的变化，从身形到气质。建中继续盯着我看，注意到了我胸前的白色校徽，想要证实："你丫上北大了？"我点头。建中愣了一会儿，突然没头没脑地说："你丫还是亏了！"

我愕然，问他此话怎讲，他说："你丫走了以后，没多久大学就恢复招生了，第一批来农场招工农兵学员的时候，场长就说齐海滨要是不走的话，这个名额肯定就给他了，谁让你丫走的！这个名额后来给了场长的一个警卫员，是去北外读西班牙语的，现在人家在中国驻秘鲁大使馆当三秘呢。你丫等到这会儿才上北大，所以还是亏了！”我笑了笑，没有说什么。回学校以后，我把这件事告诉了同宿舍的刘歌等人，大家都觉得有趣。我尽管始终遗憾自己上大学的年龄确实晚了，但是我从来没有觉得因此而亏了。因为我一直认为，从初中毕业到考入北大这中间 9 年的工农兵经历，以及在这些经历中所得到的珍贵友情与支持，是我的一笔重要的人生财富。

1966 年“文革”正式开始时，我是小学 6 年级学生，刚刚完成了毕业考试，还没来得及参加升学考试。作为毕业班，我们在那一年中已经着实地开始领略以高考为导向的教育体系所传递的沉重压力。几乎整整一年，我们都在老师和家长关于报考什么中学的各种要求和建议中纠结反侧。小学阶段的教育资源大体上是均布的，但是从中学开始各校之间就有了明显差别。这差别最后当然是用高考升学率来衡量的，各所大学也因此开始进入我们的法眼。那时每每课余时间谈论起各高校，大家都以取笑北大为时髦，诸如听说在北京市高校运动会上北大的径赛和游泳运动员如何名落孙山等等。很多年以后我才明白，那种取笑态度其实折射出一种非常在乎的情结，当然它不来自我们，而来自社会。我们那时以清华和北航等理工科大学为认同对象。

不过说归说，其实高考离我们还很遥远。然而就在我们毕业考试不久，《人民日报》在6月某日赫然发表了北京女一中若干应届高中毕业生的一份倡议书，公开质疑和批判以高考为核心的教育制度，呼吁改革。被毛泽东严辞批评已两年多的教育部很快被迫做出决定，取消了本已在日程上的当年高考以及所有其他的升学考试，学校一律无限期停课，中学以上学生参加“文化大革命”。我们的教育经历因此而被腰斩，尽管三年后拿到了一纸初中毕业证书，但是从课堂学到的知识便如同弃钟一样，停摆在小学6年级的刻度上了。

因为我所在的小学恰好于“文革”前一年增设了初中班，所以具有作为中学参加文化革命的资格，被北京市委和团中央联合派入了工作组。但是初中只有一个年级，人数少，学校经请示后安排我们毕业班与初中生一起投入“文革”。这样我们就全程见证了“文革”从教育界向全社会星火燎原的过程。我们所参与的第一项重要活动就是到北大清华看大字报。那时真觉得去北大的路途很遥远，北大的校园也很大，与我12年后的印象很难对得上。我们也组织了红卫兵，参加了天安门接见游行、破四旧和大串联等“文革”初期的经典活动。串联中所到各地，目标都是有代表性的各大专院校，我们去过全国十几个城市的几十所大专院校，参加那里的各种辩论会和批斗会，也结识了不少大学生朋友。

可以说，“文革”初期的我因缘际会地“隔着锅台上炕”，越过了中学阶段，直接观察甚至参与了新鲜的大学生活，尽管是那样一种被毛泽东喻为“子教三娘”式的异常大学生活。虽然如此，我毕竟觉得大学离我们仍然遥远，对于“文革”造成教育体系的混乱乃至毁灭究竟要以怎样的方式演变和收场这样的问题，我由于年龄的原因，虽然时而掠过头脑，却从未深究。从1966年底串联回来，直到1969年下乡，我很少再去过学校，尽管我们后来被划归住地附近的中学“复课闹革命”，但是我几乎没怎么进课堂，而是不停地参加学工、学农、学军的各种劳动，接受工农兵的“再教育”。

1969年7月，我们就这样“被毕业”了。在大半年以前，毛泽东发布了知识青年到农村去的最高指示。上山下乡运动不仅蔚为风潮，而且沛然莫之能御，在那个时候，如果有毕业生试图逃离这样的命运，那就如同打算放弃人生一样令人绝望。轮到我们下乡时，出现了新的重大情况：中苏边境在当年3月中共九大之前爆发严重武装冲突，两国剑拔弩张，战争似乎一触即发。这样我们的上山下乡行为就又被赋予了一层新的政治涵义，叫做屯垦戍边。1969届的北京初中毕业生大约有80%去了黑龙江，15%去了内蒙，5%去了云南。我和大部分同学都选择了去黑龙江，原因其实挺简单：学校在珍宝岛事件之后曾经邀请上一届去黑龙江下乡的校友给我们现身说法，北大荒的知青生活使我们备感新奇和挑战，所以就在其实别无选择的困境中做了相对具有确定性的选择：这确定性一是由毕业校友的亲身经历所提供，二是来自大多数同学的群伴心理效应。

那一年夏天黑龙江遭逢百年不遇的暴雨，成熟的麦田浸在水中，机器无法收割，黑龙江省革委会急电北京市革委会，催促知青火速救急，于是八万北京初中毕业生仓皇辞庙，分乘数十列火车络绎于途赶赴北大荒。我们的知青经历就此开始。记得父亲在送行时嘱咐我说：对上山下乡运动和个人前途都不要想太多，既然这是眼下大家都要走的路，那就走好了；去了以后要好好劳动，要坚持在基层工作，因为将来不管干什么，基层经验都是最重要的。这些话我当时根本听不进去，心想下乡就是下乡了，以后还能有什么改变？老家的堂兄堂姐都是60年代初的回乡知青，几年来无论他们怎样不甘心，最终不还是得接受命运的现实么。

在黑龙江的知青生活这里就不写了吧，因为要写起来实在太多无从下笔。我们78级同学中，黄建初和我同在黑河地区的农场，不妨等退休以后再一起好好聊。2010年8月中旬，由黑龙江大学法学院作东道主的全国法理学年会和第5届法律方法论会议分别在哈尔滨和黑河召开。我专程提前从美国赶回来参加。40年后故地重游，我写有如下诗作纪念：“岁月已神偷，松江不尽流。身浮鲸海道，魂掠少年游。世乱人情敝，城肥草木佝。列巴依旧好，未解效忽悠。”“大野风沉偃绿波，日行八百向黑河。屯边事散知青老，寂寞桦林泪眼多。”总之，那段经历给我们的人生刻痕留下了深重的一笔，允我以两个例子来证明。

1976 年秋天我受工厂委派去上海出差，途经徐州时去坦克二师会见已分别六年的初中同学张新京，在他那里住了两天。每天晚饭后的空闲时间里，我们就坐在连队食堂门口聊天，话题都是当年在北大荒的生活细节。新京是排长，我们的聊天每次都吸引全排战士围拢来听，个个听得如痴如醉，直到熄灯号响才不舍地离去。两年后我和新京在北京见面时，新京说，你走了以后我那一排兵老是问我：排长你那个同学什么时候再来啊，我们还想听他讲故事。我们的亲身经历居然变成了令他人着迷的故事，试问经历者该作何感想？

1982 年，知青作家梁晓声发表了短篇小说《这是一片神奇的土地》，我偶然一读便不能自已，从此成了他的粉丝。转年没多久，看到《青春》杂志预告作者将推出讲述北大荒知青大返城故事的中篇小说《今夜有暴风雪》，便翘首以待。暑假我和妻子晓宁去南方旅游，陪她在上海南京路逛街时，可巧发现邮局新到刊有那篇小说的杂志。我不由分说马上买下，打发晓宁自己去逛街，然后一屁股坐在邮局门口的马路牙子上，顶着三伏天的午后烈日迫不及待地读起来。两个小时以后晓宁转回来，发现我还在那里痴读，震惊之余回北京后逢人就说这件事。

我从小是有阅读习惯的，到哪里都是手不释卷，即便下乡时也是这样。下乡半年以后，分场就屡次调我去做文宣工作。这时我想起了父亲关于基层经验的嘱咐，坚持不去。大家都不理解我何以如此，毕竟坐办公室比下地干活要轻松多了。僵局拖了两个月，分场下命令硬把我调了去。但是我不仅身在曹营心在汉，而且还天天和原来的同伴们一起出工，分场领导无奈之下派我去农场场部参加一个为期近月的培训班，承诺回来后就放我回基层。我明知这是缓兵之计，但也只好从命。

在场部培训结束的头天晚上，我打好背包，只盖着大衣在床上躺着，期待着第二天一早就回去。正好碰上场长率人检查工作进了屋，我赶紧起身报告。结果场长在三问两问之后说，我看见你床上放着背包，你是要回分场了么？我说是。场长说不用回去了，打个电话告诉你们分场，说你被留在这里了。我心里叫苦不迭，再三恳求场长放我走，场长说就这样决定了，你明天回去把自己的东西带过来。第二天我赶了25里山路回到分场，那边领导已接到电话，见到我相对苦笑。

事情其实还不仅于此，大半年后我离开农场时，听场部机关的人说总场也已经几次发调令调我，都被场长硬拦下了。我不能确定场长到底是因为什么原因当初非要把我留下，据说是我的好学精神给他深刻印象，他的确是有强烈意愿栽培我。然而我终于是让他失望了。

八年以后，当王建中说我“你丫还是亏了”，我心里首先还原的便是这一段北大荒知青生涯。我到底是亏了还是没亏呢？要回答这个问题，需要先确立判断的标准。以什么为标准呢？如果是以接受体制化的高等教育然后进入专业性职场生涯为标准，那么是否实现这一过程越早越好，也就是说，越早就越不亏呢？好像按照一般逻辑应该是这样的。

可是有过“文革”经历的我，以及我相信我的很多同学们，都很难轻易地认同这样一个标准和逻辑。姑且不讨论人生价值和意义本来就是多样性和个性化的这种哲学前提，只就与这个判断直接相关的具体情境而言，要回答我到底是亏了还是没亏这个问题，可以还原为具体的选择情境：我当初是因为选择当兵而失去了成为第一批学习外语的工农兵学员，而我当时并不知道我离那样的机会曾经很近。那么，假如当初把这样两个选择同时放在我面前，我在纠结过后会选择哪一个、放弃哪一个呢？

我当时就曾经这样问过自己，现在34年过去了，人生已过大半，我在写此文时仍然这样自设问题。我发现，这真是一个鱼和熊掌的难题。读书我所欲也，当兵亦我所欲也。在不可兼得的情境里，我觉得我还是会选择当兵。毕竟，我是生在军营也长在军营里的人，当兵的意愿几乎是从小和乳汁一同被灌输进体内，成为我那时精神存在的重要部分，要放弃这一部分就如同肢解自己一样困难。所以，我估计自己不可能做别种选择。

我当兵的那一年刚过17岁，变声期都还没有结束，四年后复员时也不满22岁。这个年龄正好大体吻合于正常读大学的青年。重要的是，可以说我的四年从军经历就精神存在的意义而言，真的相当于读一次大学。这倒不是印证了当时主持军队工作的林彪提出又经毛泽东所特别肯定的著名论断"人民解放军是一个革命大学校"，而恰恰相反，这个学校对于我的意义，正好和这两位倡导者的本意逆反而来。

令我感到参军意义几乎落空的是，我入伍的武汉部队是唯一无海边防的内陆军区。我当的是空军，具体说是机场塔台的通信兵，入伍第一年就遭逢了举世震惊的9.13事件。在刚满18岁就经历了一场足以摧毁和颠覆长期被教育训练形成的全部信念与准则、经历这样一场几乎是灵魂灭顶之灾的强烈冲击之后，我开始彻悟。但是我决定给自己的彻悟提供一个可靠的支持过程：我定了一个读书和思考的计划：改变以前以单纯求知为动力的读书行为，以搞清楚自己的存在以及身处环境的本质和意义为目的而学习和思考。

我比以前更加如饥似渴地读书，想尽一切办法找各种书籍来读。我的读书也在部队里成为引人注目的现象，于是有人预言说，我这样读下去早晚会出事。这个预言在将近一年之后终于应验了。我在连队里有一个自然形成的特殊角色：

指导员每逢政治学习时，都会事先把有关文件和材料交给我，让我做好准备，待学习开始时做辅导。1972 年 8 月，部队开始传达和学习据说是毛泽东在“文革”初起时的 1966 年 7 月在湖北武昌写给江青的那封著名长信。指导员照例把文件提前两周给了我。

但是这一次我不仅让他失望了，还捅了一个天大的娄子。我公开说出了只能在六年后关于实践是检验真理标准的讨论中才能说的一些观点，而且在与连队干部战士的相互辩驳中话赶话地作了更多的阐述。上级政治机关有人在各连队蹲点，连队党支部不敢隐瞒，立即上报，团党委连夜开会，将我的言论定为立场问题（这在当时的语境下就是敌我矛盾或现行反革命的委婉说法），并且准备上报军区，情势非常紧张。也是我命不该绝，此时恰好军区的一位作训部长在部队视察工作，虽然他是军事干部，但因为也具有军区党委委员的身份，团党委在上报之前将此事向这位部长作了汇报。

1972 年正逢林彪倒台之后周恩来、叶剑英主持工作提出纠正极“左”的政策，老部长看了书面材料以后作了干预，说，不同意这样给年轻人下结论，看来这是一个认真读书和思考的年轻人，要全面地辩证地看待他的言行，如果有不正确的认识，应该帮助他改正。这样我的所有读书笔记和日记都被上缴审查，刘副政委兼政治处主任奉命与我谈话，帮助我认识和改正错误。

谈话持续了整整三天。我当时并不知道这些内情，但从几天来围绕我出现的各种迹象和气氛中，多少感觉到了有危险在向我靠近。不过那时候足够年轻，说是初生牛犊也好，血气方刚也好，反正既然话已出口，也就豁出去了，只准备向真理而不是权势低头。我仍然坚持己见，并且引经据典作论证和辩护。副政委在最后时对我说："小齐，我不再和你辩论了，但是我的这句话你要记住：不管你将来成为什么人，领袖也好，哲学家也好，你一定会认识到，你在今天这样的时空条件下说这样的话是错误的。"我后来明白，副政委之所以结束了和我的辩论，是因为那时他们已经审查完我的全部文字，做出了不是立场问题，而是认识问题的结论。

这件事的内情我是半年以后偶然知道的，是在一个场合听担任党委秘书的苏干事不小心说漏了嘴。他显然非但没有记住当事人的名字，也把我的单位弄错了，所以在一次偶然见到我时，感觉出我的某种特殊气质，再看到堆满窗台和床边的书籍，不知怎么触动了联想，兴致一来拉开话闸，说部队里还有一个像你这样的人，然后如何如何……绘声绘色地把事情倒了个底儿朝天。旁人提醒他说，整个部队里除了我以外不可能再有第二个人干得出这种事来，于是大家一起追问我是否真有其事而我点头。苏干事当场呆若木鸡，豆大的汗粒不停地从额头滚落下来，一迭声地恳求我千万要救他，绝不能说出去，因为这是严重违反组织纪律的事。我当然承诺。

虽然我表面上保持平静，但是心里却给自己的政治生命判了一个有期徒刑。之所以有期，是因为清楚地看到了在“9.13 事件”的致命打击下，当时的中国领袖及其文革实践已不可避免地走向生命尾声。此后我仍然玩命地读书，但是不再约束思想行为与现实环境的隔膜以至冲突。因此从现象上来看，我在四年的军旅生涯中前后判若两人，也就是说，我在后两年不再追求所谓政治进步，而放任个性。我所在部队的有关领导和身边的战友们却在可能的范围内给予了我最大的谅解与包容，这使我长存感谢。

我当兵的部队在河南，所以和当地的几所大学有过几次接触，比如去过开封的河南大学和新乡的师范学院。但是前者我是拉练时路过，只在河大的校园里转了一圈；后者我倒是去过好几次，但那时师院成为 54 军军部驻地，我们是去那里看内部电影，诸如美国的《阿波罗登月计划》、反映美苏冷战的《恐怖的平衡》以及苏日合拍的多集二战史诗片《解放》等。说起来，我当兵期间唯一与大学生活的零距离接触，是 1974 年 8 月在郑州大学度过的两星期，那段时光令我终生难忘。

当时部队也在奉命开展批林批孔运动，大量的作训时间都投入政治学习，团党委更是首当其冲。团长虽是军事干部，却是一个好学较真的人，他在组织干部们学习那些连篇累牍的批孔文章时，积累了许多知识性的背景问题。团长找到我，要我就这些问题作一个辅导。我说我自己手边和部队阅览室的资料都有限，要搞清楚这些问题需要去大学历史系查考。得到批准以后，我拿着介绍信来到郑州大学。

那时学校已放暑假，历史系有一位老教授和一个学生值班，我记得好像都姓张。他们热情地接待了我，破例为我做了周到的安排。于是在接下来的两周里，我每天早饭后用军用水壶装满一壶水，带着一袋面包、一包榨菜和一个小西瓜，来到空无一人的偌大书库，一直到晚上管理员下班锁门时才回到招待所与蚊子作伴。

那一段时间是我有生以来最愉快的美好时光，每日里在汪洋书海中流连徜徉，屡有河伯之叹。在老教授的指点下，我翻遍了几乎所有相关的典籍，尤其是遍览了历代会要，整理出“列国兼并考”和“历代职官考”两篇读书笔记。这两篇读书笔记不仅使我圆满地完成了此行任务，甚至四年以后在北大读书时还派上了用场。在上中国法制史这门课时，有好几位同学都问过我当初团长提出的问题，我还把这些笔记带到学校给他们作为参考。

其实我当兵时也是有机会上大学的，只要我自己不那么认死理。我在下乡时曾买到一本很厚的《赤脚医生手册》，劳动之余读得烂熟。结果当兵后去卫生队看病时，三言两语之下就被看中了，然后就几次征求我的意见，是否愿意调到卫生队工作。我当然一口拒绝，心想好不容易当了兵，如果成了个卫生员那算怎么回事。后来卫生队在一次诊治时因未按规程操作出了致人死命的严重医疗事故，在作检查时居然还有一条自辩理由说，卫生队从来不被重视，历年新兵分配时都招不到好兵。团党委于是允诺卫生队在下一年征兵时优先选拔。而那一年我恰恰担任了接兵排长，卫生队慧眼挑中的正好就是我带的兵，而这个兵可真是洪福齐天，先被派到武汉培训半年，第二年又得到部队有史以来破天荒的深造名额，被保送到西安的第四军医大学。这下我有些傻眼了，我虽未必想学医，但实在是想上大学，可是在部队完全没有机会，早知如此，我或许宁愿当初去做卫生员。

那时候的天之骄子就是有机会上大学的工农兵学员，我在出差旅途中经常能遇到他们，每每艳羡不已。1974 年 10 月，我到湖北应山空降兵某部出差，当时那里正在准备进行一次大规模空地联合演习。之前我刚从北京探亲回来，随身带着“长城抒怀”的长篇诗稿，在招待所小住几日中抽空修改。出差结束的归途中，火车上很拥挤，我没有座位，只好和很多人一起挤坐在过道中，为了打发时间我又掏出诗稿修改。两旁座位上是一群工农兵学员在高谈阔论，意兴勃发神采飞扬，整个车厢就数他们热闹。期间，大概是他们中与我相邻的一位注意到我这个兵在低头写着什么，侧过身来看了一会儿，然后示意其他的同伴依次与他换位到我身边看，然后他们全都不再说话了，车厢里顿时安静下来。我感到了异样，抬起头一看，眼前的情境让我一愣：这些年轻人都表情肃穆，若有所思，其中一些人认真地看着我。我其实很想和他们互换一下身份，当然那对我是可望而不可即的奢想。

我在1975年4月办理了退伍手续，来到原籍河北某钢铁厂做了铆工。这家工厂始建于1958年的大跃进时期，60年代初下马停产，文革前又再度上马，到我入厂时刚好复建10年。说是钢铁厂，其实只有两个炼铁车间和一个焦化车间，我们同年300多个复员兵被分到新组建的第三炼铁车间。但是直到我三年后离开这里，都还没有炼出合格的生铁。1984年暑假我去武汉大学开会途中曾回到工厂，当时的车间旧址已经一派荒芜。两座高炉废弃已久，厂棚破败，杂草丛生，令人徒生时光虚掷、生命荒抛的感慨。据说第一炉钢直到1994年才生产出来，不过现在工厂已经改组为有限公司，效益和规模都相当可观了。

我仍然不打算具体地描述我的工人生活，就像没有具体描述下乡和当兵时的生活一样，其中的故事留待以后再找机会说好了，这里仍然只说与读书有关的事情。四年前我当兵时，是从家里装了几十本书随身带走的，当兵几年买的书已经装满了两个木箱。离开部队时我交付了托运，后来是借了一辆板车从火车站拉回到工厂的。我住的宿舍是自己搭建的工房，我用捡来的铁管和水泥板搭起了书桌和书架。把书箱摆放好，我才感觉到自己这一次的人生行旅是完整的，那几百本书和剪报资料，是我四年多生命的有形见证，也是我此刻最需要的亲切伙伴。

不管白天干活多累，每天的工余时间我仍然全部用来读书。那时候有工人民兵夜间巡逻，经常听到值班巡逻的工友说，全厂就我那间宿舍的灯窗是熄灭最晚的，天天都会亮到夜里两三点钟，以至三年后我接到北大的录取通知书时，工友们个个都不觉得意外，而是信服地说果然有志者事竟成。工厂组织部听说了我的情况以后，经过考察要调我去“7．21工人大学”去当政治教员，我很感谢他们的信任，但是却不想在当时已经开始的“批邓、反击右倾翻案风”这一政治形势下去上讲台说违心的话，所以再三婉言谢辞了。

复员以后我的首要人生目标非常明确：就是争取机会当工农兵学员，一定要上大学。我所在的工厂每年会有极少招生名额，一般来自地方钢铁学院或矿冶学院，我对这些专业非常感兴趣，很想成为冶金工程师。可是一个工厂数千青年工人，想上大学者不知凡几，其中有各种关系和门路者也所在多多，不用说竞争，连消息都没听到时名额就被内定了。当年的招生机会对我来说完全不现实，我进工厂时已是1975年5月，大学7月招生，我那时连培训都没完成，还是“壮工”身份，想上大学，那无异于癞蛤蟆想吃天鹅肉。

所以我把目标瞄准于1976年，并且尽早开始准备。春节期间回北京探亲，听父亲说有个同乡现任省冶金厅长，我大喜过望。回到工厂，正逢车间一位老师傅因医疗事故去世，家属与厂医院就善后事闹纠纷，需要有人在野地里临时搭建的太平间值夜班守候，以免遗体出意外。我自告奋勇，值班两个礼拜换得三天假期，前往省会找上门去恳请这位前辈助我实现梦想。前辈说可以择机给厂长打招呼，但不能保证人家会办。可巧厂办有次抽调我去做会议接待工作，使我认识了厂长，他居然是北京通县人，操着一口地道京腔传达说：柬埔寨刚解放，柬共领导人要创建一个全新劳动者社会，人手一把铁锹，因此要求中国火速提供500万把铁锹，钢铁工人责无旁贷。会后我向厂长斗胆提出请求，他倒是没有借故推脱，而希望我能利用省冶金局的关系，帮助焦化车间新上马的2号焦炉解决鼓风机问题。

在当时的计划经济条件下，生产资料的按计划供给不能满足需求，每年在国家正式的订货会议之外就需要各单位八仙过海各显神通。我先到省冶金局拿到批件，又找到厂家陕西临潼鼓风机厂，鼓风机厂要求以某种型号的钢材作为交换，我又先去冶金部疏通关系，然后到上海第五钢铁厂商购这种钢材，上钢五厂又要求我们拿某种型号的电焊条来换，我就又跑到常州某电焊条厂，常州厂还需要一种什么产品，我就又跑到生产这种产品的浙江镇海某工厂，诸如此类反反复复。

那一年我从3月到12月，马不停蹄地在全国到处奔走，也见证了1976年那个多事之秋。由于唐山大地震以及随后的毛泽东逝世，1976年的大学招生被延宕到年底。我一边在各地奔走，一边时时留意着招生动向，听说招生开始的消息就急忙从南方赶回工厂。可是尽管奔忙了大半年，到头来却天不遂人愿：负责筹建新焦炉的焦化车间主任突然中风病故，筹建计划因缺乏有力的推动者而落空，于是皮之不存毛将焉附，我那一系列的努力也就付诸东流。当年的招生名额全厂只有两个，众多厂领导的子女都不够分配，我自然是徒唤奈何。

这实际上是最后一届工农兵学员的招生。我错过了机会，但仍不气馁，又把目标锁定在下一年。这时市委从各大厂矿抽调人员组成揭批“四人帮”办公室，工厂组织部把我推荐了去。我在市委工作了一年，除了日常工作以外，仍然密切关注这一年的大学招生，同时做着各种准备，从夏天开始自修初中数学和无机化学。我当兵时因工作需要学过电工学和无线电学，有些物理基础，所以把自修中学物理暂往后放。当时北京广播电台已开始英语教学节目，可是我在外地无法收听，徒然心向往之。

1977 年 7 月邓小平恢复工作，自告奋勇承揽了原来由张春桥在国务院分管的教科文事务，随即开始在这些领域里大刀阔斧地拨乱反正。但是当年的大学招生却迟迟不见动静，将近年底时终于推出新政：恢复高考制度。但是由于时间仓促，第一届高考是由各省市临时命题和组织的。我向领导请求允许参加高考。领导坚持不同意，说都知道你好学，但是年轻人要服从组织安排和工作需要，想学习的话以后送你去省委党校。我多次请求和申辩无效，最后无奈之下，只得提出回原单位，领导见我铁了心，也只好放手了。

回到原车间，我请求将工种改为水泵工，这样在值班室可以有多一些时间看书。由于我的实际教育程度是小学毕业，所以需要完全补习中学 6 年的数理化课程。记得那时我每天都做好多道解析几何题，也做遍了文革前十几年高考数学题，工厂里其他有高中学历的青工在复习中遇到难题也都来找我。我非常醉心于那种将看似无解的题最终解开的思维快感，真像朱熹诗中所言“问渠那得清如许，为有源头活水来”。而无机化学最后涉及物理化学的部分，则给我既带来不断的满足感，又激发强烈的探求欲。我准备报考的是工科。经历了文革，我对中国的社会政治生活已经极度厌倦和深刻不信任，拒绝想象以任何一种文科作为今后智力活动的对象。

我在工厂和市政府工作时，结交了很多年长的“老九”朋友，他们都是文革前的大学生。文革中社会反面群体的排序依次是这样的：地、富、反、坏、右、封、资、修，知识分子被排在第九位，所以知识分子被称为“臭老九”。当年的样板戏《智取威虎山》中有一句台词“老九不能走”，毛泽东在文革后期的一次谈话中曾引此语，表明知识分子不应一概打倒，而应加以改造利用的政策，“老九”的绰号也就这样被作为最高指示而钦定。我自修数学的效率令这些年长朋友吃惊，午饭时才和他们讨论了一番指数概念，晚饭时就开始讨论对数了。他们评论说这种超常能力来自我的哲学训练，还说从我身上真切体认文革耽误人才的说法，因为假如没有文革发生我肯定早就是北大物理系学生。

这些朋友知道我执意报考工科以后，都期期以为不可，纷纷劝我改报文科，理由是这样胜算更大，但我不为所动。后来其中一位提出了一个折中方案，他建议我考综合性大学的文科，入校以后跟物理系一起上课，待一学年后考试合格再申请转系。文革前是有这种先例的。既然高考恢复，想来也应该允许这样的做法。于是我才极为勉强地同意了，然而那段时间的心情晦暗程度，是我有生以来从未经历过的。打个不伦不类的比方：那些被父母包办婚姻硬逼入洞房的新人，其心境想来也不过如此。

说起1978年的高考经历，想必诸位同学都有一番滋味在心头。我自己的经历按说是比较特殊的。但是在500多万的考生中，或者在27万被录取者中，有特殊经历者应该不在少数，毕竟我们所经历的那个年代本身就很特殊。那一年高考是文革后第一次由教育部统一命题和组织的，先考试，待分数出来以后再填报志愿。我在考试时由于睡眠不足和精神紧张出现了严重失误。

考试在7月酷暑中进行，我几乎整夜难以入眠。第一天考政治和语文时发挥尚可，开考不久，监考老师在巡视时发现我的状态突出，就出去通知了考场负责人，不一会儿各教室十几位监考老师轮流进来在我旁边观看答题。但是第二天上午考数学就出问题了。试卷是文理考生共用的，在答题指示中说：“理科考生做全部试题；文科考生做1—4题，5、6题任选一道，7、8题可不做”。我鬼使神差地竟然把1—4题看成了1和4题。

第一道题是6道代数运算题，总计30分，我很快就做完了。2、3两题都是相对简单的平面几何题，分别是17和18分，我当然没有去碰。第4题是将等差数列和其他什么方程相结合的一道题，我觉得不太难，但是在推导中错了一步。5、6两题我忘记是什么题型了，我做完一题以后发现时间还早，就把两题都做了，事后证明这两题都做错了。这时离考试结束还有一个小时，我觉得已经无事可干，就准备交卷，但是监考老师却阻止我说不要着急，然后又对大家说，一定要注意审题云云。我完全没有听出来老师实际上是在提醒我，继续枯坐了一会儿，起来交了卷子。正准备离开教室，偶然一瞥看到坐在第一排的同厂考生杨毅还在做第2题，正用尺子画辅助线呢，我过去悄声对他说，你干嘛做这道题，这是理科的题，你赶紧做第4题吧。杨毅说这题要做的。我说不做的，你看说明。杨毅用笔点着说明道：当然要做，你仔细看。我定睛一看，顿觉五雷轰顶，眼前一片茫然，赶紧定了定神，扭身找监考老师要求拿回卷子完成那两道题。

监考老师说晚了，你已经交卷了。我说，你明明看到我是理解错了，以为这两题不用做我才不做的，而我现在还有时间。老师仍说不行。我又恳求说，我今年25岁了，明年还不知道政策是否允许报考，这样的失误后果对我是毁灭性的。但是老师坚执不允，说这是纪律，她不能犯错误，还说早就发现我审错题义，所以几次提醒大家不要粗心，可惜我未加理会。我抱怨说你既然发现了，当时就应该以某种方式提示我，这两道题我白丢35分，数学肯定就不及格了，那我今年的高考肯定也就泡汤了。老师反过来安慰我说其实没关系，比较起来我在全场考生中是状态最好的，即使丢了这35分也不会有太大影响，最重要的是放下包袱轻装上阵，把接下来的几门考好。我万般无奈，也只好认命了，要求自己振作精神考好剩下的几门。但是说时容易做时难，在这样的重击和沮丧之下，怎么可能不受影响。我不仅没有吃得下午饭，下午的地理考试当然也没发挥出应有水准。

考完试不久，有一天厂教育科通知我去开会，去了以后才知道，原来是教育部专门派来了调查组。由于是第一次全国统考，教育部急需从基层得到关于考试情况的反馈，所以派人到最近的河北省做调查，而我们又正好在省会周边，所以有幸成为座谈会的选点和优先的阅卷批次。厂教育科负责此事的李大姐是北京师大女附中1966届高中毕业生，因文革而错失了上大学的机会，出于亲身经历和恻隐之心，大姐对同样作为北京知青的我格外看重，非常希望我能实现理想。那时候成绩已经出来了，我虽然是全地区第二名，但仍然耿耿于怀，因为倘若没有那样的失误，考分会高得多，也就敢填报真心志愿。

我在座谈会上以自己的失误为例，建议教育部以后设计命题时更细致地为考生着想，尽量避免可能使考生在紧张中发生失误的各种诱因，比如文理考生的数学卷子完全可以是分开的，即便像这次的合一，也可以逐题列明要做的题。一番话说得调查组的官员们频频点头，李大姐听后惊讶地说，小齐，你的数学是我们厂几十个考生中最高的，我们觉得你已经很不容易了，原来你还能更高啊。我只能报之以苦笑。

根据考分，我填报的第一志愿是南开大学历史系世界史专业，其他几个志愿也都是各综合性大学的历史系世界史专业。李大姐见我第一志愿不报北大，非常遗憾，再三建议我改过来。我说，不是我不想上北大，也不是我不认为自己应该上北大，实在是因为这次考砸了，国家的政策又反复多变，谁知道明年我是否会因超龄而不准报考，所以这一次只能力求稳妥，我自己也很遗憾。大姐听后一个劲地摇头叹气，非常惋惜。

座谈会后不久，我就患急性阑尾炎住院了。手术前我告诉医生恰逢25岁生日，医生护士齐说生日快乐。他们又认出两年半以前我在这里处理过那起医疗事故，于是安慰我说尽管放心。切开腹腔，医生说，阑尾已经完全脓肿，眼看就要穿孔了，一旦那样，后果非常严重。我由于长期的艰苦生活和高考引起的紧张劳累，健康状况很差，手术后恢复比别人慢了许多，好几天都无法起床，在医院住了将近一个月才出院。

从手术后第二天开始，我的那些“老九”朋友们陆续来医院看我，每一个人在探病之后都主动提起填报志愿的事情，原来他们都受李大姐的委托来说服我改志愿。每个人的说辞几乎都是一样的：像你这样的青年不进北大，什么人进北大？北大不录取像你这样的青年，还录取什么人？但我还是慎重起见，始终没敢同意。最后大姐终于出马了，她邀请了最年长的老赵一起来到我的病房。老赵是50年代的北师大学生，很受大家尊重。大姐一手拿着我的志愿表，一手拿着浆糊和剪刀，恳切地说：小齐，市教育局催我们马上把表交上去，我已经推迟了几天，不能再拖了，现在我和老赵就做主替你把志愿改了，这是我们大家商量后的一致决定，我们不能眼看着像你这样的年轻人不上北大，你同意也好，不同意也好，这件事就这样定了，反正你现在也起不来。说完大姐剪下指甲般大小的一块纸片，涂上浆糊贴在南开二字上，老赵掏出钢笔，郑重写上北京两个字。

我当时身体还很虚弱不能起床，虽然心里仍不同意改，但是我知道不能再表示反对了，只好深深地叹了一口气说：

这样一来，我就只好准备去上最后的志愿河北大学了，因为我肯定进不了北大，随后几个志愿也难免在转档过程中失去机会。大姐和老赵却都笑呵呵地说：小齐你放心，一定不会这样，我们都比你有经验。

我出院回到车间以后不久，有一天车间办公室的老王气喘吁吁地跑来，通知我去厂教育科拿录取通知书，说我被北大录取了。我不敢相信，反问他：你没听错么？不是北大，是河北大吧？老王说，就是北大，你快去吧。我急忙赶到厂教育科，李大姐已经通知了所有劝我改志愿的朋友们都到场，一起向我表示祝贺，一起分享着沉甸甸的喜悦和幸福。

只是大姐在欣慰之余又有一点困惑，问我：小齐，我理解你原来坚决不想学文科的那些理由，可是北大恰恰把你录取到法律系，我不知道这对你是不是一件好事？我说，只要能进北大就是求之不得的好事，什么专业都没关系，反正我的计划是入校后就旁听物理系的课，一年后通过考试转系。大姐和其他朋友们都表示赞同。

我就是抱着这样的想法来北大报到的。报到时正好和黄建初前后脚，接待我们的是副总支书记朱启超老师，他把43楼328室的最后一把钥匙给了建初，把329室的第一把钥匙给了我，然后让当时的系团总支书记张力行领着我们去宿舍楼。路上我们相互一聊，才知道当年我们是在同一个地方下乡，力行和我在同一个农场，建初在相邻的农场。我在宿舍放好行李，老高、刘歌、陈欣、小邵和何斐依次到来，我们各自且又共同的北大篇章就这样开始了。

如诸君所知，我没有实行自己的转系计划。其中原因有二。属于我自身的原因来自健康方面。多年以来，我虽然是在任何情况下都坚持读书，但毕竟作为基层劳动者，每天是要干活儿的，读书的精神活动与身体的劳作形成了互相调节的关系。可是进北大之后，十多年来第一次全天候的读书，再加上格外珍惜来之不易的学习机会，用力过猛，导致本来就虚弱的体质出现严重失调，无法像我预期的那样去执行转系计划。当然，更重要的原因来自发生于我自身之外的重大变化。

1978 年 10 月我们进校不久，中共领导人邓小平发表了“关于加强社会主义民主与法制”的重要讲话，法律在国家生活中开始被赋予空前重要的意义；不久之后中共十一届三中全会召开，启动了国家发展进程的重大转折，而这个转折的方向正是我从 1971 年 9.13 事件发生以后就殷殷期盼着的。记得全会公报发布的那个夜晚，我从图书馆自习回来坐在床上洗脚，突然窗外传来重要广播的通知。我凝神静听，公报的每一句话都像春雷一样在我的内心滚动，引发深沉而强烈的共鸣，我甚至无意中蹬洒了水盆。置身于这样的时代巨变，我自然放弃了改变专业的理由。

话说回来。在经历了九年当知青、当兵和当工人的经历之后进入北大，我是亏了，还是没有亏呢？我仍然觉得这是一个很难准确判断的假设性问题，因为历史包括个人史是不能假设的。但若以我个人的直觉来说，我当然不仅不认为亏了，而且获益甚丰。那么所获之益究竟为何？记得陈欣入学不久曾对我说过他的一个观察。那时候北京市还实行着每月30%的粗粮配给，所以北大食堂每周都有两天主食只有玉米面窝头。很多同学都无法下咽，浪费也很惊人。但是陈欣惊讶地发现，我每顿都是三个窝头，狼吞虎咽地吃下去。陈欣说我吃窝头吃得让他“肝儿颤”。他知道我和他同样的出身背景，只是比他年长六岁，经历过知青、工人等社会底层生活。这些经历对陈欣来说原本都是概念，而每逢看我吃窝头的时候，他才深感震撼地想象：“这些年老齐经历了什么样的生活！”

所以我想总结说，那些年，我从生活中的所获之益其实是艰苦，以及艰苦中的劳动与阅读（当然吃窝头远不是什么艰苦）。正是在艰苦中，一个人的精神升华才显示出本质；也正是在艰苦中，来自他人的支持和友情才显示出价值。一个篱笆三个桩，我会永远感谢那些曾经在艰苦中帮助过我的人，感谢他（她）们和我分担了艰苦，也分享了幸福。允我把34年前一首简朴的小诗附在这里，留作当年所经历的艰苦与幸福的亲切证明：

“一个篱笆三个桩，几多霜雪信同尝。

他年采得西山叶，寄予诸君细品香。

——《接北大录取通知有感》，作于 1978 年 9 月。

2012 年 6 月 6 日晚写于武昌喻家山不知庐

时为文革结束后第 35 届全国统一高考前夜

4　空音

——纪念那些远行的朋友

不问谁家梁甫吟。南方有木秀于林。等闲凉彻故人心。
君遣悲怀思蔓草，我伤物类断瑶琴。来时旧雨是空音。
——《浣溪沙 见新京悼晓琴遽逝》

宪政于吾何有哉。五权四大俱尘埃。长歌涕下幽州台。
染就未名青气抱，缀成耶鲁金情怀。燕山月小远风来。
——《浣溪沙 挽定剑》

明月不归咽海风。知青落幕谢人生。凄迷夜雨对孤灯。
帘卷西园难再聚，音沉流水或相逢。星敲竹树泣琴声。
——《浣溪沙 雨夜闻兆丰去世》

一、断 瑶 琴

这是一篇早就想写，但一直没有写的悼念已故者的文章。它最初的动因，是2006年底我回国后在北京见到老同学张新京时萌生的。新京是我的初中同学，一起下乡在北大荒，现在是总政文化部的官员，他的妻子黄晓琴在当年9月病故。我和妻子晓宁在美国闻讯后都很伤感，晓宁叹息说，这么好的一个朋友，以后回国再也见不到了。两个多月后我受聘到华中科技大学工作，在北京拜访新京表达我们夫妇的悼念，我说想写一点关于晓琴的纪念文字，新京马上说，你写吧，真的应该写。其实，这篇文章的题目“空音”就是取自我当时所作的一首《浣溪沙》词。几年以后写这篇文章，就不仅仅是作为对当初承诺的一个兑现，而且也一并作为对回国几年来相继故去的朋友们的纪念。其中有些故者虽然是在我回来之前的一些年中离去的，但消息传到我这里，却是在我回国之后了。

晓琴是1954年出生的，上海人，父亲长年在东海舰队服役，家中有姊妹多人。她和新京的恋爱应该是发生于1977年以后。记得1976年10月，我曾利用到上海出差的机会，中途到徐州马山的坦克二师去看望在那里当兵的新京。那时新京已经提干当了排长，有资格谈恋爱了，但是还没有机会正式尝试。在营地招待所的灯窗下，他给我讲了和几位女性之间若明若暗的情感故事，还拿出别人写给他的似乎爱意朦胧的诗句让我帮助分析。我说他是贾宝玉，他对这个标签欣然笑纳，自鸣得意。

大概是转年的秋天，我在工厂收到新京的来信，很兴奋地告诉我，父母为他介绍了一个女朋友，是二老在杭州疗养院休假时担任护理的一位海军护士，信里好像还夹有一张照片，请我参谋。于是从那时开始，我就不断地分享到新京和晓琴的恋爱故事，看到新京写的热恋情诗。其中的高潮片段，是两人在鸿雁传书数月后于 1978 年春节见了面，新京随后写来长达数页信纸的描述和多首《长相思》词牌的大作。当年秋天我考上北大不久，他们喜结连理，然后晓琴就从杭州调到北京的基建工程兵总部医院了。和晓琴初次见面，就知道这是一个热情爽朗的南方姑娘，且由于她早就从新京那里熟悉了我，我们之间一点没有初识的陌生感觉。

晓琴是一个对工作很认真、进取心也极强的女性。尽管她当兵前的文化程度只是初中，后来也仅仅上过护校，但是在 80 年代重视知识和专业的普遍社会氛围中，晓琴抓住机会，选择了超声诊断作为业务转型的突破口，通过刻苦自学，成功地改变了自己的护士身份。基建工程兵撤销以后，她又设法调入北京军区总医院，和晓宁成了同事。加上新京和晓宁正好还是小学同学，我们彼此之间有密切交往便是十分自然的。我在北大毕业留校教书以后，由于家正好位于离学校10公里半径的边缘上，学校不分宿舍，新京就说服母亲，把当时闲置在人大后门小南庄的一套住所借给我住了三四年，直到我后来又以在职博士生的身份在学校分到半间宿舍为止。

在北大读本科和研究生的那几年里，我经常去他们先在白石桥、后在黄寺的家，尤其是每当有重要体育比赛转播的时候，只要时间不是太晚，我就会骑车奔去。新京那时已调到总政文化部工作，通过函授和自考的方式完成了大学中文学业，他也每每抓住我造访的机会谈一些感兴趣的话题。我印象里新京似乎尤其爱讨论美学问题，因为他的同事里正好有一位我认识的北大美学专业毕业的研究生彭吉象。记得有一次新京跟我谈《楚辞》，他说，他就是对屈原那种忧国忠君九死不悔的人格产生不了半点共鸣，还反感，辅导老师课上讲得陶然忘形，他无动于衷。我听后很讶异地问他，你这种心态怎么和军队政治部门的节律保持一致呢？新京说他没感到有什么冲突和摩擦。这让我一直有所好奇。

我每次去，晓琴都会积极地参与谈话、发表各种意见。记得1981年，中国足球队在世界杯预选赛的一场关键比赛中，戏剧性地击败了劲敌科威特，出线形势被认为已经十拿九稳，一时间举国为之振奋。晓琴正好破天荒地随新京去工体看了那场球赛，被上万北京球迷排山倒海震耳欲聋的激情呐喊所强烈震慑和感染，散场后随着游行群众一路呼喊着

"进军西班牙"的口号回了家。几天后见到我时，晓琴犹沉浸在那种情绪中不能自拔，说："以前在上海老听说北京人讲爱国、上海人讲生活，我还觉得北京人不可思议。这一次真是开了眼，不得不承认北京人果真比上海人爱国得多。"

我那时在北大已接触到存在主义和其他西方思潮，对这种集体迷狂式的所谓爱国主义（尽管我本人就是体育比赛的热衷观众）有自己的看法，但是不忍拂了晓琴的兴头，也就虚与委蛇一番。犹记得女排最初夺冠的 1981 年世界杯和 1982 年世锦赛，其中多场比赛的转播我也是与他们夫妇一起看的，比赛的起伏和结果都给我们带来莫大的刺激与享受。事情已经过去 30 年了，中国的体育事业已非昔日吴下阿蒙，成长迈步巨大，在健身娱乐和凝聚社会团结诸方面所发挥的功能都已日渐成熟，而不止一代人也随着这一过程而老去。

1989 年 8 月我去了美国。五年后，1994 年夏天我们全家回国时，曾经拜访过新京和晓琴夫妇。那时已是邓小平发表南行谈话和中共召开十四大两年之后了，中国已经走上市场经济的不归路。新京告诉我，他前些年也跑到深圳下了一次海，经了几年商，当然是被批准的。我听了觉得匪夷所思，感叹中国社会简直是个魔术箱，什么宝贝都能变出来，什么稀奇事都可以发生。晓琴尽管身体和精力一直都超乎常人地好，性格中也依然充满了活跃与好奇的因子，却在令人眼花缭乱的急剧社会转型过程中，一点没有被身边的各色机会所诱惑与牵绊，表现出难能可贵的定力，紧咬住超声诊断这个专业勤学苦练，陆续发表了专业论文，也多次得到出国进修和交流的机会。

记得有一次在聊天时我引郑板桥《竹石》的诗句夸奖她："咬定青山不放松，立根原在破岩中。千磨万击还坚劲，任尔东西南北风。"我这样感叹是有来由的，因为在我看来，以晓琴的性格、能力和背景诸方面条件来说，她非常适合投身商界，那样她会得到很不同的另一种人生。我曾经把这个意见告诉晓琴夫妇，晓琴笑而不答，新京则回应说，你其实对晓琴的了解还不够，她骨子里是上海人，更愿意计算确定性，也更本能地远离风险。我补充说，那其实是新上海人，1950年以前的上海人可不是这样。

2005 和 2006 年的夏天，我和晓宁回国探亲期间都曾见过晓琴，还承蒙关照得到她亲自为我们做的超声体检。这么多年过去了，晓琴热情爽朗乐于助人的性格依然如故，多次在关键时刻为我们出手相托。只是我们隐约听到朋友间有传言，说她已经患有乳腺癌，但生性要强的晓琴不愿以病示人，而是瞒着单位悄悄到别的医院治疗，自己若无其事地正常上班，而且工作强度还很大。我们听了很担心，可是每次回国见面都很匆忙，晓琴自己守口如瓶，我们也不好贸然主动相问。多年老朋友之间心中有事却无法说出，只能以眼中所饱含的关切相示。

尤其记得2006年的8月下旬，我和晓宁离京返美之前，新京夫妇设宴为我们饯行，晓琴事先听说我有意在儿子大学毕业后回国工作，还特意请来了一些有力的各界朋友作陪，想为我提供合适的选择机会。那时晓琴已是绝症末期的病人，可是席间一直谈笑风生，毫无病痛样状。在晚风中依依告别时，我注意到新京的表情有些凝重和心不在焉，晓琴却还努力保持着与往常一样的神态。我们夫妇实在无法开口向他们求证传言和猜测，也就无法表达我们的由衷关切，只是感觉到那个初秋之夜的晚风吹送着别样的人间温暖。我们的出租车开行了很远，回头望去，晓琴还站在路边的夜色中挥手。后来回想起那一幕，我们明白，那是她所希望留给我们的最后印象。

我和晓宁回到耶鲁不久，就辗转获知了晓琴去世的消息。我给新京打了电话，询问了晓琴去世前的情况和丧事，请他和家人节哀保重。听新京说，晓琴是在9月中旬于工作中昏倒的，那时癌细胞已经全身扩散，她的生命力已经被消耗殆尽，坚强的晓琴再也无法用意志力调动身体的能量坚持她的人生谢幕演出。在实施抢救的那些天里，晓琴多数时间处于昏迷中，偶尔醒来会和新京及女儿凌子有简短交流，对自己的人生充满着深情、满足和眷恋。然而晓琴实在是太要强了，她自己是医生，也充分了解自己的病情，清楚地知道生命已所余不多，却一直顽固地对死神说不，对后事不投以任何关注，以至于去世后家属通知亲朋故旧时都无从着手，最后才按照手机通讯录发出讣闻，据说名单有近千人。追悼会现场也到了很多人。

而此时，距离我们在北京的告别，仅仅一月。

二、生活在光里

接下来要悼念的朋友，是陈东宇。尽管我与东宇见面不多，他们夫妇却是我们相交多年，也相互扶持多年的好友。30 年前晓宁在北医读书的时候，和东宇的夫人吴冬娜结为至交，两人惺惺相惜，各科成绩还始终排在年级前两名。冬娜和我们夫妇同岁，都是 1953 年生，她在小学五年级时随父亲调动从大连迁至北京，和晓宁有缘作了校友。在众人眼里，冬娜美丽而有气质，性格热情开朗，说话爽快行动干练，且生性喜欢张罗事情和帮助别人，大有慈善家潜质，现在果然成了某慈善机构的负责人，整日忙碌。在同龄人中冬娜结婚较早，我们相识的时候她的儿子悦悦都已经五岁了。

东宇个头很高，据说有 186，比冬娜大七岁，按我们的说法是“老大一”的，读的是北外英语系，文革前一年毕业于著名的北京八中。东宇也是军人，在炮兵做技术工作，为人做事非常儒雅和勤恳，尽管家世特殊，自己待人处世却一直非常低调。大家都说东宇是个重情义的好人，与从小学到大学的朋友都保持着联系，谁有了困难，他知道了就会去帮助。他的初中同学陈晓农和父亲陈伯达在文革鼎盛时期脱离父子关系，去农村插队前向东宇借钱，东宇马上找父亲要了50元送给他。再如帮同学的父亲筹资出书、为同学的孩子联系出国办画展、替在外地工作的同学照顾家庭，等等，多年来他做的很多事情都使朋友们深深感念。冬娜说过这样一件事：东宇父亲的警卫员复员到地方工作，老板让他完成推销原始股的任务，东宇知道后二话不说就认购了10万元，无论冬娜怎样劝阻都没用。结果钱很快打了水漂，东宇却只字未出怨言。

记得我们的初次相见是在1983年的夏天，那是我们夫妇共有的唯一一个暑假。我们去了合肥、黄山、南京、苏州和上海，旅游之余还拜见了一些父执辈旧交。回到北京，我们约请了冬娜和东宇夫妇来家里聚餐。他们是带着快上学的儿子悦悦来的，不认生的小家伙在屋里活蹦乱跳，冬娜说话比较多，东宇则一直静坐一旁，饶有兴味地倾听着我们的交谈，自己偶尔插话。他身为我们的老大哥，行为持重想来是自然的。晓宁向冬娜夫妇揭发我在各地的糗事，比如我在上海商店里低头看展柜里的商品时，把立在柜台后面的塑胶模特当成售货员打招呼，等等。我也反唇相讥她在上海公交车上明明听不懂上海话却每每非要主动问路闹出的尴尬。我感觉冬娜和东宇似乎有点茫然地看着我们这种互动，一时不知该作何反应，所以我一直以为他们平时不像我们这般互相打趣。

不过后来听冬娜说其实不是这样，她虽然比东宇小七岁，但双方在生活和感情上是完美互补的，东宇在生活上照顾冬娜，在感情上却对冬娜有很强的依赖心理。而且与我的推想不同，人家夫妇俩也是经常相互调侃挤兑的欢喜冤家，尤其在东宇去职赋闲的这些年里，两人又成了球友和牌友，偶尔还会因对方耍赖而互相拍桌子摔牌。照冬娜的说法，富有才华且文采斑斓的东宇当初可是写了足足三年的情书，才把她“骗”到了手。而到 2003 年冬娜 50 岁生日时，东宇还给她这样写信：“我们不是生活在梦中，而是生活在光里……”据说东宇尤其爱唱《康定情歌》，一曲“跑马溜溜的山上……”令朋友们耳边至今还时常回转着他那豪爽明亮的男高音。

我和东宇的再一次见面，却是在十多年后的海外了。那次见面虽然来去匆匆，却留下难忘的美好印象。1994 年夏天我和晓宁带儿子回国，在北京见到了冬娜，那时她已经从军队医院转业，下海经商初有斩获，生意做得很红火。冬娜在宴请我们的时候介绍说，东宇也从部队转业了，在一家有海外业务的大型国企中化公司先是担任技术官员，由于他有英语专长和军队情报工作经验，在商战中颇有建树，深受老总赏识和信任，很快被派往海外独当一面，先是去了新加坡，后接任中化香港石油公司总经理，干得极有声色。李岚清率大型经贸代表团访问中东多国以及第一届赴台经贸代表团，东宇都是成员之一。冬娜对我们描述说，东宇现在已经成了一个儒商，商界友人都喜欢这个“中肯大气量的朋友”。冬娜有次跟他参加香港汇丰银行的年会，东宇以一身藏蓝西装和枣红领带，站在一群外国大亨中侃侃而谈，无论体魄或风度都毫不逊色，令冬娜备感骄傲。

因为我们一家选择了往返经停香港的韩亚航班，冬娜再三叮嘱我们，返美途经香港时一定要和东宇见个面。我们领受了这个好意，在香港停留期间联系了东宇，他马上派车把我们接到公司附近的酒店设宴招待。彼时东宇已年近半百，我们夫妇也过了不惑之年，连儿子都要上小学四年级了。与十多年前大不相同的是，这次东宇作为主人极尽谈笑风生之能事，言行神态无不展示出人生事业巅峰期的魅力风采。在两次见面之间的这十多年里，不消说，大到国家小到彼此都经历了沧桑之变，我们在南海边的东方之珠把酒相对，意识到已和上次相聚拉开了偌大时空距离，相互都是别有一番滋味在心头。我们留下了那次在香港酒店聚会的照片，回到美国以后经常拿出来观看，因为那几张照片看起来确实有些特别意涵。相由心生，照片里不同年龄的几个人，却都分享着似乎同样开朗宽欣却又饱含各自人生况味的舒展笑容。

以后的几年里我和晓宁几次回国，不巧都没有见到常驻海外经商的冬娜东宇夫妇。直到 1999 年夏天晓宁带儿子回国时，才和冬娜再度联系上。儿子四岁时曾被总政歌舞团的老师从幼儿园挑去学小提琴，冬娜当时是知道的；此时冬娜听说儿子又在学钢琴，就惠赠了一台韩国产钢琴作儿子的14岁礼物。这台琴放在我们家客厅里的显要位置，每次逢年过节聚会时都发挥着核心功能。儿子上大学以后，晓宁自己也开始学琴，不时地叮叮咚咚。你可以说她弹的是钢琴，而在我听来那琴声其实是友情。2004年晓宁回国时，听冬娜说东宇出人意料地遭逢了一段巨大的人生挫折。晓宁返美后告诉我这个消息，我们相对感慨，世事竟然如此无常，人生也果真如此荒诞。

晓宁每次回国都会和冬娜相聚，有时如果赶上了我也会参加，聊天中冬娜不时感叹说："精英，你们真是精英！"我们则称自己无权无钱无势，哪里算得上当代中国社会的精英，不过边缘人物罢了。有次冬娜把她做的八一小学入学50周年纪念画册拿给我们看，我对她写的编后记印象深刻，发现冬娜不仅是张罗做事的里手，文笔情怀也相当可观。不过我一直没有机会再见到东宇，只是不时地听晓宁转述一些从冬娜那里得到的片语只言，拼接成一些不可能完整的侧面。

冬娜在2008年信了基督，东宇也参加了她的受洗仪式。我得知以后曾想过，为什么东宇没有和冬娜一起皈依？作为一个认真地按照严格道德准则活了大半生的人，却被命运开了那样一个残酷得足以摧毁其全部人生意义的黑色玩笑之后，按说应该有追求心灵解脱的强烈欲望，接纳某种宗教信仰便是一个合乎情理的选择。我知道不少这样的个案。不过我没有向冬娜夫妇提出过我的疑问。我觉得东宇肯定有他自己的情由和路径。

未想到人生竟是这般的愈发无常——去年夏天晓宁回国的时候，听冬娜说东宇罹患了鼻咽癌，正在医院治疗。我们都很震惊，但还是尽力安慰冬娜说，鼻咽癌患者治疗得法是可以长期存活的，有很多这样的例子。我们和冬娜约好日期去医院看望东宇，未料临去时我患了感冒，担心去了之后反而传染给病人，就只是晓宁去了。那时东宇神智还是清醒的，但病房里的气氛是掩饰不住地凄怆。晓宁回来后说我没去也好，那样的场景实在太令人摧伤，她自己是多年的医生，尚能保持来自职业的克制习惯，其他人要做到真的很难。

后来冬娜才告诉我们，其实东宇患的不是鼻咽癌，而是和乔布斯同样罕见的绝症——目前尚无明确诊断分类和有效治疗方法的神经内分泌癌。冬娜怕吓着他，一直隐瞒病情，只说是鼻咽癌能治好，自己承担着巨大压力，还要在他面前强颜欢笑。有一次看着他，冬娜突然忍不住热泪盈眶，眼泪不小心流到他脸上，东宇还说莫名其妙。冬娜说，东宇住进肿瘤医院时病情已很凶险，眼睑下垂，眼球固定，必须拿手拨开眼皮才能看见东西，神智也有些不清，医生告知可能只有一周时间，要家里准备后事。然而此时她们依靠信仰创造了奇迹，东宇在冬娜带引下每天一起祷告，并在临终前三天受了洗。经过治疗东宇可以睁开眼睛看书看报看电视，可以下地散步，一直到最后都是能看见的，这使冬娜感到极大的安慰。

东宇临终前一天，一位牧师朋友来看他，给他做了释放祷告。东宇说话很慢，却还开着玩笑，举着拳头说有信心，第二天清晨在毫无痛苦的情况下睡去了。冬娜认为东宇直到最后都不知道自己病将不起，是在希望中走的。我向晓宁证实这个说法。晓宁说，其实病人不可能对自己的病势没有感觉。我们也都明白，东宇直到最后都是在爱妻面前完美地表演他的不知情，他们相爱了 39 年、相守了 36 年，他怎么可能体察不出对方时时压抑着的那种生离死别的情绪。

去年 9 月 5 日东宇离世。冬娜传给我们东宇最好的朋友、和他有着近半世纪友谊的周伯荣将军的如下挽联："将门之子通古今中外晓文史政经堪称英才，庶子之心讲名节义气重操守德行是为楷模。"

三、这代人完蛋了

我不可能不说到王爱民。爱民是我弟弟安兵 80 年代的同事和朋友，后来也成为我的朋友。爱民比我小一岁，1954 年出生，文革中 15 岁就当了兵，在北海舰队服役数年后，复员到北京市公安局，在派出所工作的时候结识了有着大体同样经历的安兵。安兵本来是在刑警队工作，那时正好在基层派出所下放了一年。我在认识爱民之前，就已经听安兵多次讲过关于爱民的各种逸闻和乐子。

爱民是个性格和经历都极不寻常的人，据说在北海舰队当兵时小小年纪便惹出过惊天动地的大事件，也受到过严肃处理，但是不知道怎么搞的他后来竟然还入了党，甚至还暗度陈仓地当上了派出所长。据安兵说，爱民的拳击本领也好生了得，在公安系统内是数得着的。80 年代初拳王阿里访华时，曾在市局安排了一场内部考察指导，阿里点评说：唯有王是可造之才，但可惜年纪已大，恐怕打不出来了。爱民还有一手相当不错的笔墨丹青功夫，尤其擅长画鹿。安兵结婚时他送了两幅作品当贺礼，我展开来看，真的很为之惊叹，实在很难相信那样灵动而恬然的画面和笔触，能和眼前这位浑身带着草莽江湖气的赳赳武夫联系起来。爱民为人行侠仗义，很能拢得住身边脾性各异的许多哥们，尤其和我那位个性极为特异乖张的老弟居然成为莫逆之交，仅凭这一点，我就判断爱民是个不同凡响的人物。

我最初见爱民，是在 1983 年初安兵结婚的时候，家里来了一大帮他的警察同事吃喜宴，那种来自社会基层的随性粗犷气氛洋溢席间，使当医生的晓宁似乎不大适应，我却感到很自在，因为我进北大以前已经先后当了九年的工农兵。第二次见面就是一年半以后了，应该是 1984 年的秋天。我那时担任北大研究生会的主席，国庆35周年那天北大团委分工，书记刘晓峰等人率队参加白天的游行，我率研究生参加广场焰火晚会。北大学生白天游行时打出的“小平你好”横幅让组织者猝不及防，晚上要求务必不出意外。很巧，我在广场附近邂逅了爱民，但彼此没有多说什么。

那时在中共总书记胡耀邦的倡议之下，首都文艺界以文革前大型音乐舞蹈史诗《东方红》为摹本，集体创作演出了《中国革命之歌》，成为庆典的扛鼎之作。我在研究生会工作中认识了一些艺术院校的朋友，有次演出幸而从朋友处分得两张票，因为剧场距北大较远却离派出所很近，就打电话让安兵请爱民去看。此前我刚在北大校刊上发了一篇题为“红叶情思”的散文，简略回顾了自己从下乡、当兵、当工人到进北大以后的经历。看演出前安兵来取票时，我拿了一份校刊给安兵。后来他跟我讲，爱民在剧场看到校刊，一把就抢过去读起来，一连读了几遍，以致都没怎么用心看演出。安兵对我模仿着爱民，一边拍打着报纸一边咬牙切齿地感叹道：“真他妈厚实！这他妈的才叫人生！”安兵的这个转述使得我从此对爱民愈加刮目。我知道了这个警察的胸中，想必有着不寻常的丘壑纵横。

1988年春天，安兵在我的多次劝说下终于决定退出公安系统，因为我觉得长期从事刑警工作风险太大，所谓瓦罐不离井上破。安兵本来是不情愿的，毕竟他很喜欢这份工作，能力和特长也非常胜任，曾经多次立功受奖，单位也一直不放他走。我原以为他是听我的话才下了最后决心，后来才知道其实是王爱民踢了临门一脚。安兵的一位商界朋友一直在动员他去广东合作，许以优厚条件。安兵拿不定主意，去找爱民商量，没想到他老兄听罢原委，一拍大腿道："那咱哥们还不去啊！"于是一起和那位朋友商谈，然后爱民辞去了派出所长的职务，安兵也离开了刑警队，二人一同南下珠海弃警从商。

数月以后，我正好到珠海参加全国法理学年会，抽空去他们的公司看望。爱民正在外地出差，安兵留我住了一晚，聊出了很多事情。原来，那位合作者本想仅请他来作镇宅之用，但是在商谈中发现爱民是个关键角色，只好一并接纳。其实公司还根本没有准备好，充其量是个草台班子，安兵和爱民都觉得很受挫，可也没有脸面走回头路了。我安慰说，创业都是这样的，如果别人都把条件准备好了，请你来也就没多大意思了。我还讲了一个文革故事排遣他的挫折感：1967 年初，清华大学蒯大富一派的红卫兵设计揪斗王光美，让医生打电话谎称其女儿刘婷婷因交通事故受伤，须家长亲自来医院签字才能手术。结果不仅将王光美成功诱骗，甚至连刘少奇也一同前往，此事当年震动京城，被周恩来怒斥成何体统。

我对安兵说，你看人家本想只骗一个警察来，结果没想到连所长都一起骗来了，不过既来之则安之，索性当一回塞翁吧。后来安兵回北京时告诉我，爱民回公司后听说我来过了，很紧张地追问：那咱们这儿的情况海滨全知道了？他怎么说？安兵就把我说的故事又讲了一遍然后总结道：海滨说我就是王光美，你就是刘少奇。爱民听后一个倒憋气坐到沙发上，过了半晌站起来，在屋里一边转圈子一边连声恨道：说得真他妈的太对了！真他妈太对了！

后来，他们的公司慢慢有了起色，两人赚得了一些钱，安兵回北京的时候还带给我一套化纤材质的浅灰色西装。爱民每次回北京也都会专程跑到北大来找我，要我分析经济形势和政治时局。我们是同龄人，很容易沟通，每次爱民都听得大呼过瘾，回去就跟安兵说，海滨不是学法律的吗，可我怎么感觉像是学政治和经济的呢？我那时承担了国家教委关于法经济学的优秀中青年项目，正苦读制度经济学和发展经济学，所以爱民的奇怪也算是其来有自。

记得一次爱民到北大找我时，我刚从美国驻华使馆应邀参加完正式聚会回来，他见我穿着那身廉价西装，惊讶地说：你就这样去见的大使夫妇？这让人家怎么看你？我说，这衣服怎么了，反正也是西装嘛，人家要见的是我又不是衣服，大使夫人还满场找我跳舞呢，可惜我根本不会跳，那才真叫一个尴尬。爱民回珠海后就大骂安兵说：你就给你哥买那样的西装，人家还就真穿着去美国大使馆了，我都替你丢人！

下次回去带一身像样的西装吧！

1989年6月初我儿子的生日那天，爱民和安兵从广东远道来访。我以为他们是来给牛牛过生日的，可是送走爱民后安兵告诉我说，哥你今天救了爱民一命。我问怎么了，他说爱民这几天的头脑已经懵了，朋友们都劝不住，最后他说去找海滨听他的意见，所以我们才来的。我奇怪道，可是你们没有问我什么呀。安兵说是啊，他一直在观察你，他是警察，进屋一看你的状态，不用问话就知道是怎么回事了。

爱民和安兵在1990年初离开了广东。回到北京后两人分头寻找适合自己的商机，但是都不大顺利。安兵办了一家合资养殖场，爱民成立了一个讨债公司。我在1993年和1994年两次回国时都没有见到爱民。1996年安兵检查出胃癌伴随转移，手术时发现已无法救治，于当年7月下旬去世。我匆匆赶回料理后事，也见到了数年未见的爱民。记得我临行前一天晚上，爱民请我到住处附近一家小店话别。他非常悲凉地说：安兵只活了40年，但他这40年是高度浓缩的，一年等于别人过两年！他的去世让我从心底发凉，我真觉得我他妈这辈子也快过完了！我们这代人从小受的磨难太他妈狠了，也太他妈多了，我真感到我们这代人已经完蛋了！

临别时爱民告诉我，他打算尽快把生意收拢一下，把公司转手，然后就彻底收山，自己找个山清水秀的地方住下来，每天习字作画。我一直清晰地记得那天晚上和爱民分手时的情绪与场景，也记下了这个铁血汉子每一句掷地有声的话。谁料命运真的竟是这般无常，也这般巧合：后来辗转得到消息，爱民恰恰就在第二年几乎同样的 7 月那一天夜里，突发大面积胃出血，抢救无效去世了，留下了妻子和小儿。

身为医生的晓宁一直猜测，安兵和爱民在珠海的那一年里，有可能在饮食上出过什么问题，否则难以解释后来发生病变的身体部位和时间为什么如此巧合。不过有一次我在旅途中偶然碰到一个北京市公安局的干部，说起这件事来，对方说不奇怪，他们内部有过统计，业务骨干去世的平均年龄差不多就是 40 岁出头，而毛病出在胃部更是寻常，警察尤其刑警的工作性质、生活方式、精神压力，是造成他们英年早逝的综合原因。

四、长歌唱罢风入松

在已经远行的北大故人中，我首先要说的是王炜。从 1982 年在燕园相识，多年以来我一直把王炜当做老大哥看待，从他那里我获益很多。王炜是北京人，比我年长五岁，1948 年出生，身材较高，从形象到气质都属于端正、宽和、厚重一类。他是文革前北京四中老高一的学生，文革中在北海舰队服役六年，复员后又在北京当了几年印刷工人，恢复高考以后进入北大哲学系 77 级本科，毕业后又考取了外国哲学所的研究生，师从熊伟先生读存在主义和其他欧陆哲学。经历上王炜和我差不多，只是他没有下过乡，而我没有文革前的中学生活。共同的经历使我们有很多共同语言，分享着广泛而深入的经验与思想。

王炜是 2005 年 4 月因患肠疾去世的，我在次年年底回国后获知这个消息。前年 4 月，我所在的学校请来了王炜的同事、北大外哲所的杜小真教授作人文讲座，我得知后专门赶去招待所和杜老师见了面。我向她了解王炜五年前患病和去世的经过，杜老师一一讲述，彼此分担着沉重的伤感。杜老师提到，朋友们在王炜去世一年后编辑出版了纪念文集《长歌唱罢风入松》，印了两千册。我说我非常想得到一本文集。杜老师回去不久，我收到了从燕园寄来的这本书，灯窗下连夜展卷阅读，心波涌荡，往事浮沉。

认识王炜其实要感谢另两位朋友，也就是王炜的 81 级研究生同学王庆节和刘全华。1982 年 9 月我研究生入学后，研究生会到各系征募新人，法律系推荐了我，我征求了导师意见以后选择了学习部。那时关于异化问题的讨论已经成为热点，北大研究生自然蠢蠢欲动，学习部计划举办一次异化专题的讨论会。一天晚上我从一教自习出来，看到楼门口聚集了一群人在议论着什么，走近时发现是哲学专业的研究生们，上完课出来还在意犹未尽地争论。我本是被导师说“脑子里哲学太多”的人，自然就加入了讨论人群，一直到夜里很晚才散去。人群中的两个焦点人物就是庆节和全华。我邀请他们参加学习部将要举办的研讨会，他们后来也参加了，还做了很有水准的发言。

通过那次会议我认识了各系不少优秀的研究生，在交流中成为朋友，也成为我日后做研究生会工作时的倚重者。我就是在庆节和全华的宿舍见到王炜的。王炜那时经常躺在上铺的床上看书（我猜他是为了节约宿舍空间），说话有着北京人的风趣，话中所包含的思想和经验往往又和我很合拍，所以很快我们就成为好朋友。没过多久研究生会改选，我担任第四届研究生会学习部长。学习部传统上是研究生会的第一大部，功能角色非常吃重，一年能够顺利做下来，全赖这些朋友们的协助和支持。

除了系列研讨会以外，当时的学习部创设了两个新的项目，在校刊上开辟和主持学术版《红楼》以及编辑出版《北大研究生论文集》，我邀请庆节和王炜分别担纲。王炜任第一卷论文集的主编（第二卷主编则是历史系 82 级研究生王益），前言还是我找当时任北大副校长的季羡林先生写的。到 1984 年第五届研究生会时，我被意外地选为主席。这一年虽然是王炜和庆节等 81 级同学们在校的最后一年，但是他们仍然提供了很重要的支持，那个时期的北大研究生会在各项工作中之所以能够展示出不寻常的自由氛围和恢弘气象，与那几届研究生中有许多能力出众思想活跃的朋友至关重要。而王炜则一直是我最有力的后盾之一，不过耐人寻味的是，我往往是在事情发生过了、困难处理完了之后才会去找他，和他交流一些情况，总结经验，听取意见。

北大研究生会之舞台的独特性和唯一性，它所承受的来自各个方面的关注、干预和压力之多之大，非有亲身经历者不大容易体会到。我从小就知道“一个篱笆三个桩，一个好汉三个帮”的民间道理，非常注意群体和团队，而能够得到王炜老大哥的充分理解和支持，使我在工作中不乏底气。且不管是否自认好汉，只要被放在了那个位置上，你就不得不充当一回好汉，而倘若无人倾力相帮，你终归也当不了这个好汉。

1985 年我研究生毕业时得到了好几个被认为非常难得的工作机会，起点都很高，也都是我没有想到的，这时才明白作为北大研究生会主席原来有那么多人在考察你。可是我并没有这样的思想准备和职业规划，因为从我当初考入北大就没打算以后做教书以外的事情，也早就向导师承诺了毕业留校，于是只能一一婉谢了来自各方面的邀请。当时北大内外的朋友们一片反对和费解之声，几乎人人都说我做了错误决定，将来一定后悔。我虽然不为所动，但也很希望能得到真诚的理解，而王炜正是给我以充分理解和支持的朋友。他那时已经留校教书了，好像还当了外哲所的秘书。我现在想不起他当时对我具体说了哪些话，但是我记得我们在校园的晚风中散步交谈时，那种被理解和认同的欣慰感觉。

80 年代中期北京知识界活跃着各种沙龙团体，并以此为主干发展出各种丛书编委会，一时蔚为大观，影响较大者诸如《走向未来》、《文化：中国与世界》、《20 世纪文库》、《传统与变革》等等，当时所形成的思想文化局面，倒真是与中共在 50 年代中期提倡过的“双百方针”若合符节。王炜和庆节等朋友都进入了《文化：中国与世界》丛书的编委，他们在组织翻译一套美国 70 年代出版的哲学类《企鹅丛书》时，把其中戈尔丁所著的《法律哲学》一书推荐我来翻译。由于我刚毕业就承担了两门课的教学任务，所以只能等到 1986 年初那个寒假来做。寒假里我除了春节两天回家以外，其他时间都借住在 84 级研究生的宿舍里埋头翻译，因为他们搬进了我们当年的宿舍楼。由于时间紧迫，我从早到晚几乎马不停蹄地赶工，平均每天翻译七八千字。

有前辈翻译家说过，翻译好比用花砖铺地的慢活，靠的是笨功夫，斯言使我领教甚深。虽然是在寒假里，也还有一些未回家的学生，经常聚集在楼道里看电视。有一天我突然听见外面看电视的人群发出异样的惊呼，赶紧起身出去查探，才知是美国挑战者号航天飞机发射升空时爆炸。所以后来每当我拿起这本书，也就难免会想起挑战者号。1991 年我到美国杜克大学看朋友时，曾给原著者戈尔丁教授打过电话，被教授追问版权的事情，搞得有些扫兴，也没敢去和他见面。

后来我还给作为本书校对加责编的王炜写信说了这件事。去年8月在法兰克福参加第25届国际法律哲学和社会哲学大会时，居然难得地见到了戈尔丁教授夫妇，老人已是耄耋之年，老态龙钟，但反应还很清晰，这次他完全没有提版权的事了。

整个80年代的北大，从头到尾大波迭起，难有较长时间的平静，敏感地汇聚和反映着中国社会中各个方面、尤其是政治思想文化方面的发展变革。在北大，无论是读书时还是教书时，我和王炜互相保持着确定的人格信赖和密切的思想交流。闲聊时他还多次跟我提到，他最想做的事情，是将来能够开一家属于自己的多功能书店，我当时不知怎么搞的，对他的这个想法总是没有很好地给予响应，直到后来在国外看到这样的书店比比皆是，才感叹王炜的良苦用心。我现在确实记不起来出国之前那段时间的具体情景了。由于有陪同外教、保护学生和整理结扎科研项目的诸多紧急事务，我那个时候确实没有顾得上和老朋友们多加联系和交流。我记得出国前在校园里见过马伯强和李书磊，也到王炜住处辞行，他心态沉重，神情肃穆，说不出什么话来，似乎也无需说出什么话来。

到了90年代初，我在耶鲁时从媒体上看到王炜在海淀办起了一个著名的民营书店“风入松”，当时不禁感叹道：果然是有志者事竟成，王炜老兄终于把这件事情干成了。而且据说他还是第一个吃这种螃蟹的人。就凭这一点，他的一生就非常了不起，值得大书特书。我在1988年的秋天曾经应王炜之约，把翻译完的英国学者阿兰亨特所著《法律中的社会学运动》一书手稿交给他，但是后来匆匆出国，以后一直未得机会获知下文。大概是在1994年下半年的时候，我收到一封从国内辗转寄来的信，打开发现是王炜写来的，说是打听了好几个人才得知我的联系地址。真是难为他。王炜在那之前在荷兰做了两年访问学者，研究存在主义，刚回国不久。他在信中说正在为三联书店策划一套译丛，还记得我80年代翻译过富勒的《法律的道德性》和波斯纳的《法律的经济分析》，希望我能把译稿设法交给他。我回信很感谢他的关照，可是由于人在海外，实在无法查找国内旧稿了。想来实在很可惜。

其实我一直有个愿望，想去看一看当年王炜创办的“风入松”书店。海德格尔在阐释德国诗人荷尔德林的诗作时有句名言“人，诗意地栖居”，据说王炜把它贴在书店门楣上，作为“风入松”的独特宣言，与书店的意境十分契合。可是回国几年来，每次去北京都是各有事由，来去匆匆，也就一直未能如愿。后来又几次听说书店倒闭，总觉得不可能。终于，大约一年前在网上看到了正式消息，心知自己又永远地错失了机会。王炜兄，你不会怪我吧。

五、青气抱与金情怀

对于北大法律系已故的同学，我已经在10年前为文纪念过邹斌和卢秋生。其他已故者中，与我熟识的就是蔡定剑和罗建平了。定剑是江西人，1955 年生，1984 年考入北大法律系的法理研究生班，两年后毕业。定剑是以现役军官的身份进入北大读研的，我忘了他本科是否读的军校。定剑进北大的时候我已经快要研究生毕业了，那年秋天沈老师迫不及待地让我接替他，给大四学生讲现代西方法律哲学这门课的后半部分。记得定剑曾来过我的课堂，他对法社会学以及社会法学派似乎比较有兴趣。他们研究生班的指导教授好像是张云秀老师，教研室开会时经常听到她介绍班里同学的情况。张老师对定剑的情况说得比较多，因为定剑不仅是军人，年龄也比同学们大好几岁，有工作经验，待人接物成熟，读书勤奋，很珍惜在北大的深造机会。

我记得有一个事例是，当时需要找个学生帮助陈守一老先生整理一些旧文牍，要花不少时间，定剑主动承担了这个任务，教研室很赞赏。定剑毕业时我已留校教书一年多了，好像听张老师说过，总政想调他去从事军事法方面的工作，但是定剑却执意投身和国家法制建设更直接相关的工作，坚持办了转业手续，到全国人大从事立法方面的研究。我听后心想，这个兵是真的有点不一样，是个有独立思考方向和价值目标的人。

定剑在全国人大工作得很努力，似乎也很活跃，有时还会因工作关系回北大办事。我那几年很忙，在校园里见到他时也都是匆匆打个招呼，来不及多交谈。与我熟识的宪法教研室魏定仁老师从 80 年代初就长期在全国人大兼职立法研究，从他那里我有时会听到对定剑的描述和评价，记得魏老师说这个年轻人不错，有热情，有想法，愿意做事，也肯钻研。我出国以后，也能在媒体关于国内立法和宪政方面的报道中不时地看到定剑的名字，心里感佩他的执着奋斗。应该是在 1995 年的晚秋，定剑有机会到哈佛大学进修两个月，似乎是得到福特基金会项目赞助到美国作关于立法课题的研究。期间来过耶鲁，大约是为了找当时在政治系教书的王绍光请教什么问题。他从绍光那里要到了我的电话，然后就联系了我。约好时间以后，定剑来我家里见了面。

那是定剑离开北大近 10 年以来，我们第一次有机会从容相对聊天，却是在大洋彼岸，在耶鲁缀满金色落叶的校园。彼此都已进入不惑之年，定剑益显老成了些，但仍然很有活力，凡事保持着一种向上的心态。我们互相询问和介绍了这些年的情况，也交流了对许多事情的看法。定剑说国内的朋友们都很关心我的情况，也很遗憾我未能回国发挥作用。

我告诉定剑，没有及时回去的原委说来话长。其他原因且另当别论，只就申请读书这件事来说，完全是阴差阳错的结果，是被房子问题逼出来的，因为 1989 年 11 月间北大分房子唯独不给我，其他出国者却人人有份。我妻子找到学校和房管科长大吵一架以后，愤怒地用几页病历纸给我写信控诉。我无从揣度其中缘故，一边给系主任赵震江老师写信询问，一边打电话请在日本的老同学季卫东帮忙，把我前年被京都大学录取比较法博士时的申请材料复印寄来。卫东立即办妥，用快递寄给我，赶上了耶鲁的申请截止期，连托福都来不及考。大家都说你这样申请等于不申请，我说我本来就没想真申请，只是出口气而已，否则太对不起自己。没想到后来被录取了，放弃了实在可惜，就读了下来。遗憾的是两年前患上严重过敏症，过敏源又无法隔离，校医开始有误诊，用了大量激素导致身体长期处于激惹状态，一直治不好，长期服用抗过敏药也严重损害精神状态，却也无可奈何，只能认了。我的状况既然如此，回国也发挥不了什么作用，在这里至少还能好好教育孩子，男孩子成长期间没有父亲的耳提面命后果严重。斯宾塞临终有言，宁愿以等身著作换一个儿子。我懂得斯宾塞的人生遗憾。

定剑听了，很是一番沉重叹息。告辞前他问我有无将来计划，我说还是准备以后回国教书，他听了有些吃惊地问：那你真舍得放下这里的一切吗？我反而被他问得吃惊了，反问说：你看这里有什么难以舍得的呢？定剑指着我所住的这套 apartment 说：就比如这么好的居住条件，在国内可是很难得到的，我们都不知道猴年马月才能住上这样的房子。想来那时候定剑在国内的生活条件还是比较艰苦的，所以才有这样一番感慨。不过定剑回去不久，中国的住房制度改革就在朱镕基总理任上启动和完成了。有道是安得广厦千万间，大庇天下寒士俱欢颜，“安”在这里终于可以不作疑问副词了。定剑回国以后离开全国人大去了政法大学，在那里参与创办了宪政问题研究所，多年来有如精卫填海般地努力做了许多实际推进宪政的工作。这些都已是广为人知的事，无需我多说。

再次见到定剑，则是14年后的2009年尾了。那年11月，我在上海师大的一次会议上见到了原社科院法学所的李步云老师。李老师告诉我，12月初在北京有一个与定剑相关的会议，他问我是否有意去参加。我问是什么主题，李老师说，定剑已经被确诊为胃癌晚期，朋友们筹备召开一个关于宪政的研讨会，对定剑多年来推动中国宪政事业的努力，表达一个正式的确认和礼赞。我听后忙说一定要去参加，而且我和会议的赞助者张乐伦女士还是十几年前的耶鲁旧识。这次会议是在北京怀柔红螺寺附近的一处会所召开的，到会者有百余人之多。我和青年同事、也是定剑的同乡饶传平老师一起从武汉兼程赴会，见到了不少已经多年没有联系的老朋友。当然，老朋友之间抚今追昔各有一番唏嘘。

我和传平先去定剑房中与他见面。十多年过去了，又是强扶病体，定剑苍老了许多，虽不能说是病骨支离，却也显得憔悴，脸色青白带有戚容。我们简略问及彼此情况，定剑对当年在耶鲁见过一面的我儿子还记得，关切他在做什么，我说已经大学毕业几年了，在做传媒。我也问到他儿子的情况，说是在法国读书，一切都好。这时，定剑屋里不断有会务人员和客人进出，定剑在一一介绍之时，突然很动情地说："你们知道吗，这是我在北大的老师啊！"我眼眶一热，连忙纠正说是学长，不是老师。为了让定剑节省体力，我们稍坐片刻就告辞了。结果第二天就有法大做会务的学生们接连来问我：听说您是我们蔡老师的老师啊？我也一次次地向他们解释说，这是蔡老师自谦，我只是他的学长。

差不多一年以后，2010 年 11 月下旬的一天，我接到传平的电话，告诉我从网上看到蔡定剑老师去世的消息。我当时正要去广州，行前匆匆和传平联名给治丧委员会发了致定剑亲属的唁函（我刚在邮箱中找出了原文）：

> "定剑去世，亲友同悲。去年底的会议上我们见到定剑，虽已知他的病况，然而看到他精神犹健，故仍一直期待病情会有好转。今天惊悉噩耗，痛憾医学奇迹未有发生，致令亲朋失至爱，法大失良师，学界失英才，宪政失鼓手。在此一悲伤时刻，我们和你们在一起。恳望节哀顺变，善自珍摄。"

几天后，我在由广州去上海的航班上，看到了英文版《中国日报》在头版上发布的定剑告别仪式的报道和配发的照片。从中得知仪式很隆重，许多朋友和各界群众冒着严寒前往参加。报道还引述多位参加者的话，给予了定剑极高的评价。我在邮箱存档中也找到了当时回复治丧委员会的如下信函：“近时因在外地出差，查收邮件不便，迟复甚歉。因日程和机票都已提前订好，不克前往北京参加定剑的告别仪式，请将我如下《浣溪沙》词作代祭于定剑灵前，不胜感谢……”

那首词已见于本文篇首。不消多说，词中所言之青气抱与金情怀，分别指涉我与定剑当年在北大和耶鲁的交游过往。青者，未名湖畔之勃发青春是也。金者，耶鲁金秋缀满校园之落叶是也。而宪政者、五权者、四大者、长歌者、登台者、染缀者，形色人物，百年中国，定剑已决然走入其中而盖棺论定。其论而定者，历史也，民众也，人心也，口碑也，湖畔青春也，彼岸落木也。定剑，此生当无憾也。

六、理性度盘

罗建平是 79 级的同学，也是我的研究生师弟，广州人，和定剑同是 1955 年出生，脸型身材都比较瘦削。按说我不宜说别人瘦，因为我自己当年在北大时就瘦得到了不能再瘦的程度。建平曾说他在上大学以前是个工人，我问是什么工种，他的回答却让我没法评论——他曾经是个卡车司机，而他的言行做派全无一点职业痕迹，倒很像是市委秘书出身。不过我还是挺羡慕他这样的工作经历，因为我在钢铁厂作为铆工和水泵工训练出的技能，出了工厂就没什么用了，而年纪轻轻学会开车可就大有好处。

建平还有两个特点，鲜明区别于我在 80 年代常见的很多来自广东的学生，这两个特点其实在逻辑上内在关联着：一是他说着一口堪称标准的普通话，而且言谈持重，讲求条理和修辞，显然是个对表达比较敏感的人，以至于对各省方言素有心得的我竟无以准确判断他是哪里人；二是在我的观察里一般广东人更愿意往南看，北京作为文化中心的凝聚对广东远不如对其他省份有力，然而建平完全不是这样。所以我那时候常说建平是广东人的异类，当然人群具有多样性本来就是最健康的。

79 级与 77、78 两级不一样，应届高中毕业生比例明显提高，文革十余年积压的大量考生已经在前两年基本释放，因此像建平这样的年龄在同学中就算比较年长的了。他本来就性格内敛，少年老成，在环境中就愈发显得成熟，加上读书用功，入学后很快便出类拔萃。我早就听说过他们年级有两个公认的优秀学生，一个是他，一个是更年轻两岁的季卫东。我是先和卫东结识的，不过同时也见到了建平。

那是 1981 年春天。我们 78 级同学都在北京市各级法院实习，家在北京的同学下班后可以回去住。我在中院刑二庭，那段时间很少回学校。4 月底有一次回去办事，遇到 77 级在系学生会工作的庄宏志，得知他正筹办当年的五四科学讨论会。在前一年的同样会议上 77 级的李克强发表了关于法治系统工程的论文，引起广泛关注，也带动了研讨氛围，所以这一年提交的论文明显增多。我问宏志论文质量如何，他指着程序表上的一个名字说，有一篇相当不错，很值得来听，是 79 级季卫东提交的关于法概念的论文。于是我就在讨论会那天晚上专程赶回学校，见证了卫东的第一次雏凤清声。1992 年，我们一起沿着加州 5 号公路从旧金山赶往洛杉矶，我还和卫东、美化夫妇回顾了那次相识的经过。尽管我本科时对法理学没什么兴趣，但是我却强烈地被更年轻的同学对学术和真理的诚挚追求所冲击感染，也惊叹这种追求可以激发出何等精彩的智力工作。我与卫东的友谊与合作就是从那时开始的。建平那次讨论会也提交了论文。不过由于庄宏志的推荐，我的注意力集中在卫东的论文，对其他发言印象不深，与建平的相识也因此晚了一年多。

法律系的招生规模是从 1979 年猛烈扩张的，一下子从 78 级的 60 余人增加到 200 人，从一个侧面反映出中共三中全会以后加强民主与法制的决心和方略。于是成比例地，78 级只有我和石泰峰两人考法理，79 级则六人报考，季卫东、罗建平、张志铭和雷喜宁四人考取，查海生则因落榜而心情落寞，有次晚饭后我看到卫东与海生在图书馆周围边走边谈，后来卫东告诉我是在做海生的思想工作。我曾经多次被问过：假如当初录取了海生，我们是否会少了一个诗人——海子呢？

好像是由于卫东的推荐，建平和志铭等人在考试前找过我，所以我们应该是在1982年底认识的，不过接触多起来却是在1984年以后。第五届研会成员和各项工作的主体都是83级同学，建平积极参与了学习部的工作，下半年还接任了副部长，然后在下一届研会当了副主席。我与建平的交往也大多发生在这段时间，能想起来的是这样一件事。1984年暑假期间，复旦和武大两校的研究生会在武汉召开全国研究生教育改革研讨会（当时的华工朱九思校长还专为邀宴与会代表，为我20余年后受聘华科预伏了草蛇灰线）。10月哈工大研究生会派人来北大，建议两校合作寒假时在哈尔滨召集第二次会议。我们同意了，商议方案后共同筹备，请示团中央和全国学联后，向各校研会发出了倡议。北大研会组织了20余人的代表团。两位副主席马伯强和王培率少数人先行，我和团委副书记朱善璐等多数人晚一周动身。

建平是与我同行的，原因是此前学习部长李明德告诉我，建平因父亲病危需请假回广州，不能去哈尔滨开会了。于是我找建平询问具体情况，他说父亲患肝癌晚期，出现严重腹水，已报病危，他很遗憾参与了筹备却无缘赴会。我征询建平：如果可以有两者兼得的办法，但是会辛苦一点，是否愿意？建平说当然愿意。我于是请明德安排建平去广州出差，代表北大研会到中山大学等高校研会交流工作，同时了解对方有关哈尔滨会议的准备情况，并建立友好关系以备在会议上合作，如果父亲的情况危急就不要赶回来了，若情况允许、父母也同意他离开的话再说。建平很是感谢。

不过建平在我们出发前还是赶了回来。记得在北去列车上，我叫上建平来到两节车厢的连接处，向他了解广州之行。建平详细汇报了去中大等校的交流，也说了父亲的情况，医生说还能维持一段时间。我一直记得那次大雪中冬夜的旅行。我们聊了挺长时间。建平大体上是严谨内向的人，似乎从来不苟言笑，我很少观察到他与同学之间的私人互动。记得张宏生老师后来曾和我聊天时谈起过建平。在导师和同学眼中我们的气质有某种类似，都给人以严肃甚至有些沉重的感觉，只是我不内向，更愿意主动与人交流。我们各自在后来的人生中，倒是合乎逻辑地作了判然有别的选择，也走了完全不同的路径。

我了解我自己很难接受时钟式的人生，一步步循规蹈矩走完由理性标刻的度盘，然而我一直钦佩和欣赏像建平（以及我的本科同学黄建初）那样能坚持这种选择的人。记得20年前在耶鲁的时候，有一次在北大78级同学白谦慎家聚会。谦慎在国政系读书时就以书法知名，获得过全国大学生书法竞赛一等奖，当时在耶鲁读东亚艺术史博士，他给我看了多年收藏的大量印谱。于金石刀刻我本是外行，但是几本印谱读下来，却使我的情绪深而为之搅荡不已。作者们是大师也罢，匠人也罢，在严格局促的方寸之间殚精竭虑地展示生命个性的努力，令我在品览中很难不为之动容。

在那个雪夜旅途中，我内心很希望和建平有一次师兄弟之间的恳谈。记得我问到建平父亲的病史和他本人的健康情况，提醒他肝病有家族遗传和生活习惯等背景因素，要多加注意。伴随着列车铿锵且摇动的节奏和车窗外的飞雪，我们谈了挺长时间。我觉得建平还是过于一本正经了些，心想莫非是我们两个严肃到一起去了？于是几次试图幽默，想使气氛轻松下来。不过后来我发现，建平可能恰恰对严谨正规的状态更感觉自在。我当时还想，他年轻时如果当兵，一定是个好兵。

我是那一年夏天毕业留校的，次年建平答辩前曾经找过我，我还以自己的教训提醒他别因为研究生会工作耽误论文。他说导师也是这样告诫他的，还举我为前车之鉴，我苦笑。我问建平工作去向，他说已经分到中央某部门（好像是政法委）。我知道建平很适合这样的工作性质。后来我们就一直没有再见过面了，这些年只是陆续从旁听到一些消息。先是听说他被选为某领导人秘书，旋因体检不合格未成，似乎就是肝部有问题。我听后心里一沉，叹惜不幸言中，担忧他此后的身体情况。前些年又听说调任广西壮族自治区任总检察长。然后不久就听说患肝癌去世了。

我和卫东相继回国工作以后，相逢时也曾谈到过建平。卫东说，他们在同学聚会时见过一面，建平的去世也很令大家感伤。

七、君子以自强不息

《周易》卦曰：天行健，君子以自强不息；地势坤，君子以厚德载物。史天健的名字一望而知来自于此。天健是北大国政系77级的同学，北京人，1952年生，文革前的初中生，1969年下乡，先后在吉林与河南插队。天健的经历说起来颇为传奇。他在农村当过“赤脚医生”，做过很多例腹部手术，甚至接生过一百多个婴儿。后来回城在石油机械厂当司机，高考恢复后成为北大国政系77级学生。1982年毕业后考取了出国研究生资格，于当年底去了美国哥伦比亚大学读政治学博士。哥大只给两年的奖学金，天健就用北京的驾驶证换得纽约驾照，课余时间在曼哈顿开出租车，居然荣获出租车司机协会的年度优异服务奖。

看来这个行当确实濡染力很强，以至于尽管天健后来读了多年书甚至当了知名大学的教授，在某些人眼里仍然不那么像读书人的气质。话说天健有一次在北京某处街头见有人摆摊，制售高校学历和学位证书，各校证书应有尽有价格有别，从几十元到上千元不等。天健一类一类地询问，最后终于问出了北大清华的证书价位。然而他还想测试造假潜力究竟伊于胡底，就问可以买到国外大学的证书吗？摆摊者说当然可以，不过那可就贵得多了，你要什么学校的吧？天健想买一个他任教大学的学位证书，好拿回去给同事们开开眼，就问：有美国杜克大学的吗？孰料这次对方上下打量了他半天以后说：哥儿们，我看你也就是一个开出租车的，要美国大学的证书也没用，白花那么多钱太不值得，干脆给几十块钱拿个中国二本的算了！天健闻言如同被人家点了穴般目瞪口呆，以后便津津乐道这个段子，还评说摆摊者好眼力，他怎么一眼就能看穿我是开出租车的呢？

虽然同是北大校友，但是我和天健相识较晚，见面也很少，但是却因为有一些共同的朋友而互相熟悉，所以后来有机会相识时便如逢故人。其实我们80年代在北大时应该见过面的。1987年天健获得密歇根大学社会调查中心的专业证书，然后回到北大国政系任讲师，工作过一段时间。我曾听朋友们说起过他，天健也知道我，彼此在某个场合还见过面，但是好像没怎么交谈。两年后我也去了美国，在哥大召开的几次研讨会上又见到天健和他的导师——以研究当代中国政治知名黎安友教授，1994年还应黎教授邀请去哥大讲过一次关于中国国家结构的问题。

那时候黎教授尚不如他的前妻威特克女士更有名，因为威特克在1972年访问中国时曾对江青做了长时间的采访，回美国后写出 *Comrade Jiang Qing* 一书，名噪一时，甚至在文革后期被以讹传讹地附会成《红都女皇》，在当代中国的政治生活和时局演变中扮演过重要角色。我刚进北大时曾从朋友处得到此书的影印本，还和几位室友何斐、刘歌、邵景春、陈欣分工利用暑假译成中文，作为学英语的练习。我曾经问过天健是否见过他导师的前妻，可我现在不记得他是怎样回答的了。

我知道天剑是通过 1987 年初发生的一件大事。那时，由于中国一些城市爆发大规模学潮，导致又一波反自由化运动，三位代表性的自由派知识分子刘宾雁、方励之和王若望被中共开除党籍，中共总书记胡耀邦也被迫辞职。事态的发生引起国内外连锁震动和严重关注，就在这时，自 70 年代末开始的留学生人数已经相当可观，有部分留美学生在海外媒体上联名发表公开信，对国内时局的发展和走向表达强烈的关切和忧虑，呼吁中国领导层坚持改革开放的基本路线不动摇。

我当时从朋友带入境的海外报刊上看到了这些消息，由此而确认时代真是不同了，中国也确实走不成回头路了，因为打开的国门已经关不上了。后来我听说这封影响很大的公开信有两个发起人，都是北大出去的学生，其中一个是我认识的老同学，另一个就是我以前没听说过的史天健。1990 年我到耶鲁读书时，正好老朋友 77 级同学王绍光从康奈尔毕业到耶鲁政治系教书，绍光和天健都是中国旅美学人政治学会的发起者，彼此熟悉。在耶鲁的那些年里，我和绍光在一起交流的机会很多，通过他的一些言谈对天健有所了解。

朋友们都了解天健是一个有着强烈家国情怀的人，也是一个知行合一的人，他喜欢不停地做事，行动目的是具体地有利于国家社稷。30 年来他无论在什么情况下，做过什么看似自相矛盾的事情，都可以由这个基本观察得到解释。听说在哥大读书的时候，天健有一个好朋友是台湾同学，彼此私交很好，在统独问题上则尖锐对立，天健因此得到一个“史共党”绰号。所谓不是冤家不聚头，天健的太太倒真是一位台湾人，据说是北大的首位台湾学生，所以天健声称他早就把“大陆”提出的两岸三通政策变成了四通——加上通婚。1998 年国内召开两会之前，我和邓郎等一些在海外的北大校友就“大西线调水项目”草拟了一封致两会代表的信，呼吁代表们以提案方式郑重考察这个对中华民族命脉攸关项目的可行性。天健听说后很认真，马上积极投入，做好了各种预案准备大力推进此事。后来考虑到国际因素，才没有公开采取行动，但是我们的倡议效果其实已经达到。

我真正有机会和天健深入交谈是在 2001 年的纽约。应该是一次在哥大举办的会议结束之后，我们一起到朋友姜志敏家里吃饭。我是从耶鲁开车去的纽约，又逢周末，所以晓宁和儿子也一同前往。虽然和天健夫妇是第一次正式交流，但是一开口彼此就知道全然互不陌生。让我不免有些吃惊的是，席间天健一再地说出关于我当年在北大时的各种传闻，虽然他那时已在美国，并未在北大读研，对很多事情却是信手拈来、耳熟能详。我儿子正好坐在他旁边，那时已经读高中了，能理解这些谈话的内容，听得兴味盎然，天健就不时地以他为谈话对象说，知道你爸爸当初在北大是干什么的吗，他出国可是非常可惜的。

这些话让我儿子印象很深，因为那是第一次有陌生人这样向他谈论父亲，以至于多年以后，儿子还会提起在纽约见过的那位有意思的史叔叔。儿子尤其对天健爽朗实在又有鲜明个性的风格非常有好感，他从小在各种聚会上见过很多人，史叔叔可以说是他最喜欢的那一种长辈。我后来问天健，这些事情和评论他都是怎么知道的，天健哈哈一笑说，他 1987 年回北大任教期间多有耳闻目睹，此外，高柏又是他在杜克的同事，他也接触到其他许多北大校友。

在政治学专业领域，天健在关于中国和东亚社会的政治参与、选举以及政治文化研究等方面多有建树，哈佛大学和剑桥大学的出版社先后出版了他的著作。除了学术努力之外，天健这些年一直在积极地筹集各种资源、组织研究团队，做了很多关于国内基层选举方面的调研，还与民政部及地方政府合作，为修订选举法、制定选举程序提供建议，推动中国社会从基层走向民主治理。他工作得很辛苦，得到的支持和理解却不多，但是他自己很执着。

2010 年底我从国内刚到耶鲁，就很震惊地从网上看到了天健去世的消息。听朋友们说，是患了一种很少见的肺部疾病，在治疗方面有些不很得力，他自己初时也没有很当真，而且那一段时间天健连续在世界各地奔波，人也极度疲劳，免疫力自然很差，从南非的约翰内斯堡回美国后就一病不起了。大家都很沉痛和惋惜。新年放假时儿子从华盛顿回家，我告诉他，杜克的史叔叔去世了，儿子先是愣了一下，继而一脸愀然。

八、丧钟为谁而鸣

我与这里要写的邓英淘其实还不能算是朋友，只是当年有过接触的校友。但是一方面由于他当年的确是一个给人以特殊深刻印象的北大学生，另一方面由于他不久前的黯然去世给我带来强烈冲击，所以我想我应该为英淘写一点文字。我觉得，北大 77、78 两级学生大体上都会知道邓英淘，一则可能是因为他是在 80 年代中国政治史上曾留下浓重笔墨的邓力群先生之子，二则也确实因为英淘在读书期间表现出来的活跃、高调与才华。英淘是北京著名的景山学校的初中毕业生，1952 年生，文革中和绝大多数同龄人一样成为下乡知识青年，是在陕北还是山西插队我不能确定。我们 78 级入校的时候，77 级已经在北大学习了半年，也全然进入了状态。我们法律系和经济系的男生在同一座宿舍楼，是靠近西南门的 43 楼，我们在三层，他们在二层。

记得那时楼门口有两块经常更新的墙报，主办者是经济系 77 级的学生，而主编和最多产的作者就是英淘。我经常仔细看他们的墙报，从中获得不少有效信息，例如英淘当时连篇累牍地发表将系统论方法引入经济学研究的心得，想来他那时便已对计量经济学和数理经济学发生了浓厚兴趣。再如，我有一次看到墙报上发布消息，说有两位 77 级同学获选拔到美国留学。这个消息在当时是很引人注目的，我记得其中一个人的名字叫易纲。15 年后我在普林斯顿的一次会议上终于见到了易纲，他那时已经在印第安纳大学任教了，专业是金融学，我们还谈起了当年他们的墙报和一些北大旧识，不久后易纲就回国工作了，在中国金融界承担起日益吃重的角色。

让英淘在北大崭露头角的，当然不只是墙报，还有讲座等其他学术交流活动。我印象最深的一次，是 80 年代初北大竞选结束之后经济系 77 级同学举办的一次讲座。他们那时已是毕业班了，那次讲座好像有四五位 panelists，而其中最引人注目的，便是英淘和刚卸任的校学生会主席张炜二人。我去听了那次讲座。在同一座楼的上下层住了好几年，那次居然是我第一次正面见到邓英淘。我很惊诧于所见，因为他的形象、语言、穿着和气质，都还活脱脱地保留着文革初期北京中学生的特色。他长得又很少相，喜眉笑眼，说话表情和肢体语言都很生动活泼，令我在台下看着简直有时空错愕之感，同时也觉得有趣。

英淘毕业后去了农村发展研究所工作，30 年间一直从事农村经济的研究，期间我还与他有过一次非常近距离的接触。那是 1987 年的冬天。在此之前的那个暑假我曾去河南辉县做了关于粮食购销合同的调查，开学后有一次在我小南庄住所的周末沙龙里，当时在体改所综合室工作的朋友王辉看到我案头放着合同法的书，就约请我帮助组建一个研究团队，就中国经济合同运行状况做一个总体性报告，作为国家体改所支持的重点项目。我邀请北大已毕业的民法研究生李仁玉和刘凯湘参加，课题组在搜集大量合同案例的基础上，综合分析完成了“改革中的经济秩序创新——关于我国经济合同运行状况的报告”，报告主文和作为附件的合同案例汇辑加起来编印了好几本，把海淀镇上的一家个体打字社老板乐得够呛。王辉还邀请了他在大连工学院计算机系读书时的同学胡鞍钢，帮助我们将采集的数据输入计算机模型中做了计量分析。我也因此认识了鞍钢，出国前还在海淀镇又见过一次面，他那时在中科院计算所工作，后来调入了国情研究中心。几年后在耶鲁又遇到鞍钢，还回忆过当时的那次合作。

课题的最后完成阶段是那年冬天。课题组成员集中于我在小南庄的住所，前后用了差不多一个月的时间写作报告。我们各自都有课，白天不都在，但晚上的时间被充分利用，大家一起讨论，主笔是仁玉和凯湘两人。那一段时间过得既艰苦劳累又愉快充实。住所是烂尾楼，没有暖气，我安装了取暖炉却从来不敢生火，怕一个人住如果煤气中毒无人发现。这次破天荒地买了蜂窝煤，生起了炉火。期间有一次王辉告诉我们说，他已向有关方面汇报了我们的工作，得到重视和鼓励，不日将有相关负责人来看望大家。我们都说其实不必，但是王辉执意如此。我猜想他这样坚持的原因，一来是希望请领导给我们鼓舞士气，二来也是希望我们的工作和生活状态能够被领导们观察和体恤。当然这都是难得的好意，只是我不知道要来的领导是谁。

终于在一个寒夜里，王辉陪同重要客人到访。我无法在记忆里确定这两位贵客是一起还是分别来的，但是他们各自给我的印象现在仍很清晰。一位是体改所副所长朱嘉明，一位就是农发所副所长邓英淘。嘉明给我的印象，颇像小时候从苏俄作品中获得的俄国革命前的十二月党人形象，穿着深色大衣，戴着眼镜，蓄着胡须，面容清癯且神色严峻，说话并不多，主要是听王辉介绍我们的工作。我从旁观察，觉得这人物和情景都很有意思。英淘则完全相反。虽然他那时从北大毕业已近六年了，人也不可能不略显沧桑痕迹，但是学生时的那样一种特殊气质和言行状态，依然鲜明地保留在身上，依然喜眉笑眼，说话时依然表情丰富活泼，和我们有着率意的互动，偶尔才有意地矜持一下。

我后来想，这其实是两种互为反差的一代理想主义者的面貌与风格。嘉明的凝重，反射出主体人格和现实环境的尖锐冲突带来的精神投影；而英淘的活泼，则凸显出主体人格面对沉重现实仍然采取的昂扬姿态，而这两种人格取态在很大程度上大概都来自青少年时期的训练与塑型。

我在1989年出国前后，就已经知道英淘在关注中国实现发展所必需的外部资源条件与无法克服的环境资源约束之间的巨大冲突，读到过他的一些讨论文章，当时就很赞赏他这种近乎杞忧的思考态度。可以说，英淘是当代中国最早从实践和理论两方面回应了以罗马俱乐部为代表的人类自我反省和预警努力的中国知识分子。20多年来，他一直保持着这种被认为近乎堂吉诃德式的遗世独立姿态，令人感受格外复杂。

今年2月，我收到朋友转发的长篇邮件，是英淘的一本新著《为了多数人的现代化》和王小强的序言。从邮件中得知，英淘已患绝症行将不起。我原想待回国后找机会托朋友转达问候，但是由于我的导师沈宗灵先生突然去世带来意外冲击，接着又忙于办理去台湾参加东亚法哲学会议的繁杂手续，使我一时顾不上其他事情。没有想到，很快也就传来了英淘去世的消息。

我真切地感受到了属于我们一代人的重大损失。就像海明威的不朽作品《丧钟为谁而鸣》所传达的意义，我分明从心底深沉地听到，那丧钟就是在为我们自己而鸣，因为曾经属于我们自身的那一部分，的确是永远地离去了。

九、BRILLIANCE CHINA

汪康懋去世的消息，我是几天前才从北大 77 级同学、华东政法大学校长何勤华那里偶然得知的。我很吃惊，也感谢勤华，使我尚来得及在这里为康懋写下一点纪念文字。康懋是上海人，1948 年出生，文革前大概是老高二的学生，我印象里康懋跟我讲过他受家庭出身的影响，从小就在备受压抑的逆境中成长，也磨砺出非同寻常的坚韧奋斗精神。他文革中下乡到云南边疆，每天十几小时的繁重体力劳动之后，在油灯下靠一本袖珍英汉小词典翻译出百万字《林肯传》，1979 年 1 月邓小平访美前由国家出版，成为文革后公开出版的第一本外国书籍。

康懋和我是同一年考入北大的，但他在物理系，据说是当年全国高考理科第三名的成绩，也有一说是北大当年的理科状元。北大的 77、78 两级学生是积压了 12 年的考生，其中有知青背景的由于显而易见的原因报考理科很少，绝大多数读了文科，因此康懋在基本上是由应届高中毕业生构成的理科学生群体中就难免显得特殊，他的年龄也差不多高出同学十岁以上，但是这并没有妨碍他有杰出的学业表现。

说来我倒是可能与康懋成为同学的。1977 年底恢复高考制度的消息传出来，举国振奋，考生群情汹涌。我当时被借调到市委办公室工作，也用业余时间抓紧时间复习备考，不过我准备报考的是工科，优先想学的是矿冶或农机，视文科如地狱一般。很多文革前读大学的年长朋友知道我执意报考工科，纷纷以各种强有力的理由劝我改报文科，但我不为所动。后来有位朋友提出一个折中的建议：他说既然如此那我不妨先考文科，入校以后跟物理系一起上课，待一学年后考试合格再申请转系。我就是抱着这样的初衷进了北大。我的计划是先熟悉一下环境，然后就去旁听物理系的课。但是没想到读书一猛身体出了问题，原计划也就泡了汤。

我与康懋是在大二时认识的，也就是 1979 年秋天。一天下午，我和时任团中央候补委员的技物系同学王军涛在校园聊天，一位操着上海口音普通话的人过来打招呼，相互简单聊了两句就告辞了。军涛问我是否认识这个人，我说不认识。军涛说他叫汪康懋，文革前的老高中生，是北大的大才子，出版过大部头译著，还发明或论证了什么重要定理（我现在记不清了）。有此一面之缘，后来的时间里我和康懋在校园的活动中又遇到过几次，彼此也都是随机聊一聊，算不上有深入交往。1982 年夏天毕业时，得知康懋去了上海交大。

和康懋再见面是将近两年之后了。1984 年春天，我当选北大研究生会主席，原来中文系的老朋友刘晓峰也同时担任了北大团委书记。学校将在五四青年节 65 周年纪念之夜举办盛大篝火晚会，设计有火炬传递这样一个项目。但是当时要找到可以手持奔跑的燃气火炬却很难。多方打听后从国家体委得知，上海在前一年刚举办了第五届全运会，还库存有几支火炬。于是晓峰和我便开了介绍信前往上海借火炬。我们在上海逗留了几天，住在华东师大校园的招待所，除了办事以外，还去拜访会见了一些朋友，也了解一些校友的情况，其中包括时任市委宣传部长的潘维明，以及在交大任教的汪康懋。

记得当时康懋领我们参观了在徐汇区的校园，介绍了交大和他自己的情况。我们问他当初毕业回上海的决定是否正确，康懋说多少有些失落，但新环境还可以，不后悔。交大在 1956 年按照国家要求迁往西安，多年来只在上海留下个别系所和处理善后及校产事务的留守机关，文革结束后才在这个基础上试图重建上海交大，所以虽然是有近 90 年历史的老牌名校，康懋所要面对的却是一个类似草创阶段的机构环境，他所在的经济管理系更是相当于白手起家。尽管年资尚浅，但康懋已算是教学科研的主力。我问他有什么打算，他说正在联系出国的事情，已经有了眉目。

几个月以后，也就是刚开始放暑假的时候，康懋来北大办一些与出国手续有关的事情。他找到我，问能不能帮他安排一个方便的住处，希望有时间好好聊一聊。我就把康懋请到我在 25 楼的宿舍住下来。那段时间我正在做去青海的准备工作。北大团委受青海省长黄静波的邀请，将要率学生艺术团赴青海做一个月的巡回演出。研究生会也搭便车，组织了一个以经管系和计算机系为主的智力支边服务团一同前往。我和晓峰都忙得不亦乐乎。

康懋在我宿舍里住了两个晚上，睡在我的上铺，每晚都会聊很长时间，谈到很多事情。我主要是做一个听众。可惜将近30年过去了，我实在回想不起当时谈话的内容，只是约略记得主要是他讲自己的身世、经历和种种际遇感受。康懋告诉我，他平时很少与人这样几乎无保留地襟怀袒露。我理解他是在挥别故国前这个重要的人生关节点上，很自然地抚今追昔，希望与一位合适的朋友分享内心。至于康懋选择我作为倾诉对象的缘由，据他自己讲是在这么多年认识的朋友中，他觉得我待人厚道有同情心。

那一年康懋应该是36岁了，仍然孤身一人，他跟我讲过以前的情感经历，还吐露了一个重要秘密。他在北大有一个魂牵梦绕的暗恋对象，我现在忘记是哪个系的了，应该是文科生，康懋在校时一直想追人家，但是由于种种原因好像没有真正付诸行动。他告诉我，这个他心中的完美女生现在有男朋友，而且这位男朋友我也很熟悉——就是历史系82级研究生、上届研究生会秘书长牛大勇。我一听大为吃惊，因为据我所知大勇似乎快要结婚了，但他知否未婚妻就是康懋兄的梦中情人呢。记得我后来是跟大勇提过这件事的，大勇说他早就门儿清这一切，康懋压根儿没戏。

康懋去了美国以后还给我先后写来过几封信。五年以后我也到了美国，与康懋断断续续保持着联系，知道他是中国旅美金融协会的创始人，也担任过著名的中国留美经济学会初创时期的两届理事。记得是在1992年暑假里的一天，我在耶鲁法学院门厅值班的时候，收到康懋打来的电话。他叙述了这些年的大体情形，也说了近期的计划。他那时好像已到了华尔街做金融分析的工作，亲自设计和主持了中国企业在海外发行的第一股，成功地将Brilliance China的名称首次列入纽约证交所。康懋还主动透露了他一年的可观收入——“七位数不到一点”。再往后的事情我就谈不上有什么印象了，只依稀记得他后来去了新加坡，去之前好像给我打过电话的，然后很多年就没有联系了，偶尔从网上能够得知他的一些活动。

我总是想，以康懋的聪明才具和训练背景以及奋斗精神，又兼以1992年后中国彻底选择了市场经济发展模式这一背景，他一定不会放过这个大好机会，也一定会大有用武之地的。2008年上半年，我在上海见到勤华，听他说康懋前些年受聘担任华东政法大学商学院院长，签了五年的合同，我当时还上华政的网站了解相关情况。但是我回国几年来一直瞎忙，而想必康懋会更忙，所以一直没有和他联系，更遑论见面。而当我从勤华那里得知康懋故去的消息时，震惊和伤感之下，我知道又一个无法弥补的遗憾就这样发生了。

百度百科有关于康懋的三千字词条，分为个人简介和经历两部分，对康懋的人生事功与报国情怀都表述和概括得很好，无需我再做罗列和评价。我只把我与康懋二三十年前的个人交往从记忆中钩稽出来，能否扎为一束简约的纪念花圈，也未可知。

十、会思想的芦苇

杨春堂也是我不应该忘记的朋友，尽管我们当初的交往仅仅两年，可有确切回忆的事情也不多。我印象里春堂是1955年或1956年出生的，是吉林人，中等个子，身材结实，鼻直脸方，眼睛很有神采，性格有一些内向，但乐于交往，有才华，很勤奋，学术训练也不错，80年代中后期已经是吉林省社会科学院法学研究所的副所长。他的专业应该是经济法，却是从经济学领域转过来的，本科是经济学。

我认识春堂是朋友张文显介绍的，但是具体时间我不确定了，要么是在1988年2月的全国第一次法律经济学会议上，要么就是在此之前为了筹备这次会议经文显介绍春堂来过北京。春堂和文显一样是当时学术界成名较早的新秀，他和文显既是合作者也是私交很好的朋友，所以文显很乐于将半路出家的春堂介绍给法学界的朋友们，而春堂也大体上能较快地融入法学界的朋友中间，被大家所接受。

忘记了是在1987年下半年的一个什么机会，我和中国社科院工业经济研究所的盛洪结识。他看到我组织翻译了波斯纳的《法律的经济分析》一书和其它一些法经济学的文献资料，相谈下如遇知音，非常兴奋，提议召开一个法学和经济学的中青年学者的对话性质研讨会，我当然与他一拍即合。商议之后，便按照方案分头联系学者和筹备会务。

与经济学界的类似对话会我们几年前曾做过一次，那是在1984年暑期，我向在北京市法学会工作的朋友尹蓝天提议促成的。蓝天那时很想集结法学界的一些朋友为推进改革做些事情，我就建议说，农村改革这些年做得不错，其中一批青年经济学者发挥了很好的作用，若能有机会跟他们对话交流最好不过。碰巧蓝天和那些学者都非常熟悉，他们也都是风靡一时的《走向未来》丛书的编委，于是很快就在北京市委党校召开了这样一次会议。法学界出席的有尹蓝天、徐炳、曹培、邓正来和我等人，记得我还邀请过信春鹰，但是她因马上要去美国做访问学者未能参加。经济学界出席者我记得有周其仁、陈锡文、白南生、白南峰等人。会上主要是依次听经济学的朋友们讲，然后一起就某些问题做了讨论。

会后我建议徐炳和蓝天写一篇评论“裁判员入场踢球现象”的文章，他们要我参与，我说我马上就要去青海智力支边团一个月，实在忙不过来。那篇文章发表后受到普遍关注，素来持论严谨的沈宗灵老师还难得地表示了赞赏。几年时间过去，中国的经济改革已从农业和农村推向工业和城市，而法学界和经济学界的理论参与和准备也较当初有所提高，这次和工经所的合作便是非常合乎逻辑的了。

会议正式定名为关于企业制度与市场制度的法律经济学研讨会，我们简称第一次法经济学会议。会议在月坛北小街的工经所召开，前后两天，气氛非常好，发言和讨论热烈而有效率，水准也颇为可观。开会方式也很有创意，比如午饭就是按照盛洪的建议从工经所楼下刚开设的北京第一家 KFC 叫来外卖，这种方式在当时是破天荒的，大家都甚感新鲜。深有阅历且专门来观摩会议的《中国大百科全书》编辑张遵修老师，对这个会议赞不绝口。

经济学界的与会者差不多都是在京学者，法学界则有很多是特邀的外地朋友，有来自吉大的张文显和郑成良、复旦的张乃根、西南政法的顾培东、武大的马俊驹、云大的林喆等人，当然还有独跨两界的春堂。北京的朋友中有王利明、李仁玉、俞梅荪等人。我特邀文显和春堂在这次会议中充任重要角色，文显是法学界首席代表，春堂担纲撰写会议综述报告。这是考虑到文显在美国进修时获得的良好训练和积累，以及春堂本科的经济学背景。他们二人也不辱使命，表现出色，消除了我从筹办会议开始一直有的怕局面出现学科不平衡的顾虑。

那次会议结束后不久，6 月间我和一些朋友去吉大参加关于法学基本范畴的研讨会。由于春堂的原因，吉林社科院法学所也积极参与主办这次会。在这次会议上文显提出了关于权利本位的命题和论证，与会者对此进行了深入讨论。记得北大77级同学、当时在安徽大学教书的张恒山就是强烈质疑权利本位并提出反命题的代表，见到我第一句话就直奔主题说：海滨你赞成这个提法吗？权利本位在历史上、人性上、逻辑上可能吗？恒山后来还和我做过数次通信交流。三年后，我在耶鲁读书时的一篇课业论文就是评析中国法学界的这一场论争，竟然意外地得到了优的成绩，须知那时耶鲁法学院一般来说成绩只分合格（pass）与否。

长春会议期间，文显和春堂以东道主的身份热情接待各地来的朋友们，大家相处气氛融洽，也在吉大校园及周边有过一些留影，是光明日报社的记者朋友马兴宇拍的。拍照时的一些细节让我有所感悟。我注意到，春堂似乎比较在意外界是否把他和文显同样看待。我们这些人中文显年龄居长，春堂其实相对年轻，但是路边的座椅只能坐两个人，多数人需要围立在后面。朋友们提议让文显和我坐在前面，而我发现春堂没有说话，就连忙起身硬拉春堂与文显一同坐下。春堂说自己年轻不妥，我说你们两个人是东道主，这样最好。春堂显得很高兴。这几张合影我仍然保留着，它们总是会把我带回20多年前那个长春的热烈夏天。

2007年10月，我在浙大法学院参加完季卫东筹办和邀请的一次会议，正好遇到张文显来开另一个会。吃晚饭时我和文显坐在一起。席间我问他春堂这些年怎么样了，文显回答说去世了。我大吃一惊，还以为听错了，就问文显："出事了？什么事呢？"文显说，不是出事，是去世了，春堂在90年代初就下海去了深圳，有几年曾经做得很火，但是后来公司在经营和财务上都出了严重问题，春堂一时想不开，跳楼自杀了。我无言以对，深为叹息。

记得年轻时读西方哲学史，曾经对法国近代哲学家帕斯卡尔所言很留意过。他说人只是一棵芦苇，是自然界最脆弱的存在，人的生命很轻易地便能被摧毁。然而人却与自然界不同，是一棵会思想的芦苇。尽管要摧毁这棵芦苇很容易，但人依旧比摧毁者高贵而有尊严，因为人有思想，知道自己的死亡，而自然界却不知道。我无从得知春堂决定不得不摧毁自己生命时的那些细节，也无以裁断春堂同时作为自己生命的拥有者和摧毁者哪一个更有尊严。我只能感叹。感叹帕斯卡尔关于人的这两个关键词：脆弱，与思想。

十一、愿轻举而远游

我很踌躇是否写接下来的这一位朋友，张兆丰。我希望看到此文的读者如果认识兆丰，千万留意帮助瞒住他的母亲，因为老人家应该还不知道这个消息。兆丰在我所纪念的朋友中，按说是相识最晚的一个了，但是我们的交往也持续了不短的时间。我们是上世纪末在耶鲁认识的，到去年5月兆丰去世，也有十多年了。兆丰是北京人，1950年出生，人非常冲淡儒雅，所谓“谦谦君子温润如玉”，说的就是这样的人。兆丰从小有音乐天赋，弹得一手好钢琴，文革前就读的是著名的北京四中。文革中，上山下乡运动开始后，兆丰和一些同学插队到了山西农村。这在上千万的知青经历中当然并不特殊，而特殊的是，兆丰是带着一架钢琴下乡的。我觉得这才叫做石破天惊。1969年我到黑龙江下乡时，就有同学背着小提琴去的，至于笛子二胡一类更是常有所见，然而带着钢琴下乡那可是无从想象的事。

数十年后我曾经问过兆丰，如此惊世骇俗不同凡响之举当初是如何发生的呢？他淡淡地微笑着说，当时公开说出去的口号，是向贫下中农普及革命音乐、为贫下中农服务。我自己也是过来人，当然知道那是一个非通常情理所能解释的社会和时代，不过，带钢琴下乡应该还不算荒诞吧？我猜想，兆丰之所以带着钢琴下乡，内心的潜意识中应该是从小和钢琴形影不离养成的习惯，他很难想象没有钢琴的生活；而之所以能带得成，兆丰公开说出的理由是能成立的：那时候至少已有改编成功的《钢琴伴唱红灯记》作范例，后来还有《钢琴协奏曲黄河》出现，所以钢琴不再专属封资修，有了为工农兵服务的政治合法性。

兆丰是80年代中期和他的夫人朱小苗一起到美国的，好像一直在美国东部地区求学和工作。当我们90年代末在康州新港相识的时候，小苗已经在离耶鲁不远的威斯里安大学东亚系有稳定的教职，兆丰则成为当地广有声誉的钢琴教育家。我原以为是老朋友苏炜1997年到耶鲁东亚系教书以后介绍我们相识的，可是小苗纠正说我和她在更早几年就见过面，当时是和耶鲁法学院的校友毛榕一起，忘记在一个什么场合了。小苗也和兆丰一样，是个有着不寻常故事的人，少年时代就曾在风靡全国的少儿影片《花儿朵朵》里扮演过重要角色。我们之间的交往，基本上都发生在各种聚会上。

我们那里以耶鲁为中心，聚集了十多个有共同文化爱好和兴趣的中国人家庭（当然也有流动），十几年来相互之间常有聚会，这些家庭成员中，大多数都有文革中的知青经历，而且难得的是专业水准的音乐家占有不小的比例，吹拉弹唱几乎齐备。每逢聚会，兆丰都是不可或缺的要角，因为除了他自己的曲目表演以外，男女声乐家们的演唱也是需要他来弹琴伴奏的。不止于此，兆丰还曾经给我们的聚会推荐过重要的远道客人，比如来自波士顿地区的几位著名朋友。朋友们中间做聚会主人次数最多的是苏炜夫妇，在他家的聚会规模也往往最大、表演节目最多。在我家每年一次的春节聚会是从90年代末开始的，已经形成了传统。

这些聚会年复一年地沿袭下来，成为我们旅美人生中值得收藏的精神财富。苏炜和知青友人合作的合唱组曲《岁月甘泉》，就与这些家庭聚会密切相关，而兆丰生前最后的专业留顾，应该也是关于这部作品。兆丰去世前的那个春节，耶鲁学生管乐团在乌尔希音乐厅演出《岁月甘泉》，我们都受邀出席，演出前介绍曲目时还应邀起立作为40年前的老知青接受全场观众的致意。我曾特别了解过兆丰对作品音乐部分的评论，朋友转述说兆丰认为“是个玩意儿”。这句话我琢磨了很久，可惜已无法和他再作讨论了。

其实兆丰不只是音乐家。记得有段时间，我在Home Depot店里常能遇见他，相询之下知道彼此都在自己动手装修房屋。于是两个旧日知青很有兴趣地互问营造项目。我那会儿是在装修地下室，兆丰更不得了，好像是自己设计搭建起一座偏厦。我在店里听着他平淡地叙述，直觉得自己是小巫见大巫。兆丰对古典诗词应该也是有所造诣的。有一次在朋友王如骏的家里，兆丰听如骏说起我写旧体诗词，很高兴也很在意地向我了解情况。我能感觉到他的诚恳态度，可是我那时与兆丰相识的时间还不太长，不便确定他是出于礼貌还是真有爱好，也就没有就此多做深入交流，因为我知道兆丰很忙，他的时间几乎都被钢琴课分割完毕，平时还要花很多时间练琴，大概没有空闲用来浸淫在别的事情上。后来我明白这是自己的偏见，但是已经后悔莫及了。

不过按照小苗的论定，兆丰在本质上其实是一个哲人，他最爱做的事情，是静静地沉思并且把自己的思考结晶随手写在手边的各种纸片上。这些纸片多年来积有很多，他一直有计划整理，可是直到最后也没有找出时间来做。我听了小苗这样说，才恍然大悟为什么兆丰给朋友们如此特殊的感觉和印象。在我数十年间见过的那么多各种人物中，兆丰绝对算得上是修养最高也最有精神特质的那一类人。在我的观察里，能够像兆丰那样，既可完整地、安静地观照并珍藏好自己内心的同时，还能充满爱心地、祥和地细微体察他人的感受与情绪，这是一种很罕见的修为和能力，也标志着兆丰所达致的人生境界。

去年春节前，在我家循例又有聚会，但是小苗和兆丰没有参加。小苗当时在国内，兆丰捎话说身体这段时间不太好，精神因之也欠佳，所以抱歉来不了。第二天我给兆丰打电话询问情况，那次通话的情景我后来想起就感到难过。兆丰接电话后，开始的声音是低沉而无精打采的，一听说是我，马上声音就变了，不但语调高起来，精神也明显振作和欢快，听起来和以前完全一样。我问了他的病情，兆丰说几个月来一直腿疼和疲劳，身上也有出血点，但是医生检查诊断却前后不一样，血象也不稳定，所以治疗也难说对症。我告诉他，我刚从朋友那里听说耶鲁有一个从国内来做访问学者的中医，水准很不错，一些朋友按照他开的药方，到中国城抓药煎服以后都有很好的疗效，建议他试一下，并且把联系电话告诉了他。

我没有想到，那就是我和兆丰的最后一次交谈。我本以为兆丰的病不是什么致命的疾患，只是刚交花甲之年又过于劳累，身体机能需要调整一时而已。加上两家距离远，那年冬天又是一场雪接着一场雪，出行不方便，就没有急于去看望兆丰。未想到我回武汉不久，就接到晓宁的电话说兆丰终于被确诊了，是一种白血病，已经住进了耶鲁的医院，医生也和病人亲属商定了治疗方案，疗程将要开始。晓宁说她已经去看望过兆丰，代表我表达了关切，兆丰的情绪也还挺好的。晓宁是医生出身，告诉我治疗方案虽有较大风险，但也有不少乐观案例，朋友们都在为兆丰加油。可是仅仅过去了两个月，兆丰就溘然离去了。去年 5 月初的一个夜晚，晓宁打来电话，向我通报了这个消息。我连夜给小苗发了致哀和慰问的邮件。

那是一个长江两岸雷雨交加的夜晚。窗前泼打着倾盆大雨，屋外不时地传来沉闷的雷声。雷雨中，我读着屈原的《楚辞·远游》：

> “悲时俗之迫阨兮，愿轻举而远游。质菲薄而无因兮，焉托乘而上浮？遭沉浊而污秽兮，独郁结其谁语！夜耿耿而不寐兮，魂茕茕而至曙。惟天地之无穷兮，哀人生之长勤。往者余弗及兮，来者吾不闻。步徙倚而遥

思兮，怊惝怳而乖怀。意荒忽而流荡兮，心愁凄而增悲。神倏忽而不反兮，形枯槁而独留……道可受兮，而不可传；其小无内兮，其大无垠；毋滑而魂兮，彼将自然；壹气孔神兮，於中夜存；虚以待之兮，无为之先；庶类以成兮，此德之门……音乐博衍无终极兮，焉乃逝以徘徊。舒并节以驰骛兮，逴绝垠乎寒门。轶迅风于清源兮，从颛顼乎增冰。历玄冥以邪径兮，乘间维以反顾。召黔赢而见之兮，为余先乎平路。经营四荒兮，周流八漠。上至列缺兮，降望大壑。下峥嵘而无地兮，上寥廓而无天。视倏忽而无见兮，听惝恍而无闻。超无为以至清兮，与泰初而为邻。”

十二、魂魄见中华

我要纪念的朋友中有一位台湾人，李锦松，是花莲县玉里镇的中学老师。当初我们彼此是以先生或老师相称的，所以我现在仍然这样做。李先生比我年长四五岁，太太也是老师，在家乡的玉里镇教小学，有两个儿子，与我结有缘分的是 1978 年出生名叫李维扬的小儿子。我们相识于 1990 年夏天，在美国加州帕萨迪纳市的一个巴哈伊教举办的教会活动中。那时我在加州大学洛杉矶分校行将结束访问学者的项目，迁往美国东部的耶鲁大学就读之前，在洛杉矶的朋友们（她们是巴哈伊教友）开车带我参加了这次聚会。那是一次规模盛大气氛温馨的宗教和文化聚会，主题是“巴哈伊与中华文化之夜”。事后我写了一首《望海潮》词记述那次聚会：

> “到中国去，先知有梦，巴黎片论清嘉。月海摇槎，星滩采贝，声来醉透南加。慈长拥娇娃。听二泉映月，三弄梅花。杜宇清啼，渔舟晚唱落红霞。　谁人一奏琵琶？使江州司马，泪堕天涯。情老子期，高山流水，曲终叹尽伯牙。魂魄见中华。知善哉至矣，巴哈欧拉：今夜文明多彩，人类共一家。”

我把这首词寄给了一些朋友征求意见，记得当时在盐湖城的邓郎打电话回应说：“还能有什么可说的啊，这词能不好吗？你把中国文化中最美的那些概念全都用上了！”

在这次聚会上的一个布道活动中我认识了李先生和他的两个儿子，缘起是这样的：布道中，坐在我旁边的一位黑衣少年忽然用中文轻声问我，先生，他刚才讲的那些话是什么意思？我扭头一看，是一个眼神清澈、皮肤黝黑的纯朴少年。我轻声向他做了一番解释。休息的时候，少年与坐在我们后面的父亲一起走过来表示感谢，我们就攀谈起来。得知彼此的身份是海峡两岸的老师，我和李先生都感到亲切，他的儿子李维扬则一直腼腆地静立一旁。李先生告诉我，他每个暑假都会带两个儿子出国做这样的学习之旅，增广见闻，开阔视野。那一年维扬12岁，小学刚毕业。其间，和我一起来的朋友们虽然听不懂中文却也能感受到两岸同胞加同行之间的那种情感氛围，主动给我们照了两张相片，我后来都给维扬寄去了，他现在还保留着。

我们当时互相留了通信地址。此后不久我就转到了耶鲁。开学以后，我收到维扬从台湾寄来的信，告诉我已经上了中学，信中感谢和我在美国的相识机遇，也细细描述了刚刚展开的中学生活。我回信时也表示很赞赏他父亲身体力行的这种学习之旅教育方式，并请李先生代为了解大陆人赴台的适当方式和手续。过了一段时间，我收到李先生的来信，他说已经向台湾的巴哈伊教友组织做了咨询，也查阅了教育部和陆委会的有关规定，根据这些所得到的讯息详细地对我做了说明和建议。

我后来的确有机会访问了台湾。那是在1993年的5月。起因是前一年6月我和在斯坦福大学做访问学者的季卫东合作在洛杉矶召开了一个研讨会，当时也邀请了同在斯坦福做访问学者的廖正豪先生参加，但是廖先生正巧在会议召开前接到通知，匆匆赶回台湾接任行政当局副秘书长，行前说将会尽快邀请我们在海外的大陆法律学者去台湾交流。当时出面邀请的是台大法学院三民主义研究所，但负责接待的实际上是海基会法律部，所以那次访问使我认识了陈明通所长和许惠佑部长，两位都是我的同龄人，后来都成了甚为活跃的政治人物。我们的访问行程两个星期，安排紧凑，分别去了台北、高雄和东部的花莲。

我事先写信告诉了李先生这个消息，也把李先生的联络方式告诉了我们的接待方。这样到了花莲以后我只是第一天随团参访，然后李先生就从玉里驾车来宾馆把我接走，去他们的家乡住了两天。我很珍惜这次到台湾友人家做客并实际了解台湾民间社会的难得机遇，在玉里的两天和李先生一家及其同事和亲友们聊了很多，互相也有了比较深入的了解。尽管李先生出于礼貌，不太愿意向我坦陈他的政治立场，但我还是能够体察出他是民进党的坚定支持者，内心是赞同“台独”的。他的同事和亲友们似乎也大多持这种立场，只是言谈中都很客气，尽量照顾我的身份和情感，话往往不挑明了说。反倒是他的一位族叔，想来是由于人生阅历的关系，似能听得进我说的话，有时会点头附和。维扬那时即将升入高中，身形俨然已经是个小伙子了，可惜个子没怎么长高。

两天时间很快过去，留在我记忆中的是他们父子到火车站为我送行的那个动人画面：我乘坐的是台湾东部地区的沿海小火车，列车启动的时候李先生微笑着招手慢慢远去，而维扬却追随着我的车窗奔跑了很长一段路程直到火车提速，我打开车窗向后看去，他们父子俩一直远远地向我挥手。于是泪水不由得一下子夺眶而出，我当时感到了这个画面中的象征意义。

去年秋天，我应台大法学院朋友的邀请，时隔18年后再访台湾。和李先生一家也已经很久没有通信联系了，我想尝试一下能否通过互联网找到他们。周末我在宾馆里上网搜索，终于查到了花莲玉里高中办的《玉中电子报》。我一期一期地查阅，终于找到了维扬的消息，他已经从研究所毕业了，也早已服过兵役，前些年回到母校教英文，还有一张照片。只是没有找到李先生的消息，想来他已经退休了。我给玉里高中打电话，一直没有人接。等到周一上午再打过去就有人接了，告诉我李维扬老师已经离开玉中，没有留下新的联络方式，但是可以查到他家的电话。

我又打电话到他家里，是维扬的母亲接的，听到我讲的是大陆普通话，她马上就猜出了我是很多年前去过他们家的齐先生。我们交谈了许久，语调像台北深秋柔和的晚风一样，舒缓而温冲，感受着彼此遥远的亲切。李太太告诉我，她先生刚刚在5月间因癌症去世了，病程前后两年，期间的治疗忍得很辛苦，因此离去也是一种解脱。维扬在父亲去世前结了婚，小夫妻俩都在北部的桃园中坜，仍是当中学老师，分别教英语和数学。看来，维扬从小跟父亲到国外的游历，对他的人生真是起了莫大的作用。

李太太还说，我给她先生留下的印象很深，这些年来李先生时常会提到我，回忆我们在美国相识的经过，感念我当年访问玉里的所言所行，一再说齐先生是个很好的人，很有学问、对人很谦和，很高兴能和齐先生这样的大陆人交朋友。我们在电话里就这样聊着，感叹着，觉得自己恍惚置入了一个感人至深的文学故事的变换场景。后来，维扬很快给我打来了电话，并且晚上下课以后就开着摩托车和太太一起赶来台北和我见了面。我们相对感慨着18年、21年，叹惜岁月流逝得是这样匆匆，人事也就是如此地代谢着。

十三、我只信我自己

Jean Chao是我在这里要纪念的唯一外国朋友，但他仍然有着1/4的中国血统，还有一个中文名字，叫赵善进。我认识Jean的时候，他还是加州大学洛杉矶分校法学院的学生。那是1990年初，我刚结束在波士顿大学法学院的访问学者项目，来到洛杉矶加大继续做访问学者。有一段时间我在写一篇评述中国法律社会学研究的文章，准备拿给指导教授Handler过目，所以整天在法学院的计算机房里敲打键盘。一天下午，进来一位个子高大魁梧、上唇留着八字胡须的年轻人。他看见我，脸上顿时露出惊喜，问我是不是从中国大陆来的，听说我是北大法律系的老师，他非常高兴，又问我是否介意跟他一起去喝杯咖啡，我自然没有拒绝的道理。在咖啡厅里我们聊了很长时间，彼此都很愉快。

Jean能说一点中文，所以我们的交流是两种语言夹杂着。

我了解到，Jean 的爷爷是广东人，20 世纪 20 年代移居到美国，Jean 的奶奶是波兰裔。从 Jean 的外形上一点华裔特征都看不出来，而且据 Jean 说连他父亲也没有明显的华裔特征。于是我对 Jean 开玩笑说：看来你奶奶的遗传因子太强大了，你爷爷看着这样的“不肖子孙”是不是有点儿伤心啊？Jean 好像从来没替爷爷这样想过，愣了一下说不知道啊，可能会吧。Jean 大学毕业以后工作了几年才考入法学院，今年将要毕业，年龄也 30 岁了。我注意到 Jean 与某些美国华裔学生的心态不同，他内心对自己的中国血统怀有一种挑战式的骄傲，很乐于主动承认自己的族裔身份。我不知道他是怎么处理自己必然经历过的身份认同危机的，却也没有问过他。

那段时期亚欧诸国接连发生大事情，世界面貌也在急剧而深刻地改变着。Jean 作为有中国血统的美国年轻人，自然会强烈地关切中国的人权状况，入校不久就参加了学院里成立的中国人权观察组织“China Human Rights Watch”，而且很快成为其中的活跃成员和中坚力量。他曾经有一次问我是否愿意参加他们的研讨会，讲一下中国的人权状况，我说我的语言能力还不胜任这个邀请，Jean 也表示谅解。不过，我当时未能以同样理由拒绝南加州北大校友会和洛杉矶民主论坛的再三邀请，在市图书馆做过一次讲座，当然使用的是中文。那次讲座还被当时的中文报纸《国际日报》报道了。讲座之后，当时的《世界日报》记者刁冠群还有一番惊人之语，使得我们彼此辩驳了一回。冠群毕业于台大法律系，所以我们很容易聊得起来。

Jean 也和我一起去了那场讲座，不过他的中文能力无法使他真正听懂，尽管在回校路上我把大意翻译给他听，但是他仍然不太理解。我觉得那原因一方面是由于他的阅历还浅，另一方面也是由于文化隔膜。作为礼尚往来，Jean 邀请我旁听他参加的模拟法庭辩论。Jean 充当被告人一方的辩护律师，而与他对垒的控诉人在外型上正好反差鲜明：Jean 身材高大而对方瘦小，Jean 声音洪亮理直气壮，对方却有些放不开，所以 Jean 的一方场面占优，不过我那时的英语听力比起 Jean 的中文能力似乎强不了多少，所以无法有效地行使专业判断。

很快 Jean 就在那年夏天毕业了。毕业典礼请来了著名的人权斗士杰克逊牧师演讲。我参加了那场典礼，对杰克逊的激情演说大有印象。看着 Jean 峨冠博带穿着学位服耸立在 300 名毕业生之中，既觉得有趣，也为他感到欣慰。毕竟，在美国读法学院是一件财务上和能力上都很辛苦的事情。不过与众不同的是，Jean 毕业后没有急于找工作，而是继续在“人权观察”做义工。我理解，他确实熄灭不了心中被点燃了的那团火。

Jean 也早已知道了我被耶鲁录取的消息。我离开洛杉矶之前，最后一次参加了罗省西区圣道堂的周末教友联谊活动。Jean 总是看到我在周末参加各种有关宗教的活动，一直好生不解，所以这次抓住机会要和我一起去。活动的惯例先是聚餐，Jean 跟着我一边绕着桌台取自助食物，一边好奇地问我：“我觉得你很奇怪啊，中国大陆不是主张无神论的吗，你怎么好像不一样呢？”我回答道，这要看怎样界定神的概念，如果指的是人格化的偶像神，那我当然不能说我是这种有神论者，不过我的确认为信仰对任何人都很重要，我虽然没有选择某一种宗教作为信仰，但我是一般意义上的宗教之友，我对任何宗教都抱持开放态度。

Jean 听了，似乎触动了他内心最根本的某种强硬东西，马上反驳说，信仰对任何人都很重要吗？我可从来没觉得有这么重要。我说当然很重要，你肯定信奉着什么，你好好想想。Jean 放下手中的食物，认真想了一会儿告诉我说：我确定我不信神，我信人。我反问他说：人？什么人？男人女人？好人坏人？个体的人还是整体的人？是你、我，还是其他什么人？如果你信的是作为普遍的、整体的人，那差不多就是神的概念了。Jean 愣了一下，显然对我这样的说法闻所未闻，低头又想了一会儿，用右手拇指点着胸口，表情严肃地告诉我说：那好吧，我可以这样回答，我信的是我自己——Jean，赵善进。

我到耶鲁以后，有一段时间还和 Jean 有电话联系，后来慢慢就中断了。直到有一天，我和 Jean 共同的朋友孙红律师从洛杉矶给我打来电话，告诉我 Jean 去世的不幸消息。我很吃惊，问孙红是怎么回事。据孙红说，Jean 在做了两年人权义工以后，还是在洛杉矶的一家律所找了工作。律所在洛杉矶市中心一座摩天楼高层。朋友们都对 Jean 的变化持肯定态度，因为谋生毕竟是天经地义的事情。大家各自都忙，虽然在一座城市里，互相间联系也不多，偶尔听说一些 Jean 的情况，只知道他还对人权事务很热心，继续很投入地在那儿"Watch"着，但是忽然有一天 Jean 在自己的办公室工作时，打开窗户大喊了一声，然后就跳楼自杀了。当时临近办公室的很多人都听到了那一声痛苦而又绝望的呐喊。

放下电话，我默然良久，想到了我们分别前在教会的那次关于信仰的谈话。我知道 Jean 终于达到了他选择的信仰极限，他所信奉的"自己"已经不能再给他提供任何精神能量和心理支持了，也就是说，他的内心终于瓦解了。

一个多么美好的、热情的、年轻的个体生命，就这样消逝了。记得我在 1989 年 8 月刚到洛杉矶的时候，尽管看到媒体上说此地是全美空气质量最差的城市，我却几无察觉，总是陶醉于那里清澈而辽远的海天。一排排高大而枝叶舒展的棕榈树，剪影出湛蓝天空中飘浮的白云，时而有飞机掠过后留下一道道梦幻似的浪漫白烟，随风慢慢飘散。我已经整整 20 年没有去过洛杉矶了。Jean，善进，如果我再去那里的话，会不会从那深湛的天空里或树杪的轻风中，感知到你的魂魄呢？

2012 年 5 月 13 至 19 日草成

6 月 11 日改于武昌喻家山不知庐

5　黄桷树根深叶茂

——忆我和几位已故师长的过往

"嘉陵江水浪滔滔，日日夜夜起波涛。黄桷树根深叶茂，郁郁青青永不老……"

这是我小学语文课本中收录的一首长篇朗诵诗，当时我是领诵，所以尽管40多年过去，我依然记得这首诗的前面几句。虽然它的修辞、节律和意象都极为普通，但仍能传达出一种质朴深沉的怀念情绪。它的主题确实是怀念。怀念的是那个时代的少年英雄刘文学。2006年的冬天，在我应聘回国不久的一个友人聚会上，我得到了卢云老师去世的讯息。愕然之后，我想求证更多的有关情况，友人说自己也不知情，只是偶然看到了纪念文集。我听了，心下愀然。我想，尽管纪念文集已经出了，我也还是应该写出我自己对卢云老师的纪念。由于老师生前长期执教的西南政法所在的人文地理环境如此，很自然地，“黄桷树根深叶茂”的意象提示了我。然而文章刚开了个头，我自己就因为新环境里相继遇到的各种事情影响，没能写下去。

转眼五年半过去了。我在华中科技大学的工作，眼下也大体告一段落。在出版社的催促下，我打算完成这个心念。不过，经历了这样一番延宕，文章的立意也就随之作了调整，这里所怀念的，就不只是一位已故师长了。他们中多数是我在北大的老师，也有未曾教过我的其他学校的老师。自然，我要从卢云老师开始。

一、一船朗月下瞿塘

我的案头，摊开着一本20多年前的《法律社会学研究交流计划通讯（PERLS）》合订本，1988年11月的第14、15两期，是关于全国第二次法律社会学研讨会的内容。在第14期附录的45位代表名录中有卢云老师的登记资料：57岁，西南政法学院法律系主任、教授。如此说来，卢云老师是1931年出生的，这个年份令人印象深刻，因为那时他的两个同龄伟人，或者说风云人物，已经在邻邦政治舞台上开始大展身手——我指的是戈尔巴乔夫和叶利钦。卢云老师是湖北宜昌人，本就和重庆只隔着几百里三峡，文化与方言接近，加上他长期在重庆工作，所以一口川音总使我以为他是地道的四川人。

80 年代中期我和卢云老师见过面，不过真正深入的交谈，却是 1987 年 12 月在郑州大学召开的第二届全国高校法学会议上。当年 9 月，北大法律系和国家体改所合作召开了全国第一届法社会学研讨会，会上商定第二年召开下一届会议。关于会议的东道主，被与会者优先考虑的是吉林大学和西南政法学院。由于 1988 年 6 月要在吉大召开关于权利本位命题的研讨会，大家就想去西政开会。于是我们就与来自西政的陈学明、王卫国、杜万华三位朋友商量，希望促成这件事。学明等人表示自己不能做主，得回去请示领导。

因此之故，在三个月后的郑州会议上，卢云老师就被我们锁定了目标。我其实在一年前的第一届全国高校法学会议（也就是苏州会议）上已和卢云老师相识，因为他是西政方面的牵头人，我协助北大的张国华和张宏生两位老师做会务工作，需要多次与各校负责人面商，印象里卢云老师挺严肃的，讲话也少。这一次在郑州，我和吉大的张文显、郑成良，复旦的张乃根等朋友们专门约请卢云老师商谈这件事。

那时候的中国高校，召开全国性的会议不是一件小事，手续麻烦不说，责任也非同小可。卢云老师作为系主任，其实也不可能一个人在外冒然拍板，需要回去向学院领导汇报请示。可是我们好不容易抓住了他，实在不想轻易放过机会，生怕卢云老师敷衍我们，就毫不体谅他的难处，走马灯般不停地轮番做工作。终于使得卢云老师招架不住勉强应承下来，然后赶紧起身开门落荒而走，边走边摇摆着两只手，操着浓重的川音连声感叹道："好一个齐海滨呦，真是名不虚传哦。"我万没想到卢云老师会发出这样的感叹，当场愣住，心里打鼓这个"名不虚传"到底是褒多还是贬多。不过我确实看得出，我们给卢云老师找了很大的麻烦，心下虽有些内疚，却也只好如此。因为我们都还没有去过四川，更何况西政在法学教育方面成果斐然、口碑远播，这都是我们当时志在必得的原因。

回到北大，我向法律系主任赵震江老师汇报了郑州会议的情况，也请示了关于与西政法律系合作召开第二届全国法社会学研讨会的计划，系领导很放手。没过多久，西政的三位重量级老师文正邦、俞荣根、陈学明受卢云老师和学院的委托，联袂专程来北大，找我具体商讨关于会议的各项筹备事务。对三位老师我都慕名已久，他们在北方的寒冬里风尘仆仆地一路辛苦摸到我在北大南校门的25楼宿舍，挤坐在狭小的陋室里，认真地商议和安排着每一个细节。那个情境使我非常感动，也心怀惶恐，心想我们是否过于孟浪地给卢云老师和西政方面带来了太多的额外负担。记得俞荣根老师当时还说起他60年代初在北大哲学系读书的往事，我也因此知道长我10岁的俞老师和我是校友。

查阅1988年1月30日第5期的《PERLS通讯》，在简讯中向会员报告了我们的这次商议结果："初步定于今年11月底在重庆召开第二届研讨会，由西南政法学院、北大法律系和《社会学研究》杂志共同主办，西南方面初步商定的讨论主题为：1. 法律社会学的一般理论和方法；2. 我国社会主义法律效果研究；3. 中国文化与社会主义法制建设。欢迎各位研究者就选题来函表示意见。”同一期《通讯》还发布了其他会议消息，包括将于2月下旬在北京召开第一次法经济学研讨会，6月上旬将在吉林大学召开法学基本范畴研讨会、下半年将在中国政法大学召开的全国第二次法制系统科学研讨会。

重庆会议是在1988年的10月31日至11月3日召开的。全国各高校和研究单位及报刊共有45位学者前往赴会，西政的很多老师和研究生也都参加了。北大法律系派出6人代表团，准备了由16篇论文组成的文集，除了我和当时以富布莱特教授身份在北大工作的塞德曼教授夫妇，当时在日本京都大学留学的季卫东也特意回国参加，他的6万字硕士论文《论我国法律试行的反思机制》被会议列为重点讨论的工作论文。

那是一次给与会者们留下了难忘印象的重要学术会议，它的发起和筹备背景、议题和研讨方式等方面，都与80年代的常习多有不同，气氛热烈，交流深入，研讨扎实，收获丰厚。西政的师生们为会议的顺利举行也做出了很大努力。令我尤其印象深刻的是卢云老师，他一连几天都戴着一副黑边老花镜手持卫东的长篇论文极其投入地阅读着，眉头深锁，一脸严肃，显然在下着很大的功夫。在连续两天的阅读之后，卢云老师在讨论时就卫东的论文作了很重要的究问和评论，引发了各位学者的热烈讨论，卫东也作了精彩回应。我在会上代表法律社会学交流研究计划（PERLS）做了工作报告。卢云老师和文正邦老师分别代表东道主致了开幕词和闭幕词。围绕会议还举办了讲座。

会议结束以后，多数与会者是乘船经三峡出川的。多年以后我仍能不时地偶遇当年的与会者们，分享他们的难忘回忆。2009年9月我在上海参加交大举办的法社会学会议，遇到《中国社会科学》杂志社的年轻编辑郭烁，他告诉我，他多次从其现领导、当年任《社会学研究》编辑、也是重庆会议与会者的冯小双那里听到有关描述，令人神往，小双甚至拿我作为测试年轻同事知识面的题目。在郭烁的编导下，我次年夏天专程去《中国社会科学》编辑部上演了一出故友重逢，彼此动情之余，写下一首《七律　访中国社会科学杂志社忆往》：

“身充题库试郭郎，访忆前尘会小双。
两岸清秋燃橘火，一船朗月下瞿塘。
诸公兖兖登台省，百姓家家请灶王。
新雨不来空燕垒，斜阳古柳邓家庄。”

19年后的2007年11月初，我去重庆参加全国科技法学年会。当时身体状况不太好，在发烧。我在西政一位青年老师周力的陪同下，抱病重游沙坪坝附近的西政校园，拜访了已经退休的文正邦老师。我向正邦老师询问了卢云老师后来的情况，他在叙述中也不时地感慨万分。我当时作有一首词是这样的：

“西向巴涪拜故人。当年黄桷几逢春？
听山我叹徐无鬼，阅圃人言树有神。
凭叶茂，见根深。丝丝情谊入年轮。
嘉陵江月今宵好，夜半临窗辨桂痕。”

——调寄鹧鸪天 重访西政兼怀卢云老师

临别时我们一起来到19年前开会时的招待所旧址，旧时情境依稀浮现在脑海中。我保留着当年在招待所门前一个平台上和卫东的几张合影，记得是卫东的妻子骆美化在一天早上给我们拍的。照片中，我们并立在枝叶繁茂的黄桷树下抬头远眺，那种神态和气质，只能属于深深打上了理想主义烙印的20世纪80年代，从那以后再也不可复得。

我有幸相识的西政老师中，已故者除卢云老师以外，还有一位是从事外法史教学的林向荣老师。我和林老师只在1983年时见过一面，但是却交谈了不短的时间，留下了深刻的印象。当时好像是林老师到北京来开会，会议结束回重庆之前，到北大来看望他在西政教过的学生朱苏人。苏人当时和我是室友，床位与我相对，都是下铺。记得林老师来时已是晚饭后，由苏人陪同进来的，印象是一个身材中等、鬓发斑白、衣着朴素、面态谦和的前辈学者。

那天晚上我正好没去图书馆，在宿舍看书。林老师和苏人聊了一会儿就转向我，见我看的是一本影印版的勒内·达维所著《当代世界的主要法系》英译本，问了几句话以后，就很有兴致地和我交谈起来。林老师显然对我读的这本书很感兴趣，话题也是围绕它展开的。他告诉我这本书的中译本快要出版了，是漆竹生先生从法文原版翻译的。我当时似乎也已经听潘汉典先生说过此事。

林老师问到我的专业和导师，我回答说是沈宗灵老师的研究生，这本书是沈老师给我们上的《比较法总论》一课教材，同时上的《现代西方法律哲学》一课的教材是博登海默所著的那本法理学，也是影印的英文版。由于我研究生时的二外选了法语，所以又从图书馆借了达维原著的法文本，一起对照来读。林老师很高兴地和我聊了好一会儿，而且聊着聊着就走过来坐到我的床沿上，促膝交谈起来，期间苏人好像还出去办了什么事情。

林老师临走的时候，很恳切地对我说："看到你们这样好学的年轻人非常高兴，我给你留下我的两个学生的名字，我希望你以后和他们多联系。"然后就在我的本子上写下了两个名字，一个是在法大的贺卫方；一个是在人大的梁治平，都是外法史专业的研究生。几年以后，我们合作了《新波斯人信札》这本讨论中国法观念的书。所以说起来，林老师还可以算作我与治平和卫方相识与合作最早的介绍人。

二、心泉烛泪俱干时

在我的已故北大师长中，我想我应该先写张宏生老师。这是因为张老师和沈宗灵老师一样是我的硕士导师。不过实际上两位导师是有分工的：逢单届入学的研究生主要由张老师带，逢双届入学的则由沈老师带，我是1982年入学的，所以是沈老师具体指导。但是在读研期间和毕业以后，我和张老师也有不少相处与受教机会。

张老师年长沈老师半岁，生于1922年，是江苏人，抗战时期参加了新四军，后来成为知识分子干部，1949年曾代表中共接收设在开封的著名学府河南大学，此后基本没有离开过教育界。50年代初被选派到莫斯科大学修读法律，获得政治学副博士，反右运动之后回国到北大法律系执教，此后30余年一直从事法学理论和西方法律思想史方面的教学与研究。我们在北大读本科的那几年，张老师还担任着系副主任，好像是分管科研。由于青年时期有过军人和干部的经历，张老师的个性与风格便很不同于多数学者出身的师长们，两种大异其趣的训练和思维方式以及处事风格，同时并存于他的身上，这让我们一开始颇难适应。

我和张老师最初的接触是1981年底考研之前，因为招生简章上毕竟是两位老师列名，所以我和同学石泰峰也专程拜访过张老师。印象里张老师倒不曾像沈老师那样冷淡，却也谈不上多么欢迎，以致我们后来读研期间一直对他敬而远之。然而临到我毕业论文答辩前，出了一个大麻烦，确实躲不过张老师了。我的三年读研中有两年半干了研究生会工作，先是担任学习部长，后来又当了主席，而且校方拖延了换届时间，使我卸任时几乎没有时间做毕业论文，最后仓促交上去的其实是很不成熟的初稿，都来不及打印。沈老师既不满又无奈，生性谨慎的他不但自己先找张老师做了沟通，也嘱咐我在答辩前去见一下张老师。

那时两位老师住在中关园的前后楼，我诚惶诚恐地登门，准备领受一番急风暴雨。却未想到张老师和颜悦色地告诉我，他已经了解情况，事情虽令人遗憾，但非因本人懈怠之故，做学生工作总是应该被理解的，答辩组不会为难我。我听了一时还反应不过来。但后来与张老师接触多了，也体会到他这种态度其实是发自内心的，因为他有两种视野、两种逻辑，既可交互为用，也可自然跳脱。

我毕业后留校任教，与两位导师成了年资最浅的同事。沈老师当时是教研室主任，张老师是最年长的前辈。陈守一先生那时已退休，只出现在博士招生简章上，而由刘升平老师实际指导。1986年国家教委启动七五期间社科重大项目，第一项便是每年一次的全国高校法学会议，由北大、人大、武大和吉大四所学校共同召集，北大法律系张国华主任作总召集人，委派张宏生老师做秘书长，总理筹备和会务工作。张老师约我做他的助手。除了和当时留日的季卫东同学合作了那篇关于系统论与法学方法论的命题论文以外，我那几个月的其它时间差不多都用来协助张老师。

那时候由张老师主带的83级研究生也已毕业，其中张志铭分到《中国社会科学》杂志社。会议召开前几天，张老师带着我和志铭先去了会议举办地苏州大学。记得我们和主办方谈完了有关事项以后，张老师提议去看看苏州园林，就挑了离学校最近的网师园。我们跟着张老师在网师园里随处走动，每个人因年龄阅历不同大概也各有一番憬悟心情。回到招待所，志铭私下对我说：我发现张老师蛮喜欢你的。我听了一愣，说这怎么可能，不被批评我就烧高香了。志铭说，是真的，我的观察不会错，进园时你在礼品店低头看东西，张老师走过去在你旁边问：你喜欢吃什么东西呀，我买给你吃。我说我怎么没注意到有这回事？志铭说，你是北方人，对南方话没感觉，又太粗心，但是这样的细节很能说明问题。

我当时对志铭的话没太在意，觉得不大可能。后来随着和老师过从越来越多，才慢慢体会到志铭的观察敏锐。我和张老师之间确实有一种代际投缘的感觉。我想过这其中的原因，觉得不难理解。张老师和我父亲年龄相仿，也有着大抵相同的经历，只不过张老师从部队转业要早得多。我的成长环境和风格气质，让张老师或许感觉到某种熟悉和亲切的成分。可能是这些因素产生了移情作用，使张老师情不自禁地对我有了超乎师长的父执辈感觉。

以后的几年里，由于我担负了教研室的一些领导组织工作，也就经常去看望张老师，和他交流各种信息。我每次去，张老师都很高兴，话很多。忘记是 1987 还是 1988 年了，有一次张老师约我去家里，说有出版社打算出一套西方政治理论的丛书，请他推荐作者，问我愿否承担一本。我考虑了半天，尽管很受诱惑，还是没敢接受。毕竟当时我已经忙得一塌糊涂，怎么也排不出时间的。这件事多年以后我有些遗憾。2007 年我到华科教书以后，有同事和学生们翻阅我 20 多年前在北大的几大本《现代西方法律哲学》手写讲义，都说这样认真细致的备课已经看不到了，早就应该整理出版。我听了，只能苦笑而已。

不过张老师在晚年也经常遇到让他烦恼的事情。那几年他带的研究生里总是有很特殊的年轻人，不时会发生一些引发各种矛盾和冲突的事情。教研室在开会时也多次需要讨论和处理这些事，张老师有的时候参加，有的时候缺席。我注意到他的心态很纠结，也与当初做系领导时的态度有了明显差异。张老师的学生不少，因此他和年轻人接触的机会也应该不少，他从年轻人那里感受到的变革要求和他自己对中国社会改革路向的关注，那几年一直在张老师心中形成强烈的焦虑和持续的紧张，而这对他的心脏病其实是很不利的。

1989年2月社科院法学所召开法制建设10周年理论研讨会，北大法律系指派沈老师、张老师和我参加。张老师一直和我在一起，但是他没有在会上发言。中午休会时，张老师让我陪同去王府井的雷蒙服装店修改一件大衣，路上我和他聊起对会议的观感，我说我觉得有些不安，因为有一点浮躁的感觉，有的学者发言时甚至都唱起来了。我忘记张老师当时都说了些什么，只是感觉到他似乎和会议有一点游离，而很高兴能和我一起出来在街上转一转。我后来才明白，那几年实在是忙得过于粗疏了，没有认真注意和体察张老师的孤独感受。他的儿女都不在身边，自己也逐渐淡出学术领导工作，身体也有朝不保夕之虑。在身边的青年同事中，他感觉到我是一个适宜相处和交流的晚辈，所以珍惜，可惜我当时并未明确体认到这一点。

1989年6月13日，张老师在收看了中央电视台午间新闻以后，起身到阳台去搬动一盆植物，突发了第二次心肌梗死，抢救无效。我从香山家里回到学校时，教研室主任刘升平老师告诉我这个消息，我连忙赶到老师在中关园的家里，师母含悲跟我叙述了前后经过。我一句话都说不出来。

张老师的告别仪式是一周后在八宝山举行的。自从父亲去世以后，我已整整10年不去那里。在从北大乘车往返途中，我步鲁迅先生前韵，沉吟着以这样一首诗悼念猝然离去的张宏生老师：

“心泉烛泪俱干时，吐罢劳蚕剩茧丝。
桃李千株思老圃，红泥一瓣护春畦。
风来河汴巡遗木，叶落姑苏忆网师。
二月雷蒙量七尺，衣成孰与试成衣？”

后来我也曾托人转告张老师在美国的研究生，无论怎样都不要忘记他的导师。我真诚希望我的话能够被听进去。

三、我有变徵歌

张国华老师是我们1978年进北大法律系以后第三位系主任。他是湖南人，1922年生，个子不高，说话一口湘音，中气十足，抗战时期毕业于西南联大，所以身上有一种引人注目的气质。那是一种曾深患家国之难又引领过民族精神跋涉前行的那一代人才有的独特气质。听说张老师还有一个“小钢炮”的绰号，不知是在什么时期什么情境下出现的。张老师是做法律思想史的，对中国社会的政治文化传统有深入了解，耳顺之年有机会执当代中国法学教育之牛耳，确实有一种万事俱备又不乏东风的际遇格局，那几年他也确实做得风生水起。本科时，我们的中法史课分别是大一由蒲坚老师讲制度、大四由饶鑫贤老师讲思想，所以我们只见过张老师其人，而未闻其声。

我的导师沈宗灵先生和张国华老师有多年很好的私交，彼此术业专攻又恰好互补：一个做现代西方法律哲学，一个做中国传统法律思想，因此二人惺惺相惜，在中关园也比邻而居。在张老师当系主任之前，他们经常晚饭后一道散步，也经常利用这种方式沟通。1982 年 9 月我们刚上研究生时，沈老师给我们指定的第一学期课目，就有张老师开的中国法律思想史。我知道上届学长周旺生和翟建平按照张宏生老师的要求，到哲学系选修了杨克明老师的西方哲学史，因此我也想这样选。沈老师略作沉吟后，也破例允许了，但是强调张国华老师的课是必修，必须跟堂去上。沈老师当然知道我们大四时刚上过这门课，所以我理解，他对我们的郑重要求是出于对张老师的格外看重，认为从张老师身上我们应能多有所学、深有所悟。

这样我就又上了一遍中国法律思想史课。其实教材未变，授课内容也相同，所差别的只是两位老师的个人风格。和温文尔雅、循循善诱的饶老师不同，张老师虽然年届花甲，但是讲起课来声情并茂，时有慷慨激昂之处，尤其喜爱结合亲身经历和穿插野史逸闻，带动课堂气氛，引人入胜。课是给 79 级本科生开的，除了我们三个沈老师的研究生以外，还有张老师自己的两个研究生吴高盛和李霞，好像还有一些外校来进修的人。临到期末考试时，老师对我们五个研究生和其他进修者说，你们不参加考试，每人提交一篇近代人物思想的论文，可以利用寒假期间完成。当时张老师正受《中国大百科全书》委托为法学卷写人物词条，他那时比较关注清末民初一季人物，就开列了一个人物名单让我们抽签。

我抽中的是朱执信。其实我挺高兴抽到朱执信。因为10年前我在部队参加“批林批孔”学习时，曾读过一套繁体竖排版数卷本的《中国近代思想史料》，其中印象最深的，便是朱执信1902年旅日时发表在《民报》上介绍马克思和恩格斯的文章。他把二者音译为马尔克和鄢格尔斯。文章是文言。当时我明明判断这两个名字就是马恩，却搞不懂“恩”字如何发音鄢（30年后，我在美国指导儿子做当年容闳带去的留美幼童研究时，儿子遍查档案馆资料后，选择了广东香山人李恩富，他的英文名字是 Yen－Phoo Lee，我这才明白广东话里这两个音是一样的）。自那时起，我对当时被学界认为最早向中国人介绍马克思的朱执信一直有好奇，正好以此为契机深入了解。

我在书店购得上下两册《朱执信集》，也尽量查找了与他有关的文献资料，包括何香凝等人的回忆录等。寒假里潜心阅读写作了《没有奏完的变徵之歌——朱执信法律思想述评》一文，全文近3万字，标题来自朱执信的诗句：“我有变徵歌，未奏先泛澜。”开学后我把论文交给张老师。没想到过了一段时间沈老师把我找去，向我了解写这篇课业论文的具体情况，还和我作了一番讨论，不过我也没因此而多想什么。但是过了两天，我的同学吴高盛从张老师家回来后一见我就开玩笑地嚷道："老齐你还让不让我们活了？……"我这才知道张老师对我的论文给予了高度评价。

李贵连老师当时刚研究生毕业留校，从张老师那里也看到了这篇论文，印象很深。30 多年后，2008 年秋天我们在华科见面，没说几句话李老师就提起这篇文章。两年后，李老师在给 2007 级本科生上课时又提到它，以至于学生们下来纷纷找我索要那篇旧作的文本，她们很想知道使得李老师那样赞誉的理由。这篇论文后来获得了北大研究生五四论文一等奖。我有一次从北京家中找到了那次获奖论文的汇编，带回武汉。做中法史的青年同事杨昂看到很感兴趣，发现近 3 万字的论文被缩写成 7 千字、大量注释也被省略，直说遗憾。

张老师曾约我去他家好好谈一谈。但是还没容他来得及安排，旋即系主任的头衔就落到他头上，一下子就忙得不可开交了。从那以后直到 1986 年夏天任期结束，我再没见到他回复就任之前那样一种厚积薄发势如破竹的学者状态。这期间，由于工作的关系，我也有过多次和他相处和交流的机会，最集中的一次就是 1986 年 9 月的苏州会议。张老师是总召集人和主持人。

那次是把我安排在大会第一天发言，我没掌握好时间，只说了一半的内容，25 分钟时限就到了。我觉得是个失误，事后很想找机会补正，就向张老师提出能否安排我再发一次言。张老师沉吟半晌后说：还是不说为好，因为大家对你那天的发言印象深刻，反响很好，万一再发言时掌握得不理想，就怕把原来的好效果冲淡了。听了老师这番话，我才体察到自己的想法还是单纯了些。这样的会议其实是有多项意义和功能的，既是各校学者之间的一次全方位大规模交流，也是一次实力与成果的检阅，做领导的很难不对各种因素细加把握，妥善平衡。北大法律系那次会议去了五位老师，除了已提到的我们三人，还有沈宗灵老师和另一位做部门法的中年教师，但是只安排我一个人发了言。当时和事后，我对此都有些费解。我唯一能够确定的是，这个安排是主持会议的两位张老师深思熟虑的决定。

翌年夏天张老师卸任，赵震江老师接替了法律系主任，这时张老师终于从连续几年的繁忙中解脱出来。我去他家里看望，张老师很有感慨地跟我回顾和讨论了他这一任的施政理念和经验教训，我也谈了自己的一些观察和体会。1987 年底第二次全国高校法学会议在郑州召开，张老师仍然作为总召集人和主持人参加，我也仍旧奉命一同前往。由于郑州离我十余年前当兵的地方不远，我还利用会议休息时间去原部队看望了战友，在我当年常去光顾的驻地书店买到了一本好书《砚铭》，里面收藏有历代名人和名砚的铭文，很有价值，非常适合闲来玩赏。张老师发现我从人间蒸发了大半天，很诧异，了解后才知道我以前在这里当过兵，愈发诧异。及至看见我手中的《砚铭》，展卷一读爱不释手，我就送给老师了，尽管我已在书的扉页上写了好几行字，记述买书经历。正所谓“宝剑酬壮士，红粉赠佳人”，那么，好书敬师长，想来也是自然的。

我最后一次见张国华老师，是 1989 年 6 月参加张宏生老师的告别仪式上，出国以后就再未得到张老师的消息了。好像是在 1998 年，有一次刘歌回国后打电话来谈到法律系的情况，说张国华老师去世了。2007 年五四期间回北大见老同学，我问起张国华老师的情况，知道确实已经去世多年了。后来在网上看到 77 级同学武树臣写的纪念文章，很是触发对老师的怀念。回想近 30 年前张国华老师做北大法律系主任之时，确乎是有气象有声色也有个性的，以我当时所引朱执信诗句来说，也确乎是奏响了音波泛澜的变徵之歌，尤其在对外交流方面。可惜树臣的文章我只看到上半部分，我想应该不是树臣没有写完，而是我没能找到下半部分吧。

四、精神的魅力

按籍贯来说，王哲老师是我的老乡，河北保定人。他 1932 年出生，是抗战时期的“红小鬼”，在晋察冀边区当过儿童团长。50 年代中后期被选派到莫斯科大学法律系学习五年，回来后一直在北大法律系教西方法律思想史。文革后从 1979 年到 1981 年期间又被选派到南斯拉夫的贝尔格莱德大学进修。

我是准备考研时认识的王老师，忘记是经过谁介绍的了，那时他刚从南斯拉夫回来不久。不知什么原因，多年来我很少遇到操家乡口音的师长和领导，所以碰见这样的机会就很欣喜。不过说起来，第一次这样的机会却是令我根本无法欣喜的。那是 1976 年 10 月，当时我在上海出差。粉碎“四人帮”以后，以上海高校学生为首的各界群众在人民广场召开揭批“四人帮”及其上海余党的大会，我正好赶上参加了。会上，“四人帮”在上海所倚重的老干部、原市委书记马天水操着浓重乡音沉重检讨，让我印象深刻。后来听说他精神失常了，晚年境遇凄惨之极。

说来也巧，我的岳母是我遇到的第二位说家乡话的长辈。王哲老师则是第三位了。我猜测王老师自己大概也和我有同感，所以当他听说和我同乡之后，马上就对我亲切视之，心理距离瞬间缩小。王老师听说我要考的专业和导师以后，甚表支持，说应该不会有什么问题，问我见过两位导师没有。我说虽然登门求见过，但是都没感觉到热情欢迎的态度。他说与张宏生老师是莫斯科大学的校友，现在虽不在一个教研室，但他愿意去如实转达我的情况。

在北大读研究生及留校教书那几年，我和王哲老师有过多次交流的机会，往事历历在目。王老师对我很信任，也很照顾，似乎还很留意观察，有时甚至到我在25楼的宿舍登门来找。记得80年代中后期，在王哲老师的联络和主持下，北大法律系与国家武警总队政治部合作共建一个函授培训项目，全国各省的青年武警干部经报考和选拔参加法律专科学习，由北大老师负责授课和指导，每个寒假都要派出老师到各省区武警总队担任辅导和监考。我听说这个项目是王老师与武警总部群工处负责人，文革初期大名鼎鼎的谭立夫合作办成的，谭本人也参加了学习，于1989年7月函授毕业。我当时还很有些暗自惊叹王老师神通广大，不过也有点纳闷：按说王老师比谭立夫年长十来岁，也不是一个学校的，不大可能在文革初期相互认识，可谭后来不是很快就销声匿迹了么。

不过纳闷归纳闷，我对这项外派任务很感兴趣。除了1986年寒假用来赶工翻译戈尔丁的《法律哲学》、1988年寒假需要留校筹备和召开全国第一次法经济学研讨会以外，我在1987年和1989年的两个寒假都争取到了监考机会。王老师听说我想去，起初还不相信，说你那样忙还做这个干什么？我不但向他保证完成好任务，而且说我可能是更合适的人选。他问何以见得？我说因为我当过兵，熟悉部队的环境和军人的思想行为方式，可以更有效率地沟通。这个特殊而有说服力的理由确实打动了王老师，于是他问我想去哪里。其实当时我最想去的是拉萨，可是项目没有做到那里，我便提出也是从未去过的昆明和南宁。

这样我就在那两个寒假中分别去了云南和广西，工作之余，也填补了阅历上的空白。而且，我对王老师陈述的理由也确实应验不爽。两地的武警干部见到我以后，的确觉得既亲切又新鲜，辅导课后主动跑到我的住所聊天，考完以后纷纷邀请我到他们所在的边防去看看。1987 年去云南那次因时局变动紧张，我需要很快回北京，就没有去边防，事后甚为可惜。1989 年去广西那次就先后走访了北海的海警支队和防城的边防支队，在北海甚至晚上睡在巡逻艇中，在防城还下了中越边境的北仑河。我不妨在这里摘录当时在两地的几首旧作，以感念曾予我厚爱的王哲老师：

有彼佳人，西南独坐，顾盼依依。对孤帆如月，湖山可卜；群鸥似雪，物我堪齐。刻勒苍崖，联悬白壁，绿柳红茶映浅堤。听一曲，转太华山侧，芳草萋萋。

谭侯何处灵犀？竟如此沧桑造也奇。恨掌上明珠，无端半损；心头隐痛，谁复良医。风雨能喑，歌吟当哭，朝士荒夫人共讥。百年矣，犹热争体用，细辨华夷。

——《沁园春 游滇池》

博士一老兵，监考自南行。钦州逢佳宴，军中感盛情。

学生争邀访，太保旅不停。日行八百里，北海复东兴。
解甲积年久，快慰宿兵营。兵营何亲切，此身再年轻。
沉沉军港夜，舷窗看远星。大风中宵起，小艇变摇萍。
抽身登岸去，主人魂魄惊。擂门响若鼓，灯掌意方平。
海鲜泻我腹，海浪扰我宁。廉颇能饭否，夸勇未副名。

——《北海夜宿即事》

清清北仑河，边树映婆娑。断桥残足臂，斜晖轻抚摸。
芒街深草木，垣壁绕藤萝。岸边君仄耳，能辨旧时歌。
东兴开晚市，贾客踵肩摩。越人结如缕，来复涉清波。
面犹烟火色，负重走行驮。不语颜戚戚，惊弓目频挪。
穷兵国如洗，民生债欠多。战患伤百姓，睦邻望几何。

——《北仑河》

因为不在一个教研室，我和王哲老师碰面的机会虽然多，却少有机会坐下来深入交谈。但是无论在什么场合，只要见到王老师，哪怕是彼此匆匆打个招呼，我都能感觉到来自他眼中似有特殊意义的善意关切。这总能给我一种内心安定的感觉。可是这一安定感觉后来还是被王老师自己打破了。那是在1988 年的5 月。北大时逢校庆90 周年，学校出版社编印了纪念文集《精神的魅力》一书，数十位作者中以中文系校友居多。法律系也要举办隆重庆典，遍邀数十届校友回母校团聚。系领导决定让我代表教职员工在大会发言。我很为难，再三申明我不宜、也不想老承担这样的角色。领导们表示理解说，他们也知道这样对我会有麻烦，可是兹事体大，反复权衡之后还是需要我做出“牺牲”。我无奈只好从命。

记得大会上代表校友发言的是当时最高法院的任建新院长，代表学生发言的是一位本科生。庆典结束后，到会的研究生们格外激动地告诉我，我的发言让他们在会场上坐不住，每句话都在点燃他们心中的激情，直想从座位上蹦起来。去食堂的路上碰到一群年长校友，他们拿着在校园刚买的《精神的魅力》一书，围住我索要发言稿说：你的发言太好了，全都说到我们心里，真应该收入这本纪念文集中。中午吃饭时，法律系包下了整座学二食堂大宴校友，席开近百桌，气氛热烈而深情。席间从最年长的校友开始，一届一届地走遍各桌相互敬酒。

我们 78 级的留校同学排序接近末尾，所以耐心等候着轮次。中间轮到王哲老师这一届时，就有情况发生了。王老师和一群同届校友端着酒杯走过来，由王老师代表对我说：“海滨啊，以后就看你的了。”这话吓了我一跳，赶紧佯装没听见，把话岔开去，没想到王老师不依不饶再次开口，却抛出一句分量更重的话，这下我就无法再敷衍了，只好很诚恳地回答说：“王老师，您这些话我可实在承受不起，如果您不想让我离开这里的话，就请您千万体谅我，再不要说这样的话了。”王老师笑而不言看着我，过了一会儿才举杯离去。

1989年夏天我出国以后，就再没有见过王哲老师了。十几年后应聘到华科，同事中有一位王老师后来带的博士生郭义贵，但初时我并不知道。彼此熟悉起来以后，有一次聊天时，义贵说王哲老师是他在北大读博士时的导师。这句话拨动了我沉寂已久的心弦。我忙问王老师的情况怎样、身体还好么？义贵回答说老师已经在2007年底患癌症故去了。我听了心里一沉，好生失悔。按说我回国后还是来得及去北京看望王老师的，只是当时离开北大年月久了，这么多年风流云散之后，与师长们无从联系，以致错过了这个最后的机会。真是对不起，王老师，让您失望了，请您原谅。

五、人间忧乐此心同

孙孝堃老师教我们78级的外国法制史这门课。时间过去了30多年，回忆起来实在是很困难。这困难的原因来自两方面。一方面，与其他老师比起来，孙老师的情况有些特殊。按年龄和资历来说，孙老师属于较年长一辈，他1925年出生，我印象里他是江苏人，身材略高也比较单薄，脸型消瘦，身体情况应该不算很好，说话语调轻缓，不紧不慢，人也很平和，一点都不介意师道尊严。总之孙老师有意做一个平淡的人，我理解这也是他的人生境界。当时隐约听说过一些孙老师的背景和经历，好像是挺坎坷的，可是我现在怎么也想不起来了。另一方面，孙老师给我们上课的时间点也赶得不好，是我们大三上学期，也就是 1980 年的秋冬季节。须知那可是北大这些年来最不寻常的多事之秋。

我指的是发生在那一段时间的著名的竞选运动。当时北京市各区县进行人民代表的直接选举，北大学生（包括当时为数不多的研究生）中冒出了多位竞选人，各自都组建了竞选班子，发布了竞选宣言，提出了不同的政治、经济、社会主张。一时间，以著名的三角地宣传栏为中心，周围的宿舍楼、食堂、商店邮局，以致燕南园的围墙上，全都铺天盖地贴满了大字报形式的竞选文宣，而且覆盖频率颇高。那几个月里，竞选活动成为学生们（我想其实也应该包括老师们）心目中最重要也最花精力去参与和关注的事情。尤其是文革时年龄尚小缺乏亲身体验的年轻同学们，受到的冲击之大可想而知。在这样的背景下，那一学期的各门课，包括孙老师讲的外法史，都受到很大影响，因为人的注意力也是一种稀缺资源。

不过有趣的是，我记忆中的孙老师偏偏就出现在这个不同寻常的背景里。有两件事。一个是关于民意调查填表。竞选中有多家学生媒体不断发放各种调查表，所列事项既多且杂，同学们倒基本上不嫌麻烦，来者不拒，认真填写。我理解大家这种态度的原因，一是觉得新鲜，难得遇到这样的经历；二是知道竞选时间本身有限，而且一直有风险和压力，或许哪一天就难免夭折，昙花一现倍觉珍惜。有一次我在外法史课间休息时埋头填表，孙老师看到后就走了过来，饶有兴味地驻足观察。

那是一张很有意思的调查表，看来是将被用作选民背景分析的，里面居然有两栏是“你最欣赏什么样的女性/男性”，被调查者往往会在这里卡壳，想半天。我倒是未曾多想，提笔在女性一栏写下“有稳定的心理平衡和充分的理解力”，这是伏尼契在《牛虻》里形容亚瑟女友琼玛的一句话，我青少年读时就印象深刻。一些同学看到我这样写，都说费解，孙老师则旁听议论，微笑不言。后来他很关心地问过我上大学以前的经历，还问我是否就以这样的观念找对象，等等。那时我正在打报告办结婚手续，事后还给孙老师送了喜糖。

我不知道是不是可以把另一件事说出来，怕有伤大雅。我记得到年底时，北大的竞选已临近投票关头，竞选文宣更是如火如荼遍布校园，尤其是作为信息集散地的三角地及其周边墙面。在出自各系的20余位竞选人中绝大部分是男生，女生只有寥寥几个。经过政治市场的选择淘汰，有可能进入第二轮的强有力者也已经呼之欲出。就是在这样的态势下，一个周日下午我从家里回到学校，站在三角地看文宣。竞选活动中，自发出现了不少类似媒体的学生报道团体，其中最有影响力的是中文系的《竞选短播》，我看到的正是它刚贴出来的最新一期新闻报道。综述做得不错，分析也靠谱，可是偏偏在不该错的地方出了大错。

它的通栏大标题看似采用古典章回小说：“第一轮投票三分天下，某某女士独占鳌头”。我看了报道，明白它想告诉读者的是，能够通过第一轮投票的应该有三位竞选人，而在不多的女性竞选人中，有一位遥遥领先于同类。可是天晓得执笔者哪根筋短路了，竟然把“鳌”写错了。我正在匪夷所思，孙老师走了过来，手里还拎着装洗澡用品和换洗衣服的尼龙网袋，脸上胡子刮得青白，显然是洗澡回来途经此地。看见我，孙老师打过招呼以后问，有什么新消息吗？我就用手指着那个大标题说：“孙老师，您看看这一段怎么会错成这样。”孙老师看了一眼，显然没料到会有这样不可思议的包袱抖出来，一个忍俊不禁就要笑出声，但是马上又意识到了是在学生面前，赶紧用手捂住嘴拼命忍着，可是我分明看见老师笑得肩头都在颤动。这一幕晚上在宿舍我复述给了几位室友，大家都啧啧称奇。

沈叔平老师和孙老师是同一个教研室的，教我们西方法律思想史。时间也正好衔接，是在大三下学期，也就是1981年上半年。然而我和沈老师之间的相互熟悉，却并不是在上课那段时期，而是我第二年开始读研究生以后，也就是说我并没有好好上课，而且那门课也不考试。这个原因说出来，作为学生我还是有些惭愧，可当时也实在是没有办法。因为正好是在那一个学期哲学系的杨克明老师新开了一门课，讲马克思1844年的《哲学经济学手稿》，简称巴黎手稿。

那时还是改革开放初期，中国的思想理论界为了尝试寻找理论支撑，从 60 年代南斯拉夫实践派哲学家那里得到启发，对异化问题开始发生日益强烈的兴趣，试图从马克思早期的思想探索中发现资源。这一理论思潮在两年后达于高潮——以 1983 年 3 月马克思逝世 100 周年纪念大会上周扬所作《关于马克思主义的几个问题》为典型代表，当时引起了重大论战甚至风暴，并且影响到之后的政治与社会发展走向。不过在 1981 年的此时，它还仅在北大等少数地方酝酿发育，所谓风起于青萍之末。

不仅这门课的主题特殊敏感，讲课人也同样。杨克明老师堪称北大校史上的著名人物。他本是 50 年代来自于部队的调干生，进北大以前是带兵的指导员，由于出众的哲学禀赋和勤奋精神，毕业后留校当了老师。文革开始时，被毛泽东誉为“全国第一张马列主义大字报”，其实是出于他的手笔，于此我当时就有耳闻。当然杨老师后来也为此吃尽了苦头。我们在北大见到他时，虽然还是中年却已霜雪满头，但是才华依然掩盖不住，思维强健而清晰。一年后我读研究生时专门上了杨老师的西方哲学史一课，记得讲到康德时我每次课间都会和老师讨论，受益良多，也引起他的重视。此时《手稿》这门课偏偏与沈叔平老师的西法史撞了车，我左右权衡之后选择了前者，沈老师的课就只好下来借同学的课堂笔记来抄。不过我也不是完全没有上课，所以沈老师多少还是认识我的。

1982年我读研究生的时候，宿舍楼正好离沈老师的住所不远，就在南校门附近的路两边。忘了是怎样的机缘，一来二去我成了沈老师家中的常客，甚至在某种意义上还有了忘年交的意涵。沈老师经常毫无挂碍地与我讨论各种问题，甚至有时候还互相争论。有一次他偶然得知我有写旧体诗词的爱好，就很期待地让我把诗稿拿给他看。我当然愿意，于是从家里找出从1969年下乡开始到当时十多年累积的百余首旧作，一并交给他。沈老师一首一首地认真看着，还随时发表评论。有时候我们因不同的感受和理解以及人生经验而难免出现争论，但是多数时候我乐于接受老师的意见。

至今我仍然记得的一例，便是记述1976年10月粉碎“四人帮”的一首律诗。当时我就在上海亲临那个期盼了好久的历史剧场，也写了好几首《上海纪事》表达我的淋漓畅快之情，有一首原文是这样的：

“大槐安国梦成空，错把南柯作玉宫。
沧海横流知本色，火山突爆见真容。
万家起舞欢无尽，数丑跳梁命有终。
上海军民皆左袒，人间忧乐此心同。”

沈老师吟读之后，建议我把“命有终”改为“恶有终”。我略一沉吟，当即欣然接受，认为这不但与“欢无尽”对仗更加工稳，而且强化了审判立场。沈老师还把我的这些作品寄给他在上海出版界工作的弟弟看过，征询结集出版的可能。他弟弟的名字是沈季平。我因而猜测，沈老师应该还有两个哥哥分别叫伯平和仲平。我没有就此具体问过沈老师，但是我后来好想隐约听说，他们确实是有弟兄四人。

沈老师是广东人，比我的导师沈宗灵先生稍长一点，1922 年出生，在我出国前两年就退休了，所以才那么欢迎我常去打扰。1990 年我到耶鲁读书时，突然接到一个电话，是那时已在耶鲁读艺术史博士的北大国政系 78 级同学白谦慎打来的。寒暄过后谦慎问我沈老师还好吗？我正纳闷他怎么会认识沈宗灵老师，谦慎却提示说，你怎么忘了，我们在沈叔平老师家里见过几次面的。我这才恍然。这么多年来，谦慎夫妇一直是我们在美国的好朋友。他乡得遇故知，这还真要感谢沈老师。

前不久，华科法学院有学生办读书会时选择读边沁的《政府片论》，可是他们在网上怎样也查不到译者沈叔平先生的相关资料，来问我。我说这你们可问着了，我不妨给你们好好讲一讲。从未名湖边到喻家山下，30 多年过去了，沈老师若泉下有知这些发生在我和新一代学生们之间与他相关的故事，是否会有火尽薪传的快慰呢？想必是吧。

六、山松非比闲花草

尽管李志敏老师没有给我们 78 级上过课，我却绝对不能忘记提到他，因为李老师在我读书期间和我有着难得的师生之谊。李老师是河南南阳人，和孙孝堃老师一样是 1925 年出生。大概由于长期伏案的缘故，李老师背显微驼，慈眉善目，一口河南乡音，声气和缓，对学生温厚如春风，口碑自然很好。他一直在北大教民法，有时也教婚姻法。

我和李老师多少是有些缘分的。这不仅是因为我们有共同的爱好——李老师还是著名的书法家，他的枯笔书法别具一格，对古典诗词也浸淫很深；此外还有另一重错过了的因缘：我本科时学得最有兴趣的专业是民法，考研时本来也唯想选报民法，可那时北大民法教研室偏偏还不能招研究生，据说这原因是本来唯一有此资格的芮沐先生转到国际经济法专业去了，其他老师的硕导资格一时又未及审批下来。我无意离开北大，于是才不选专业而选导师，考了沈宗灵老师的研究生。

所以如此看来，沈老师逢人即说的“何必/莫学法理”那句著名告诫，对我来讲简直就是一个罗素说过的理发师悖论：我既然读了法理，就证明我没有听从导师的劝告；可是我内心根本就没打算学法理，那岂不说明我其实听从了他的劝告。说来说去这个悖论是沈老师自己构制的，而选择发出这样告诫的人作导师，学生怎么做都为难。当然我不是说沈老师故意为难学生，因为那个悖论其实是他自己的人生悖论，是政治与学术的悖论。不管怎么说，反正如果那一年北大招民法研究生的话，我肯定就会成为李老师真正的学生，因为那时民法教研室的老师们都是集体带学生，一众门徒坐收转益多师之功效。

最初认识李老师的具体情节我记不清楚了，但是时间点却不容易忘：那也是在 1980 年底、1981 年初。在那前一年，我们了解到教育部对 77、78 级大学生在校期间允否结婚的问题作了特别规定：28 周岁以上只要提出即准予结婚，26 周岁以上提出后应酌情考虑。那一年我和黄建初同学都是 27 岁，就一起提出申请，并得到了校系批准，在 1980 年底领了结婚证，寒假返校后又一起在同学中发放了喜糖。李老师得知消息后，还专门给我赠送了他的墨宝，是抄录了我的一首《华山杂咏》五言绝句：

“华山多古松，久当八面风。
非比闲花草，一岁一枯荣。”

记得李老师特意告诉我，这是他从我百余首诗作中挑出他最喜欢的一首。我当时确实有点意外，揣想他为什么偏爱那首诗，而且即便在 15 首《华山杂咏》中它看似也平淡和一般。后来接触多了才明白，那首诗语言平朴有寓意，和李老师的个人风格颇相通。现在想来，既然那时李老师就读过我的全部诗词作品，想必我们的过从应该更早一些。我模糊记得，是我的本科同学段燕芳介绍我认识的李老师，因为燕芳担任过系团总支副书记，认识的人比较多。然而上个月我们78级同学回校纪念毕业30周年，我向燕芳求证，她却矢口否认了，令我颇有些茫然。

到了1983年9月，民法教研室终于招收了第一届硕士研究生，好像是六个人，都是北大79级的本科生。开学不久，李老师就到25楼的宿舍找我，邀请我给他们的研究生讲一讲学习方法。我诚惶诚恐，说我真没有什么经验可以讲的。李老师笑呵呵地说："海滨，你就不要推脱了，我是做了调查才来找你的。"我只好依照李老师说的时间地点，在一次晚饭后来到83级研究生的男生宿舍。李老师已经把六个研究生都召集在一起，先讲了一番话，然后让我说。我现在也想不起当时都说了些什么，只记得在六人中我当时唯一熟悉的骆美化是季卫东的女朋友，因为我和卫东是在两年以前认识的，一直保持交往。记忆里印象最深刻的是，那晚始终有一张很年轻的热情开朗的笑脸，对我诚恳地表示友善和鼓励，让我很感动。老师介绍后我知道他叫李仁玉，安徽太湖人，从此我和仁玉也就成了好朋友。

李老师是1994年去世的，那时我已在美国。直到1999年，仁玉到康州的Quinnipiac大学做访问学者时来我家作客，我才获悉，心里感慨，都说仁者寿，可是我们的李老师才交古稀之年。2006年底我回国工作以后，次年10月到南昌参加外法史年会，意外见到了师母孟昭荣老师。孟老师原是北大国政系的教授，虽已退休多年，但是每次外法史的会议都来参加，那一年孟老师差不多 80 岁了，走路都有些颤颤巍巍，头脑似乎也不是很清楚了。见到师母我很激动，对李老师的怀念油然而生，向师母了解老师那几年的情况。我问师母是否还记得当年我冒雪去他们在蔚秀园的家中拜访的情景，师母很抱歉地摇摇头说，已经记不得了。

给我们上过课的北大老师中，已离世的还有饶鑫贤、王德意、陈立新三位教授，分别教的是中国法律思想史、婚姻法、国际私法。三位老师都是很有学识和风范的学者，我现在还能在心里还原老师们认真敬业授课的当时风貌，可是毕竟时光迁延已久，加上当初上课时未能与老师们多有交流，所以一时想不起可以写出来的具体情节。不过我想，如果有机会再和老同学相聚一堂，大家互相激发提醒之下，就很有可能想起各种事情，在这里就只好暂付阙如了。

我现在竭力能想起来的，是与王德意老师的几次过从。一次是 1978 年刚入学不久，我和邵景春被通知参加外宾会见，去了系办公室，一位浙江口音的中年女老师笑容满面地正等着我们，就是王老师。来客是一位日本学者，我忘记名字了。因为我们刚进北大还没怎么学法律，会谈自然是在王老师和日本客人之间进行的，但是我从中受教很多，埋头不停地做笔记，诸如重刑轻民、重实体轻程序、德主刑辅、礼法兼用以及各大法系等许多基本概念，就是在此启蒙的。

王老师是一个待人热情开朗、行事积极主动的人。如果我没记错的话，王老师是77级的班主任。说起来，北大法律系做事还真有不拘一格的传统，且说文革后几届班主任的人选，试问谁能看出其中一以贯之的决策逻辑：77级班主任是总支副书记王德意，78级班主任是争取入党数十年却因家庭出身而备受考验的无党派人士吴撷英，79级班主任竟非老师而是出类拔萃的77级学生李克强，80级班主任则是当时的青年教师罗玉中。我们读本科那几年，吴老师一直在积极争取入党，而且我好像记得他的入党介绍人就是我们班的支部书记高志新，有一次我们回宿舍还碰上吴老师在向老高（他当然称作小高）汇报思想。77级不仅比我们78级要多20人，在校期间也比我们活跃和引人注目，我不知道这在多大程度上与王老师的班主任工作及其个人风格有关，但可以肯定两者是正相关的。以我在毕业后的几次同学聚会上听到的故事来说，王老师确实和77级同学关系密切，甚至多有深入参与。

大概是我读研究生一年以后，王老师调任全国妇联书记处书记，在学校就基本上见不到了。不过由于她和刘升平老师是夫妇，一次来法理教研室找刘老师，我们难得地见面聊了半天。我祝贺王老师，还笑说李克强刚任团中央书记处书记，你看我们法律系人才济济，一下子出了两个书记，工青妇三个人民团体就差全国总工会了。王老师谦虚说她起不了什么作用，克强才是大有前途，值得期待。因为是随意聊天，我当时还未联想到王老师曾是克强的班主任。现在想来，能够教出这样的学生，王老师该是何等欣慰。

就在前不久，我们78级同学回北大参加毕业30年纪念活动，我向李凌燕询问王老师的情况，因为大家都知道是王老师当年为凌燕做的红娘。凌燕告诉我王老师已经在2009年去世了，还说王老师由于离开北大去妇联时未能办妥各方面手续，致使与北大和妇联两方面都有些脱节，晚景不甚安好，告别的场面也令人多感凄凉。

七、落日照桑榆

接下来我要说的是吉林大学已故的张光博老师。光博老师在80年代后期担任吉大法学院院长，我从1986年起到89年出国之前有过多次机会与光博老师相处。光博老师是吉林人，1929年出生，既有着东北人直爽而诚恳的典型性格特质，也非常具有鲜明个性。如果按出生地主义来说，其实我也算是东北人。我出生在辽宁，初中毕业后又在黑龙江下乡，对东北的一切都感到熟悉和亲切，所以在认识吉大老师以后就容易交流。就专业来说光博老师是中国宪法，与法理学关系密切。记得我在本科时候就读过光博老师的一本关于权利概念的书，篇幅虽然不大但是立论和分析都很有个性，这在80

年代初一切都还处于恢复和草创阶段的中国法学理论中是非常少见的，因此也被我选为报考研究生时候的重点阅读书目。

我和光博老师最初见面是在1986年秋天苏州大学召开的全国高校第一次法学会议上。会议是作为国家“七五”社会科学研究计划中法学类第一项目，由北大会同人大、武大、吉大四校法律系共同召集，四位系主任（武大是韩德培先生作代表，我记不清他当时是否还担任系主任）和北大的张宏生老师组成五人领导小组，我担任秘书协助张老师负责会务工作。吉大有一位重要代表就是张光博老师。光博老师那一年57岁，虽然被文革耽误了最好的学术年华，但是仍然有重要成果发表，所以我当然不能说他是大器晚成。不过如果我说光博老师在苏州会议上成了大放异彩的明星，尤其在中年学者中拥有不少粉丝，那倒是一点不假。

光博老师在大会发言和小组讨论中，思维敏捷，言辞犀利，观点鲜明，逻辑清晰，看得出曾经接受过很扎实的学术和思维训练，尤其是对经典马克思主义理论方法的掌握得心应手，分析问题游刃有余。我记得张老师有一句东北话的口头禅“那没个好”，每当他展开分析，在论及事情的另一面结果时都会以此作总结。在那次会议上光博老师是给我留下深刻印象的学者之一，他的个人风格与韩德培老先生正好反差强烈。记得一次在领导小组的会议中，我关于从方法论角度透视会议展示的各家理论观点的说法，引起了韩先生的注意，几天来一直默然缄口静观会议的韩先生专门找我就此做了一番讨论。我已经记不起当时的讨论内容了，但是记忆里韩先生那种平和谦冲的学人风范令我耳目一新。

第二年暑假期间光博老师和同事到北京参加某个会议，我正好见到一面。我问吉大的朋友们，光博老师从苏州回去以后是否在吉大声誉鹊起，更受重视了？朋友们笑说确实如此，光博老师自己的状态也很好。我就是在那一次与张文显交流数年后第一次见的面，光博老师知道这件事的时候也在北京，特意给我打电话表示祝贺和勉励。又过了一年，1988年吉大法律系组建为法学院，光博老师被任命为院长，文显是副院长。那一年我在6月和12月去过吉大两次，1989年5月又去过一次，每次都见到了光博老师。

近距离观察，能感受到吉大师生们很有特色的互动文化。比如说，学生们在称呼老师的时候一般都将老师的姓氏去掉，给人以一种既平等又亲切的感觉。我很喜欢这种风格，注意到它在各高校中似乎绝无仅有。此后我在吉大以外的场合曾稍作尝试推广，却效果不佳，未受鼓励。再比如，吉大的老师们在阐述和分析问题时很喜欢用生动活泼的日常语言，尤其是农作语言，不管他们是否真有过农作经验，例如关于“劈苞米”。如果老师告诫学生写文章不需要面面俱到，他们就会说，就像劈苞米一样，你没必要先从如何下种、间苗、除草、授粉等一个个环节从头说起。这种特色文化现在也还保留着。

我在1989年出国以前还遇到一件与光博老师有关的事。一个偶然机会，我听到朋友转述光博老师说我政治上成熟的评语。我不知道他是怎样和根据什么做出的观察和判断，我甚至很意外光博老师会留意观察我。我一直费解于这句话，可是后来再无机会向他求教了。大约两年前，读到《法学评论》杂志发表的童之伟教授“变革时代中国法学圈中的悲情英雄张光博先生”一文，当时很吃惊于这样秉笔直书的个性文章能够被写出和发表，真的很感谢作者和刊物。我当年与光博老师的接触本就有限，又在这一“变革时代”做了多年的局外人，这篇文章对我很有帮助——无论是了解变革时代的“中国法学圈”，还是了解变革时代的“悲情英雄”。

最后我想我应该提到冈松庆久先生。他的身份不是老师，而是一位在日本京都的民间企业家，但是作为在80年代曾经与北大和我本人发生过重要联系的长辈，我一直对他心怀感激。冈松先生的各方面信息我不是很了解，而且这么多年过去，原有的一点了解也都淡漠了，因此写这篇怀念文字实在很作难。我印象里冈松先生比我的导师沈宗灵先生要年长，二战时被征召入伍到过中国战场。战争结束后，他回到日本，白手起家办起了企业，多年后经营有成，还向社会各界提供了不少的慈善捐助，在当地广受尊重。

1984年，卫东作为出国留学生前往日本京都大学读书，由于各方面能力出众，在留日学生中承担了很多领导组织工作，因此与日本各界人士也有较多的接触机会。大概是 1985 年较晚时候的一次聚会上，卫东有幸结识了冈松先生。冈松先生听说卫东来自北大，很高兴，交往中对卫东也深有好感和信任。卫东得知先生有意向中国教育界捐赠，就连忙做工作请他考虑北大。卫东提出来一个具体的捐赠项目：设立北京大学法社会学研究所，因为从本科时候开始卫东就有志从事这方面的研究，他认为这对于中国的法治事业有至关重要的意义。冈松先生欣然允诺，卫东很快向北大法律系和学校外事领导写信报告。教育部和北大都很重视这件事，经过反复协商，终于在 1987 年正式成立了“北京大学比较法和法社会学研究所”，由沈老师任所长，我任副所长，不占编制名额也不由国家拨款，以冈松先生所捐赠的 3 万美元做启动经费。

这个比较法所对我来说其实挺重要的，尽管那几年里我们尚未充分利用这个平台做很多事，一则是因为沈老师做事十分谨慎，二则是因为我当时承担的两个项目（法社会学和法经济学）已提供了必要的资源和平台。但是，由于法律系领导经常选派或委托我作为代表去参加各种会议、出席各种场合，其他学校的出席者都是有职务的领导，相应来说我的身份总是难免显得唐突。我多次跟系领导表示说，担心这样做不合适，对人家不尊重。可是我的反映一直无效，总是推不开这样的委派，因为系领导从各方面得到的反馈都还是挺正面的。而有了这个副所长的头衔以后，就多少免去了一些身份上的尴尬。

1987 年 9 月冈松先生应邀访华，在北京期间专程来北大访问，我负责接待与陪同。印象里，先生个子不高，有些瘦削，那一年好像也年近七旬了。先生能说一些英语，日文中也有不少汉字，所以我们能用英语口语辅助以写汉字的方式来交流，很有效，也很有意思。我已经想不起来那几天的具体事情了，唯独记忆深刻的是陪同先生去曹雪芹故居的情景。冈松先生访华之前是做过准备的，他从日本媒体上获悉，北京西郊香山附近的一处民居发现了曹雪芹的故居，就希望能亲往观瞻。我当然很高兴能陪同先生作此行。

记得我们从北大出发到香山，往返行路加上参观用了差不多一个下午。先生在曹雪芹故居里留恋往返，仔细地辨识着每一件器物和文字说明，那种认真和投入使我感慨很多。结束参观时已是夕阳西下，返回北大的路上，冈松先生的谈兴明显是几天来最高涨的。他一路上说了很多话，我听来更像是一种夫子自道似的内心表露。我有一首诗《陪冈松先生访曹雪芹故居》，记述了这个情景，特附予此，以纪念冈松先生：

“扶桑来远客，欲访雪芹居。
居在香山下，村行数里余。

室陋其书伟，观罢一唏嘘：

人生何太速，落日照桑榆。

文化能延久，相助力区区。

闻之嗟不已，归路晚风徐。”

今年2月底，我从美国回来以后，在上海拜访已在交大法学院长任上做了三年的卫东。那时我们的导师沈宗灵先生刚刚离世，我们自己也各将走向耳顺之年了。共进晚餐时，我提到冈松庆久先生，卫东说先生也已故去了。我们谈了很长时间，也谈到很多事情。相对抚今追昔，内心百感交集。卫东提起他在《财经》杂志上发了一篇系统阐述时局对策的文章“大变革下中国法治的顶层设计”，我说我回国前在网站上看到了，只是还没有来得及读。我们在交大南门的清冽月色中话别。晚风徐来，灯影离散，彼此挥手之间，30载世事人生一晃而过。

2012年5月17至20日

写于武昌喻家山不知庐

附言：

本文初稿延请华科同事饶传平读过。传平专研中国近代公法，他对文中关于朱执信最早向国人介绍马克思恩格斯这一传统说法提出辨证，并且建议我改为“早期”。不过对我当时而言，最早与早期这两种说法的意义是有明显差别的；而且传统说法的长期存在是一个事实，我却不能以现在的考订成果来表述当时的认识，所以我将传平的认真考辨附在这里，期以为拙文生色并致感谢：

“学界研究表明，在19、20世纪之交，早于1902年已有不少介绍马克思的文章和著作，比如上海人蔡尔康于1899年撰写并发表于《万国公报》的《大同学》、1900年《译书汇编》连载坂崎斌译的日本著名法学者有贺长雄（1860—1921）所著《近世政治史》、1902年湖南人赵必振翻译日本幸德秋水1901年撰写的《二十世纪之怪物帝国主义》、1902年《译书汇编》第十一期发表马君武撰写的《社会主义与进化论比较》专文，等等。”

2012年6月18日

6 Hi，Girls，Lets Go!

——为北大法律系86级2班同学20年聚会而作

它是最好的年代，它是最坏的年代；

它是智慧的纪元，它是愚昧的纪元；

它是信仰的时期，它是怀疑的时期；

它是光明的季节，它是黑暗的季节；

它是希望的春天，它是失望的冬天；

我们眼前无所不有，我们眼前一无所有；

我们都在直奔天堂，我们都在直奔地狱。

——狄更斯《双城记》

亲爱的同学们：

吴伟、刘国有和孟霆先后给我发来邮件，告诉我你们将要举办一个20年聚会，希望我也可以回去共襄盛举。很可惜我现在无法成行，只能向大家说声抱歉了。不过，牛牛明年就大学毕业了，我也会在参加他的毕业典礼之后回国，和大家见面的机会以后应该有很多。所以，来日方长。

我也有些奇怪你们选择的聚会时日。因为按照中外惯例，人们都是以毕业作为计算的起始点，可是你们却以入学时间来计算。我不妄测你们这样做的理由。不过，你们的入学对我来说的确要比毕业更为切实一些。原因很简单：当年我迎接了你们进入北大，然而四年后未能在那里送别你们。因此你们的 20 年聚会对我也是很有意义的，值得我们一起纪念。孟霆再三要求我给大家写几句话，我固然没有理由推辞，却也一时无从说起。孟霆在电话里建议说，写一些回忆和勉励。可是我觉得，你们都已年近不惑，也都已经为人父母，有了相当的人生阅历，所以，常规的祝福和勉励，对你们好像不那么需要了。那么就写一点回忆好了。20 年前的回忆或许家常琐碎，却也可以触及沉淀在岁月中的亲切和平实。

先说说当初我是怎么当上你们班主任的缘由吧。

我 1985 年研究生毕业留校教书以后，教研室主任沈宗灵老师就很认真地告诉我，按照学校规定，每个老师都必须有当班主任的经历。他让我找法律系有关方面尽快做安排。正好那一年国际法班的班主任马宏力出国，系里就安排我接替一年。国际法班不大，我到学生宿舍和他们见了面，和班干部简单开了个会，然后几乎什么都没做一年就过去了。暑假前我在校门口见到他们，居然一个名字都叫不出来，连班长的名字都记错了，让我很尴尬。学生们都知道我很忙，所以都很体谅，可是我也看得出他们眼里尽量掩饰的遗憾。就是这个刺激使我去找系有关方面，要求给我一个改进的机会，再带一个班。这样便有了我们的师生之缘。

新生入学前一天，系里召集班主任开了会，交给我 39 份档案。晚上我回到小南庄的住处，仔细阅读了每一份档案，还做了 39 页笔记。39 这个数字和我有缘。1972 年我当兵时曾去接过新兵，在我负责的那个公社要征的新兵也是 39 个，我也是一人一页笔记。我在阅读你们的档案时，最注意的是两个内容，一个是你们自己高中毕业时的自我鉴定，另外一个是高考语文试卷中的作文，因为我希望了解每一个学生的个性和思维特点。我记得，当时给我印象比较突出的是三个人的作文。初看到黄永格的作文是满分时，我还有所疑虑，心想阅卷老师是否手松了，怎么会有满分？读罢才不能不为这个 17 岁作者优秀的逻辑能力所感叹。王宏斌的作文让我开了眼，因为作者引证了多位古今中外先哲的名言，可是那些引证在我的知识里都过于可疑，心想这个年轻人怎么胆子这么大啊？查庆九的作文引起我注意的原因现在想不起来了，或许就是那样一种既诚恳又不知所云的少年情怀，触动了我。

阅读你们的档案对我真是一次非常享受的体验过程，远比当年接兵要正面得多。我去接兵的时候 19 岁，和新兵们的年龄差不多大，一起去接兵的兄弟部队首长，还开玩笑说想把我也接走呢。那时还是文革期间，农村民生凋敝，社会毫无生机，青年们都把当兵作为唯一出路，每日走访乡间，我心里是五味杂陈的。十余年过去，沧海桑田。看到档案中你们生气勃勃的展现，对比两代青春，在小南庄静静的夜里，我感触很多。学生们都出生于文革头几年，正逢动乱之秋，多数是 1967 和 1968 年，徐志水是 1966 年，管育鹰、查庆九和黄永格是 1969 年。来自全国大多数省份，可是很奇怪没有教育大省湖北和广东。有几位学生是少数民族：李春植、包桂莲、管育鹰和何瑞雪。多人当过班长。我没费什么事就记住了 39 个名字，其中两位湖南学生的名字最有文化蕴味，不枉湖南史上出了那么多书院。我后来分别问过曾鼎新和谭智崇：是谁给你取的这么好的名字？以考分而论汪剑锋最引人注目，所以我特别查看了他的各科成绩。杨东杰的字让我惊叹不已，我很难相信那种潇洒和老练出自高中生的手笔。

由于我事先做了充分的功课，所以第二天新生报到时我对每一个学生就都了如指掌，一同接新生的老师们都很吃惊，因为我看到一个名字就能说出具体背景，见到一个学生就能叫出名字。这种情况看起来以前似乎很少发生，所以老师们才会惊讶。我解释说这不难，我年轻时接过兵，练过这个本事。我记得，第一次见到刘业兵是在南校门附近，我一开口，把正在走路的业兵吓了一跳。我在楼道里把曹远军叫住时，远军也是当场惊惶失措，心想在北京没有亲戚啊。见到杨东杰一家是在宿舍里，东杰事后告诉我，正是因为我主动叫出他的名字，使他对陌生环境有了先入为主的好感。见到雷光泽时，他和父亲正在铺床，因为光泽来自绥德，我就半开玩笑地问父子俩，为什么陕北民谣说“米脂的婆姨绥德的汉”，他父亲回答说，因为那分别是貂蝉和吕布的老家。见到李存海时，我也向他问起过顺义的牛栏山和焦庄户。学生们对我的最初印象，据说是“师道尊严”。后来有不少人都告诉我，他（她）们一开始独自面对我时都紧张得直打哆嗦。印象里，王宏章和石向东比较有勇气，敢于主动出击。

王宏斌则是再次让我吃惊了。我迟迟没有见到人，却看到他留在墙上极有个性的题词，内容我忘记了，当时的反应是，尽管我非常欣赏这种敢于特立独行的人，但还是马上决定改变让他代理团支书的事先安排。之前我考虑的支书人选是三个，还有贺芳和黄永格候补。由于班长已经决定是杨东杰，支书就不宜也来自山西，所以最后是永格当了。临时班长的人选我在看档案时考虑了三个：分别是周志豪、方腾高和杨东杰，打算在见面后从中确定。腾高和志豪报到得比较晚，而且在长途旅行后显得很疲劳，我判断他们都还需要一段时间才能在新环境中找到感觉，东杰的状态则更好于我从档案中获得的印象，加上他当兵的哥哥在一旁带给我的信任感，所以机会落到了东杰的头上。39 位学生中我最晚见到的是李锋，他的行李在托运中出了差错，当晚我是在临时放行李的学二食堂找到李锋，确认学生们都报到了以后才回小南庄的。

新生入校不久，我和一些校外的朋友聚会，他们好奇地问起我的学生，我举了三个对话为例。一个是和石向东，他很不解地问我："齐老师，您为什么非要当老师呢?"尽管我的职业选择曾经广受质疑，但我却怎么也想不到会有学生送给我如此勇敢的见面礼，心想好小子真有你的，嘴上却说，我如果不当老师，那谁来教你们啊？向东干脆挑明了说，我觉得您不该当老师的。我说孔夫子早就有言，得天下英才而教育之不亦乐乎，难道我不该有此一乐么？另一个是和楼戬。我看到他很紧张的样子，想帮助他放松下来，于是找话题和他聊天。我知道他家在义乌，想起那里出过三个现代文化名人陈望道、冯雪峰和吴晗，就说，你们义乌出过很有名的什么来着，还没说完楼戬就回答："我们那里出猪。"我笑说我知道你们的猪是做金华火腿的好原料，但我说的不是这个，他又赶紧补充说："我们那里的枣也不错。"我说也不是，我知道金华小枣很有名，不过我想说的不是吃的东西。楼戬后来对这件事有些耿耿于怀，认为我那样问是故意违反常规。我倒不觉得我有什么别出心裁，我觉得楼戬那样的思路只是出于他的质朴。第三个对话就是和女生了，那可是真正的非同凡响。我去女生宿舍看学生时，和陈钊的家长聊了起来，因为我暑假里在北戴河认识的一位外交部的朋友，正是陈钊家长的同事。谈话中有一个其他班的女生突然问我：“齐老师您多大了?”我说33岁，她回应道：“嗯，还可以。”我当时几乎是目瞪口呆了。我把这三个事例和朋友们分享，他们也都觉得各有妙趣，尤以后者为甚。

根据我自己当年在北大做学生时的经历，也参考了曾经当过班主任的外系朋友们的经验，从一开始，我就把确立游戏规则作为我们这个四年群体的立足点。我始终认为，作为法律系的学生，不仅应该从课堂上学习法律，也应该在日常生活中养成尊重并合理使用规则的意识和习惯。我拟定并由大家接受的基本规则其实非常简单，只有三条，也就是我所说的“约法三章”或者三条“班宪”：第一，每个学期调整1/3宿舍，有点类似美国的中期选举。目的是在保持稳定相处的同时尽可能扩大同学间的互动范围，因为毕竟宿舍是大家在校期间接触最密切的场所。第二，每年以竞选方式改选班干部，主要负责人不得连任。目的是为更多的同学提供机会资源。第三，任何有关权利、荣誉和利益的调整或分配，由全体同学依公平原则采用民主方式议决。

我想大家都会同意，这三条班宪后来大体上是成功实行了的。第一条的实行效果，证明是利大于弊。第二条也不错，就我观察所及，尤其值得欣赏的是姜国梁和仝胜利的成功竞选，我当时就称赞那是一次货真价实的民主游戏。然而我后来比较遗憾的也是第二条。1990 年欧盟扩大后，我看到轮值主席国任期只有半年，心想太短了吧，半年能干什么事？结果事实证明人家运作得很好，于是我想，如果当初我们的班宪也这样规定，那提供给同学们的轮值机会就能扩大一倍了。第三条在实践中比较复杂一点。我对自己的角色设定是，在开始的短期内是指导者和仲裁者，然后就尽量做一个旁观者。我知道，同学们遇事往往会比较在意我的想法，但又往往对我的想法做了各种错误猜测，然后自陷于既豪迈又善良的两难：既想处处表现出独立的意愿，又不忍挫伤老师的好心。其实，你们多数当时都未能体会到，最令老师开心的事情不是别的，正是看到你们乐于表达出强烈的自我意识。自从游戏规则运行以后，我从来没有事先确定过自己的想法，对每一种可能的结果都持开放态度。这一点大家当时可能不大相信，但是每届班干部应该都清楚。理由其实很简单：因为严格说来我和同学们的身份不一样，我自己并不是，也不应该是游戏的当事人。

按照我本来的想法，是打算在你们入校一个月正式选出班干部，并且确立游戏规则之后，就不再过多地投入时间精力了，毕竟我还有那么多事情忙不开。可是后来事与愿违。原因其实也很简单。世界上最美好的事情莫过于人与人的相处，美好的事情对人有着莫大的吸引力，令人欲罢不能。当然，如果搞得不好，人与人的相处也可能是世界上最乏味甚至恐怖的事情。那么，在和你们的三年相处中强烈吸引着我的，是什么样的美好呢？我想，那是两个非常宝贵的东西，一个是青春，一个是真诚。

可以说，在北大我所分享和见证了的，是你们各自人生河流中那一段最清澈也最有激情活力的部分。当然我相信，你们或许都有更为清澈的童年与青少年时代，但那时的活力和能量却不可能和大学时期相比。同理我也相信，你们在毕业以后都展现或积蓄着更大的能量和活力，可是与此同时，却也不可能继续保有那样的清澈了。所以，当 39 条清澈的河流从天南海北汇聚在未名湖一方，演奏出一章富有激情的青春交响的时候，我有幸作为和你们关系最密切的老师，虽然有时候也不可避免地承担了导演的职能，但是真正的基本角色却是最忠实和重要的观众，当然，这个观众和你们一直有着密切的互动。感谢大家，愿意把你们的青春河流中涌动着的清澈和激情，凝聚为文字的记录，这就是后来的几期班刊《冲动》。你们未必知道，就是这几册班刊，曾经强烈地打动了我的多少朋友！他们展读你们的青春，对比自己的年轻时代，不能不发出深深的感谓，他们既羡慕你们，也为自己惋叹。所以，时至今日我仍然要对你们表示祝贺，因为你们在未名湖畔的青春非常精彩、极有价值。

《冲动》所展示的，不只是你们的青春激情，也展示出年轻一代的思考水准和批判方向，这些也同样得到了我的北大内外众多朋友的高度评价。李书磊看了王宏斌的海南日记之后说，如此出色的感觉和表达，简直不能相信是法律系大二学生的作品！石泰峰看了刘国有的宁晋报告之后说，仅凭这份报告，暑假里我请他们去那里作司法助理员的成本就全部值回。同样还是国有的那篇报告，李仁玉在读后激动得连夜跑到校园来找我，非要让我马上带他去见作者，说这样的学生实在了不起，我们当年是望尘莫及啊，真是后生可畏！

当然，这些评价是在阅读之后作出的。可是，我的很多朋友和同事往往在见到你们的第一眼就被打动了，纷纷向我表示，学生们怎么如此可爱，太值得赞赏了。季卫东从日本回来见到你们是这样，王晨光副主任在宁晋见到你们之后是这样，塞德曼教授夫妇和你们接触之后也是这样，凡是有机会和你们见过面的我的朋友们，全都印象深刻。河北电视台播放了你们在宁晋实践的新闻，我的一个朋友看到后马上就告诉我了，因为他在小南庄见过孟霆。最典型的恐怕要属吴伟了。在西南政法学院的法律社会学年会上，吴伟和西南的老师同学一起做会务，没想到那简直就成了北大的一个活标本，人人赞而叹之。各校的老师有好多人对我说，以前不知道北大学生比我们的究竟好在哪里，现在看到了，明白了，也服气了，这样的学生你们是怎么培养出来的啊？

面对这些赞叹，我当时没有来得及多想和深思。因为我和你们相处既久，又时时和他们有相同的感受，所以我大概是习以为常了。而现在我写到这些，就无法不深思一下了：他们喜欢的、赞叹的，是你们的什么呢？他们一般都还没有看到《冲动》，不大可能深入了解你们的内在情感和思想，只能是被你们自然展露出来的东西所打动；他们既然感叹如此强烈，印象如此深刻，那就说明你们打动他们的东西难能可贵。这种难得的东西是什么呢？如果是气质、风貌和态度，那么是什么样的气质、风貌和态度呢？我想了一下，结论是：真诚。

无须赘言，真诚是人类最值得赞美的品质，也是人们融洽相处的唯二至道（另一至道我认为是规则）。自 80 年代以来，我们所处是价值快速相对化的时代和急剧变革的社会，在这种背景下当然真诚日渐难求。但是无论社会怎样变化不居，人性却是有常的，真诚不仅仍然值得赞美，而且也是有实际效用的。我们的温总理在国内外享有这么高的认受度，每每有助于他化解难局，真诚就是他的法宝之一。所以我觉得，如果说我的学生们在北大期间努力发展自己的同时，还成功地保持了较多的真诚等良好品质，那正是我参与做的最有价值的工作和成果。请注意我用的词是保持，而不是培养，这就是说，我认为，你们的所有良好品质是进入北大之前的习得，来自你们童年和青少年时期的家庭教育和社会训练。

当然这绝不是说，我作为老师的作用无关紧要。我知道这个作用很重要。我所做的其实就是，用我自己真诚的和倾力的投入，获得了你们真诚的认同和尊重，使你们通过我而切实地了解到，在自己理所当然地展示青春豪迈的同时，别人也是值得尊重的，而且这种尊重应该是发自内心的。三年里我们一起做的工作，抽象地说就是确立这样一种态度。所以，当我的朋友和同事们一再表示对你们的特殊赞叹时，我认为，他们是在祝贺我们的成功。

关于我作为老师对你们的影响，我知道这大概是不可避免的一个话题。我不妨举两个例子来说。一个是我和孟霆 10 年以前关于吴伟事情的讨论，那是在华盛顿，我们就这件事谈了几乎一个通宵。孟霆对我讲了同学们对此事的反应，其中杨瑛的话引起我的深思，那句话是："是不是受齐老师的影响太深了啊？"我想，女孩子的直觉想必是敏锐的，但这样说的根据是什么呢？因为从现象上说，尽管我在社会经验和神学知识上对宗教有充分的理解（我本科毕业论文的选题就是伊斯兰法），但是我从来没有接受过任何一种宗教作为信仰，也几乎从来没有和你们谈论过宗教问题。记得有一段时期我多次听倪宏伟说，由于穆铁虎的缘故，他们宿舍里经常讨论宗教话题，这引起了我的关切，于是特地找铁虎谈了一次。谈话中我发现，铁虎只是在家庭影响下对宗教生活有所观察和体验，远未达到信仰层次，我也就没有表示意见。而吴伟那时好像对宗教还是不屑一顾的，据说暑假里和方腾高游杭州时，还在灵隐寺大有过一番僧俗之辩。

尽管我对吴伟毕业后逐渐倾心向佛的缘由和过程一直大体了解，但是我同时也明确反对他绝然舍弃一切的念头，而我的反对在事实上也对他造成了阻力。其实在你们临近毕业时，我就多少有一点感受到吴伟的宗教化倾向了，尽管那时他自己还没有机会接触佛禅。在洛杉矶加州大学图书馆，我读到《人民日报海外版》一篇关于89后大学生思想状态的报道，记者引述了北大学生吴伟的一句话："太阳依旧升起！"还把它作为小标题和结束语。我看到这句大有禅机的话，就写信问孟霆，彼吴伟是否此吴伟。于是吴伟回信承认就是他，还说现在连老师们跟他打招呼都用那句话了。这样的机锋闪现，使我有所注意。只因为我自己一贯是以理论化的态度看待宗教的，对禅心顿悟式的奇迹不大相信，加上吴伟给我的多封信中都很坚定地表示准备打虎上山，立志毕业后要去新建立的省反贪局工作，一点都没有出世的气息，所以我当时不认为他真有机缘走上那条路。

吴伟自己也向我和其他人具体描述过他后来是怎样接受的佛教信仰，明确否认是受了我的影响。而且，我在接到查庆九和倪宏伟的报急信以后，立即通知了他的父母，和他们一起做了很大努力，最后总算是挽回了一半。我出国后和学生们的一百多封通信，保留了复印件的只有一封，就是1993年8月29日写给王维友的三页。那封信的主要内容，就是关于吴伟的事情，我分析了人的个体存在和类的意义之间的矛盾冲突，指出吴伟的性格气质不容许自己包纳和缓解这种冲突，一定要寻求彻底的解决之道。我并且请维友转告孟霆、庆九、桂莲等人，尽可能向吴伟建言，挽他一下。我还向无神论者塞德曼教授夫妇通报并咨询了此事，他们沉吟后说，不觉得特别吃惊，因为他们看得出来吴伟和别人不一样，对吴伟来说，终极价值和真理有着绝对的意义，他是一定要追求的。

那么，回头来看杨瑛的那句话，我对吴伟究竟有过怎样的影响呢？我觉得，这大概是一种理想主义的人生态度的影响。对于什么是理想主义，这封信恐怕来不及多讲，简单来说，就是貌似可以有效地消解个体生命有限性带来的紧张的一种理论主张或者实践态度，只有消解了紧张，才得以确立意义。当然，这种主张和态度一般来说并不能为接受者带来直接的现实利益。任何一种宗教不用说都是典型的理想主义，当然不止宗教是这样。比如，60 年代的雷锋之所以是理想主义者，最本质的一句话是“把有限的生命投入到无限的为人民服务中去”，这句话就非常有神学色彩。还有很多人的各种例子。回想我自己的北大时期，那应该是一种理想主义的生命状态。我并不曾有意识地为自己确立这样一种态度，可以说我的那种状态是被我的成长环境所塑造成的，我一直没有顾得上仔细地清理。

但是我知道那种状态是富有感染力的。当我后来清理了自己，我也就可以在别人身上感受到它。10 多年前我在耶鲁有两个台湾同学，他们现在一个在台大教书，一个成了民进党的秘书长。两个人都有这种态度，不同的是一个表现为文化使命，一个表现为政治天职。我当时就常常对他们感叹，这种东西于我已经不可复得，我很羡慕他们。同样道理，我认为吴伟的理想主义态度表现为宗教信仰。当然，吴伟之所以作出这样独特的选择，也在于他有着某种特殊的个人因缘和契机。星云法师有一个弟子依法，曾经是台大法学院的学生，她在耶鲁读书时，我特别向她推荐了吴伟。依法很是惺惺相惜，寒假从佛光山回来告诉我，星云法师知道后也很关注，希望能够有所成全，还关照加州的西来大学录取了吴伟，但是遗憾后来未能成行。记得丰子恺先生当年在上海有过一次关于佛教的讲话，说到他的老师李叔同的决绝出家，而他自己只能做居士，他大意是这样说的："好比上楼，老师的脚力好，所以走上去了，我的脚力不好，只能走到这一层。"借用子恺先生的比喻，我不妨说，是学生的脚力比我好。这显然是一个很大也很深的题目，就不在这里多谈了。

另外一个是我和东杰在纽约的讨论，时间好像是六七年前吧。东杰告诉我，有一次他和蒋洪义说起二班同学毕业后的状况，洪义问他，为什么看起来好像不如有的班那样火。东杰是这样回答的："因为咱们班的同学都太善，这是受了齐老师的影响。"如果这是事实的话，显然不能说很令人鼓舞，尽管我知道东杰那样说是没有贬义的，否则他也不可能对我当面转述。我和他做了一番讨论。我先是具体分析了一下我对同学们的各种可能影响，试图说明我一直致力于鼓励和催化每一个同学的个性。我不否认我有意识地影响过学生，其证据是我在历次主题班会上的讲话，我记得很清楚，因为每一次讲话都是有备而来的。

第一次的主题是社会责任，着眼点是群体，因为那时正好是你们入学不久赶上学潮，你们的父母都非常焦虑，而且我也不赞成对社会变革持过于激烈的立场，所以有那一番话，背景是父母所托和师长职责所系。第二次的主题是“浪漫起来”，着眼点是个体，这才是我的本意，只是因为学潮突起，才被推迟了半年说出来。我以王宏斌及其著名的班级日记作为榜样，号召大家都要在北大这个得天独厚的文化环境里尽快实现自己的精神裂变或者聚变，充分展示自己的个性和才华，折腾个不亦乐乎才好，只是我希望这种折腾以班域为限，尽量不要闹到外面去。当然，万一不慎闹到了外面，我也准备承担责任就是了。第三次以后的主题就都是围绕游戏规则了，因为我认定这应该是法律系学生的必备素质，它的着眼点是群体和个体之间的关系，也就是严复先生早先说的“群己权界”。

我对东杰说，不论你们是怎么理解的，第二次的班会主题才是我对你们影响的基调。我当时不能确定你们对我那番良苦用心听懂了多少，不过后来我发现，效果还是逐一而有特色地显现出来。比如东杰自己，我希望他也折腾一番，不是因为他的状态不好，而是因为我觉得他的班长当得太委屈自己了，他谨守着父亲“少要稳重老要狂”的教诲，拼命压抑自己几欲喷薄的能量，辛苦不堪。我对他说，少而稳重当然不错，可是机会成本也不小，你把19岁当29岁过，不觉得亏吗？东杰卸任后，把自己引爆了。比如被我早就期待找到感觉的周志豪和方腾高，是从大三开始浪漫起来的。先是腾高试图突围，而且竞选失利后并未沮丧；然后是志豪出现起飞状态，他和庆九在那个寒假被我派赴沿海各地做合同调查的各小组中，任务完成得最好、自身锻炼价值也最大，当他们向我描述怎样被迫瞒天过海“偷”印广州法院材料的惊险过程时，看到两个老实孩子兴奋得眉飞色舞的样子，我心中大喜：终于等到这一天了！再如性格内向的徐志水，他回应我的恰恰不是折腾。在我的感觉里，志水默默用自己的行为把尊师重道的传统演绎到了某种极致，变成了亲师护道，而且根本不接受我的感谢。他对信念的这种虔诚执守，本身就极具个性化。同样性格内向的汪剑锋，是认真消化了很久才作出有效回应的，却出手不凡，他约我半夜一起到未名湖滑冰、给我听诙谐流行歌曲录音等等。我后来把磁带推荐给了阎步克，他一遍遍地听着录音把歌词恭楷抄录下来，导致在北大博士生和青年教师中谬种流传。我出国后和朋友们聚会时也唱过这些歌，他们听罢都惊诧莫名，问我从哪里学的这些古怪东西，我就很得意地说，是跟我的学生学来的。而作出更长效回应的，大概是曹远军了。远军毕业后衣钵相传在南昌大学当了班主任，干得极有声色，连续立功受奖，还让我很快就收到了隔代弟子的来信。

因此可以说，我从来没有对你们做过如何向善的道德说教，相反，包桂莲的宁晋日记里还明文记录着老师这样的话：就是要你们去直面社会的黑暗和残酷的。可是东杰分辩说，毕竟身教重于言教，而且，正因为同学们知道我对社会和人性有着清醒的认识，所以我自己怎样行为就不能不对他们有着格外的影响力。我感谢他这样的说法，不过接下来我又说，人的道德训练不应该是在大学期间完成的，而是家庭和中小学教育的结果，所以你们具有善良品质不应该是我的功劳或者过错。而且，善良作为人性的一个重要部分，是一个常数，美国 60 年代的思想家小施莱辛格有一句名言：美国人既不比其他国家的人更坏，也不比那些人更好。同样道理，不应该说二班同学就比其他班的同学更善良，或者说别的班同学比我们更不善良。我忘记东杰当时是怎样回应的了，不过连我自己都感觉到，我的说法从理论上讲不难成立，可是用到这里就好像有点问题。因为，我的学生们的确比较善良，这是学生们自己和别人都有的一种实在感觉，我不能否认。

我最后对东杰是这样讲的：不管善良和真诚这样的品质

在现实中得到怎样的待遇，我都认为它们是社会之所以成为社会所必备。心理学家说，说谎是人的天性，诚实才是训练的结果。历史学家说，和平是争取到的偶然，战争才是人类历史的常态。同样道理，无论人们怎样看待和争辩人性中的善恶，所谓恶的部分恐怕还是人性中的主要方面。所以我要说，恶是不需要教育的，善才需要。而所谓善的教育，实质上就是通过规则对恶进行必要的管理和约束，社会如果忽略了这种管理和约束，那就离崩坏不远了。因此，一个老师本质上便是善的一段薪火。尽管我不敢把你们对善良的保持和我对你们的影响联系起来，但是如果你们愿意做这样的联系，那么我把它当作对我的最高褒奖，也是我作为老师的最大成功。面对当今的中国社会，狄更斯两百年前在《双城记》的卷首语非常有概括力。尽管我当年的确没有预见到今天的这种复杂，也没有向你们灌输为了达到目的可以不择手段，但是，对于前者我自认水准不够，对于后者我不后悔。至于同学们毕业后的努力和成就，我认为应该从两方面看。首先，人生的成就和成功有不同的意义，现实的功利的表现和计算只是其中之一，社会本身在多元化发展，人们的价值观念也很不同，所以不能以单一尺度去评量不同的人生和不同的努力。第二，俗话说“出水才看两腿泥”，你们毕业还不到 10 年，现在就下判断还太早，不妨再等等看，到 15 年、20 年、30 年，或许才是做判断的时候。

既然说到了信仰与善良，我想我还应该提及你们中的两个代表，16 年前当你们毕业时，我在大洋彼岸被他（她）们的来信有力地震撼过。

一个是王宏斌。他在给我的一封信中，粗勒地展望了毕业后的社会环境，然后抛出了一句金属般的宣言："我已经想好，在羊群里就吃草，在狼群里就吃人！"我既非迂夫子，又充分了解我的学生，所以我当然理解宏斌何以作如是观。如同我当初把他的非理性班级日记评价为新一代宣言一样，我也很严肃地看待他的这一句话。周末去洛杉矶西区圣道堂时，教友们照例问起北大学生们的近况，我就把宏斌这句话如实转述。刹那间，全场都不说话了。我看到，人人脸上一片肃穆，眼里先是惊愕、继而困惑、最后痛惜。我没有和他们作讨论，因为彼此心中都很沉重。我不知道教友们对中国的事情是否有足够的理解力，但是我清楚地知道，在一个失去信仰的社会里，善良到哪里去寻找依归之所呢?

另一个人是贺芳。贺芳考研的特殊经历，是别的同学告诉我的。我知道后，一方面去信慰勉她，一方面也给当时负责学生工作的校领导写了信，希望校方能够善待热血青年。在你们告别校园的时候，我收到了贺芳的回信。那封信，写得何等好啊，它在我心底掀起了多重波澜，也让我真切感到学生有以教我。我记得，我是在洛杉矶加大法学院的草坪上读的信，夏日的晚风拂面而来，吹动着手中的信纸和身旁的马尾松。我没有想到，我的这样年轻的学生，能够在命运的蛮横打击和粗暴扭曲下，以如此坚强的意志和开远的胸怀，那样坦然地面对人生刀俎和青春祭坛。这便是至善的境界，它强烈地带给了我一种以你们为骄傲的感觉。我马上联想起的是《三国演义》里的一句话——吴国太见到刘备后大喜，曰：真吾婿也！我也很想说：真吾学生也！

除了孟霆和东杰以外，我在美国还见到过何瑞雪和楼戬。瑞雪是我出国后见到的第一个学生。在 1989 年那个夏天之后，时过三年和学生在纽约相见，恍如隔世。我同时还见到了瑞雪的男友和另外两个北大女生。开车送我去那里的朋友是一位女士，我刚应邀以（假冒的）亲属身份参加了她的婚礼，她本来就是北大的崇拜者，这下更是被北大师生异国相见其乐融融的气氛完全摄住了，一再感叹“北大就是不一样啊”，以至久久不能忘怀。和楼戬见面是最晚的了，他和义乌市政府的一行人来波士顿为新建的体育场采购音响设备。他的家乡如今早已名扬四海，以至我们身在海外，每天还要被中央四台节目里的义乌广告覆盖数遍。然而可惜的是，一场突如其来的非典毁掉了女足世界杯在中国举行的机会，而开幕式本来是定在义乌的。我看到那则新闻时就感慨，这样一来，楼主任美国之行的结果岂不是打水漂了吗？

记得 1990 年早春的一个周末，我在洛杉矶的寓所连夜赶写了《枇杷与郁金香——致未名湖畔》一文，就是应筹编最后一期班刊的楼戳之邀，作为给大家的毕业致辞。宏伟写信告诉我，永格看了那篇文章以后，默然很久，交给宏斌，宏斌看后也是同样，又交给他，三个人都不说话。我后来在芝加哥见到北大的老同学黄子平，他看了以后也是沉默良久，有泪凝眶，说文中积蓄了很深很重的情感力量。我感慨，这就是北大师生的精神感应！他说可以推荐给《今天》发表，我说文中提到那么多学生的名字，我不希望万一给他们带来不便，可是如果对名字做了处理，那真实的感觉也就难免流失。他同意。后来我还收到国内一家出版社编辑的约稿信，他叫赵丁丁，从朋友处辗转看到我那篇文字，激赏之下约我写一本旅美杂感。我回信说，杂感肯定日日有之，但是我怀疑写出来你们能够发表，如果为了出版而处处剪裁感觉，那我也就不知道该怎么写了。不过，既然你们对我写给学生的这篇文字感兴趣，那么我把我和学生之间的通信整理一下寄给你们，看看是否有发表价值呢？我没想到对方认为我的这种反馈不诚恳，令他们很失望。我觉得冤枉。你们想必都理解，我的建议不可能更诚恳了。

不过好像那期《冲动》最后没有编出来，很可惜。如果同学们有意愿，我希望你们可以借这次聚会补编，那会是对你们湖畔青春的一个有意义的纪念。同时，我在这里也要向你们征集一点纪念。你们当初给我的一百多封信，我都有保存，可是我写给你们的，就只有给维友的那封偶然留了复印件，因为那是我假期在法学院值班时写的，正好方便复印。如果你们也保存了我的信，那么我希望你们在方便的时候，找出来复印给我。说到这些通信，我应该提到一个见证人，就是校友邓郎。对于我们的师生互动过程，他的见证恐怕是最完整也最权威的了。20年前，我在《圆明园丙寅中秋》一词里提到的吁嗟之客，就是他。我现在写这篇文字时，他也补充了连我自己都已忘记的某些细节。我出国后你们写给我的信件，他几乎全部与闻，因为每个周末他都要打电话问我有没有学生来信，如果有，就要求我当即读给他，那成了他的一道不可或缺的周末精神餐点。邓郎本是一个有着出众社交能力的人，对魅力极为敏感，考察对象也相当广泛，而他始终对观察我们的师生关系如此上瘾，多年乐此不疲，这难道不说明问题么？当然，邓郎也是《枇杷》一文的第一读者，而一年后我和黄子平的相关对话，他也是在场的。

我记得，在那篇致辞的开头，我回忆了大家刚入学时我们一起在圆明园度过的那个中秋，还引述了我的那首词。那么，在结束这篇致词之前，我愿意将它再作引述："中秋好，月色在谁家？妻子山中分桂影，师生湖畔共芦花。有客莫吁嗟。中秋好，把酒祝风华。今夜团圆飞孔雀，来年收获落枇杷。桃李向天涯。"一转眼，就已经是20年后的中秋了。我在那篇文字中，还称你们为"青春持有者"。一转眼，现在的你们已经和彼岸当时的我一样的年龄了。两年前的夏天我回国时，在一个朋友家和洪义见了面。谈话中看到洪义神采飞扬的样子，我突然想到当年我出国时，正好就是洪义现在这个年龄啊！可是，我竟然怀疑起我是否真有过那样年轻的时候。因为我在迈出国门时，已经很有沧桑的感觉，认为自己已经老了。那么，对这种感觉的解释，是应该引用爱因斯坦还是杜拉斯呢？

好了，已经写了不少，在结束之时，我愿意用一个故事来表达我对大家的勉励和祝福。

大概是七八年前，有一次我乘火车去华盛顿参加一个会议。车在纽约停留的时候，上来了一群老人，大概有四五个老先生和八九个老太太。他们看起来都七八十岁了，穿得很正式，每人拿着一个小旅行箱。我问了一下，原来是去华盛顿参加高中毕业60周年聚会的。其中一个老先生在招呼大家把行李安放好以后，打了一个响指大声说："Hi，girls，let's go！"此时，我看到每个老太太的脸上和眼里都荡漾出动人的青春光彩，其他几个老先生则兴奋地重复和呼应着那句召唤。此情此景让我如此地受感动。在我眼中，人生中没有比这更感人的一幕了。我不妨说，他们的高中毕业聚会，其实和你们选择的聚会很相似，因为有着一样的年龄坐标。我相信，你们也会这样继续走下去，30年、40年、50年、60年，每一次的聚会，不管有多少人参加，也都可以那样充满激情地说：

“嗨，哥们，咱们走啦!”

2006年9月30日夜写于美国康州，中秋之夜改毕

补记：

这篇致词是我在你们的师母再三敦促（因为她回国时和筹备聚会的几个同学见了面，觉得负有义务）之下，于9月30日连夜赶写发出的，她第二天对着电脑读得热泪长流。因为是仓促而作，文中只随机提到了不到一半学生的名字。你们聚会后我收到孟霆的邮件，说已经在会上给大家读过了，还建议我再次聚会的时候能够多提到一些同学的名字，他说：“我以为，每个同学都希望从您的口中或多或少地听到自己的名字。”孟霆的建议让我很感慨也很感动。我不认为我应该把遗憾留到下次的聚会，而且，下次聚会很可能我们会在一起，岂不就没有机会写了。所以，我后来又把未能提到的同学尽量都补充上，这样篇幅也就扩展了一倍有余。尽管这样，若把39个学生一一提到还是有很大的技术上的困难，我只好大体上以这次与会的同学为限了。这一点，我要向王春燕、刘于军、卢素、陆江和肖秋利等同学特别致歉，我相信你们会谅解的，在这里，我也把同样的勉励和祝福留给你们，无论你们是否——远在天涯。

7 Reunion

——写于毕业20周年

海生孤独久，夜与山鬼谈。
诗心不可道，生死不可参。
小册来一教，大钵去学三。
依依燕园柳，摇落何以堪！

——《悼海子》，作于1989年3月

晚上鹰守打来电话，说要传过来一些有关Reunion的文件，并且告诉我同学录上少了两个人，邹斌和卢秋生已经去世了。我听了心里一沉。邹斌患癌症去世我是去年夏天知道的，是陈欣回国后转告我这个消息。在那之前王绍光曾经告诉我，他们77级已有两个同学去世了。我当时还对绍光说，我们78级的同学应该都还好，没听说有什么事。前几天小魏来电话，也问到我是否知道卢秋生的情况，我说不知道，他也就没有再接着说什么，现在看来或许小魏已经知道了。我记得邹斌是1956年出生的，秋生是1957年，他们都比我小一些，但是却提前走完了人生的旅程。

物伤其类。类是关于属性的概念标识。我们这代人中最著名的一个类别，恐怕莫过于“老三届”了。它基本上覆盖了1947年到1952年出生的人，这是文革制造出来的一个特殊的社会类别。几年前，我看到了北京八中校友会制作的电视专题片《老三届》，再次感受到那种青春被无端毁灭的强烈人生酸楚。我们的群体中大部分不属于老三届，即使少数老三届同学也和我们一起在1978年重新走进了校园，使青春得到了某种补偿。台湾也有一个被称作“五年级”的社会群体，属于此类的是1960年到1969年出生的人。它好像是因为一本漫画书而得到流传和认可的，这一群体也正好是从1978年开始次第走入大学校园，用青春见证了台湾社会大蜕变过程中发生的一系列重大事件，分享着一个时代的校园印记。

我们曾经同属的类别还有一个可以用数字表示的标识：“7815”。作为同一类别的人，我们一起度过了人生最有价值也最值得怀念的一段时间。我不知道这样说现在是否会有异议，因为我们毕竟已经毕业20年了，大到国家社会小到个人生活都发生了很大的变化，或许用以评量价值的坐标系有所改变也未可知。不过我记得很清楚的是，1978年秋天入学不久，我曾经问过室友刘歌对校园生活的感受，刘歌回答说是一种有生以来从未享受过的愉快。善哉斯言。我相信他说出了所有同类那时的内心感受。20 年来，刘歌或者其他同学是否还有超过那种愉快的愉快，我不能断言，但我想这可能性应该是不大的。普希金说，那过去了的都成为珍贵的怀念。那么我们怀念的是什么呢？我不能简单地说是在未名湖边流逝的青春岁月，因为我们彼此之间的年龄相差有 10 余岁，不同的年龄阶段似乎不便都以青春来笼统表达。但是好像也找不出别的更令人满意的说法。

其实那就是岁月本身。是生命的一段过程。只是这一段过程因其本质（即完成系统的知识训练）而特别值得怀念。我参加过毕业五周年的那次聚会，是在 1987 年 5 月的紫竹院。在北京的同学差不多都到了，大王和姚红还带着女儿。大家都很愉快，但似乎也有一些淡淡的怅惘。我忘记当时和谁这样谈过了。我说，我们的愉快是因为聚会的温馨，我们互相成为岁月的模拟镜像，类的重新聚合使我们好像回到了从前。但是我们都很清楚地知道这是虚拟的，时间的不可复返使我们感到某种来自生命旅途深底的凄迷，所以又难免怅惘。这是个体和类的关系写照。我们看来都不具备伟大孤独者的气质，紫竹院也不是陈子昂曾经登过的古幽州台。我们不仅需要在日常同类中安身立命，而且还需要纪念性地回到虚拟的集体中，去重温和确证个体的存在意义。若比照海德格尔关于生存的说法，我们离存在主义者的人生境界实在遥远。当然，我们甘愿这样遥远。

我从小是过着集体生活长大的，同伴自然很多。但是由于环境经常改变，记忆就模糊了。小学六年换过四个学校，所以不可能有相处很久的同学。依照常规，中学毕业应该也是有 Reunion 意义的，然而我正好赶上文革，进中学一年半就算毕业，被匆匆赶运到北大荒去抢收泡在水里的麦田。而且中学时我也没有怎么去上学，以致老师找到家里告状，我父亲做梦也想不到逃学这两个字竟可以套在我头上，气得半天才说出一句话：你堕落了！我听了也觉得荒唐，因为这本是当时用在走资派身上的概念。下乡不到两年，其间却被违心地调动了三次，后来当兵和当工人的几年中也有过多次调动，一直没有在一个集体中稳定地持续几年。或许是以前的人生过于动荡，1978 年进了北大以后，反而 10 多年不曾离开，直到 1989 年出国。这期间，分别有七年和四年是和邹卢二人的同学机缘。时间按说不短了，可是 20 年后我仍然感觉到回忆的困难。即使这样，我还是感到纪念的必要。因为我们曾经是同类，他们的离去不能不使我们感伤。

我们班开学时有六个兵，邹斌好像是其中军装脱得最晚的一个，或者严格地说，是最后不戴领章帽徽的一个。因为班太大，60 多人分成几个组，这些组又是四年间一成不变，所以我和自己小组以外的同学接触得不多。和邹斌相对熟悉一些是在本科三年级以后了。一个偶然的接触，使我发现邹斌很有独立见解，头脑非常清晰，我把这个感觉告诉了林力和段燕方，因为她们中好像至少一人和邹斌是一个小组的。记得林力很肯定地对我说，邹斌确实是很有思想的人。后来的西方法律思想史这门课，我只要未能上课，就去借邹斌的笔记，因为我确信他有着一流的逻辑整理能力，而且字迹也相当工整。在北大读书期间，有两个人的课堂笔记给我印象最深。一个是军人邹斌，另一个是诗人海子，也就是79级的天才少年查海生。我们和79级一起上过几门课，我和海生也经常会遇到。他每次拿着一个比巴掌还小的笔记本，零星地记上几个字，吃饭的时候却捧着偌大一个茶缸。后来听79级的李仁玉同学说，王国枢老师对我考研究生未能选诉讼法专业是感到遗憾的，但是他对邹斌也很满意，评价和期待很高。

读研究生时开始和邹斌在一个宿舍，接触和了解也就多了一些，知道他是个性很强的人，而且和我一样也有失眠的问题。记得有一次我说曾在《参考消息》上读到，美国一个严重失眠患者因为窗外马路上打夯机噪音骚扰，屡次抗议无效后竟然一头扎入打夯机内寻死。别人听了都觉得是天方夜谭，邹斌却格外认真地再三告诉我说，他完全可以体会这种痛苦，这是非常可能发生的事情。不过邹斌确实身体状况不大好，免疫机能那时就好像经常有些问题。说起来，我还曾经帮过邹斌一个大忙。因为我年长一些，结婚也早两年，所以邹斌结婚后曾经多次专门找我咨询。他当时的一大困扰是妻子未能如愿怀孕。我听后做了若干建议。邹斌果然是军人本色，当即全盘照办。暑假回来不久，就告诉我妻子怀孕了，面有得色。第二年生了儿子，我们也都分享了红蛋。算起来真是弟子不必不如师，邹斌的儿子比我的儿子还大一岁呢，今年是应该考大学了。

说来惭愧，我的读书经历中最尴尬的一件荒唐事竟然也和邹斌有关。那是研究生第一学期期末的公共政治课考试。政治课学的是多年前就已读熟的《反杜林论》，考试也是开卷，按说是很容易了。一些平时没有怎么上课的同学都顺利通过，我是上了课的（因为听说老师以不讲情面著称），却居然不及格，要补考。原因就在于复习准备期间和邹斌开的一次玩笑。我们宿舍里的四个人中有两个围棋高手，李东民和孙晓宁。两人都是在北大校园里接受的围棋启蒙，棋艺却在本科期间突飞猛进，此时据说都是业余四段的水平了。一天晚上，大家在熄灯后偶然侃起了围棋。我顺口提到，我学棋是在10多年前的北大荒下乡时期，而且据说聂卫平当时就在离我们不远的山河农场，我们好像听说过有一个北京知青一天到晚不出工只打谱。他们三人都不相信，表示不能想象老齐居然也会下围棋。邹斌甚至夸口说连他都可以赢我。我当即回应说，让他9子也能赢他。邹斌觉得那才是滑天下之大稽，晓宁东民趁机起哄，撺掇我们当场较量一番。于是我们披衣而起，半夜厮杀起来。交手后我很快发现，邹斌基本上还没有入门。我兑现了9子诺言，但是却因此而惹祸上身。10年没有摸过的围棋一朝上手，竟如打开了潘多拉盒子，一发而不可收拾了。我连续和不同的人下了一个星期的棋，欲罢不能，考试那天又因睡过头迟到了一个小时，然后就得到一个补考通知。它搞得我一个寒假过得不知滋味，因为一旦领教了那位谢老师的严厉，就生怕他补考时还会拿我开刀。不过还算我运气没有坏到底，临近开学到马列教研室补考时，正好遇到本科时教我们政治经济学的钱老师，他看到我来补考大为惊诧，连连对谢老师说这可是一个好学生，这样我才过关了。

邹斌是湖北人，家在与湖南交界的松滋，地理上属于荆江和洞庭湖区的边缘。中国文化传统讲究所谓智水仁山，而荆楚文化便得益于长江和洞庭湖的水。九省通衢的地理位置和古来便利的交通水道，使得楚人见多识广，睥睨天下。岳麓书院有这样一副气魄很大的对联：惟楚有材，於斯为盛。邹斌就是一个典型的楚才子，思维敏捷清晰，行动干练务实，既十分自信又很有自知之明。我记得邹斌是在1985年毕业前办理了转业或者复员手续，然后回到家乡，好像是在湖北省政法委工作。我也曾经问过他为什么选择回去，因为我觉得他具有很好的学术素质，适合留校教书的，楚材何妨晋用呢?

我忘记邹斌当时是怎样解释的了，只是记得他说出的理由是我完全可以理解的。1998 年长江大水时，我从电视中看到过有关松滋的报道，还对家人说，我有个同学就在这里，不知现在怎样了。

秋生是广东人。因为没有读研究生，所以我对他的实际了解不如对邹斌多。但是我认识秋生却要早一些，这是因为 1978 年入校后秋生经常到我们宿舍来。那时候广东还没有开始实行特殊政策，来自广东的同学无论装束气质都和内地同学没有什么差别。印象中那时的秋生一心向学，经常拿一些学习中遇到的各种知识性难题来问我，我也尽我所能来解答。后来有同学告诉我，秋生每次在来找我之前，自己都已经查过相关资料了，因此他问我的目的其实是特意来考我。我听后诧异之余也觉得有趣，一如既往地接待他。在我印象里，好像我大体上是通过了秋生的多次问难的，只有一次让他明显感觉失望。那是关于对所谓“由是”的解释。秋生不知道怎么从图书馆里借到一本书页发黄了的 20 年代的法学参考书，读得很认真，但是作者通篇的“由是”令他感到困惑。他希望我给他一个明确而且一致的语法解释。我看了几段内容，对秋生说，那个时候文言文废弃不久，语法规范也没有形成，很多学者在著述时都有个性化随意化的语词，没有确切统一的解释，这位作者的“由是”就是一例。秋生显然对我的解释不满意，嘟囔着回去了。我估计他肯定也没有从字典上查到令人满意的解释。尽管我当时觉得秋生大可不必对“由是”那样困惑，但是他这种钻研精神的确使我印象颇深。

我也有找秋生帮忙的时候。一次周末我在家偶然听到福建电台的对台湾广播，其中播放的《半屏山》非常优美，那是我第一次听到闽南语歌曲。我找到了词谱，但是发现用普通话唱不出来歌曲的原味，回到学校后就找秋生教我用广东话来唱。秋生说广东话和闽南话可差远了，不能混为一谈，推荐我去找来自福建的王世洲和齐树结。可是我那时和大王、树结都还不熟悉，不好意思去麻烦他们，而且最重要的是，在我听来两种方言差不多。于是我坚持请他一句一句教我用广东话说歌词，然后我就这样自欺欺人地学会了这首歌。我后来对闽南话逐渐有所了解，1983 年去福建走了一圈，在厦门大学拜访了已经在那里教书的树结，出国以后还访问过台湾，自然也明白了自己当初闹了怎样的笑话。不过有时候听到闽南语歌曲，比如《爱拼才会赢》，我还是会联想起当初跟秋生学广东话的情景。

秋生后来好像也成了围棋迷，没有开始时那样用功读书了。他也曾经很淡然地对我流露过使他这样消沉的原因，我现在记不清楚了，只是觉得他当时的心理状态很可以理解。毕业后秋生去了中山大学任教。我在后来去深圳和珠海时，曾经两次路过广州，因为都有同行者，所以没有去中大拜访。但是在珠海开会时遇到中大法律系的一位老师，问起秋生的情况，得知他很勤奋。后来又好像听说他做了律师，粤港两地忙。鹰守这次在电话里也说，秋生是死于心肌梗死，应是过度劳累所致。这使我想起我自己经历过的一件事。

是在1988年夏天的一个中午，我有事路过系办公室，正好遇到大王、小邵、志攀、晓宁、李方等几个老同学都聚在那里（我现在想不起来建生和鹰守是否当时也在场了）。他们见我匆匆走过，就把我叫了过去，一起莫名其妙地教训起我来。让我没齿不忘的是大王这样一番耳提面命：“海滨你想清楚，你这样玩命的结果有什么好处？你顶多比我们早一年当副教授，这有什么了不起？你先当教授，你先死！”我当时虽然被教训得哭笑不得，但是心里的感觉蛮好。我知道这些话只能从老同学的嘴里说出来。相形之下，77级留校的徐友军同学当时正准备辞职去深圳工作，临行前也曾很关切地对我说，我的身体看来是处于一种透支状况，应该节制一些了。我当时也是非常感谢他的好意，但是这敲击的分量显然就不如同班同学的当头棒喝。如果秋生在广州也能经常有幸得到这样的棒喝，我想应该会有助于节制过劳的。

逝者如斯夫。秋生和邹斌乃与毕业20年的聚会无缘。毕业聚会在英文中的词是Reunion。这个词很好地表达了个体和类的关系。我们曾经属于一类，而后我们的类在形式上又分解了，但是作为同类的属性和经验却仍然留在我们作为个体的生命中。于是我们选择时间的周期重新归类。这种重新归类既是暂时的，在形式上也是虚拟的。但是它对于个体却有着普遍的价值，在证明着个体生命的某种存在的同时，也证明着个人与社会的某种联结。我在写这篇 Reunion 文字的时候，手头正好也在看着一个有关 Reunion 的资料。儿子的历史课规定要完成一项研究论文，他从当地历史学会的资料中，选择了一个名叫李恩富的早期留美学生作为课题。论文这会儿已经完成准备上交了，我正在查看他从耶鲁大学档案馆复印来的 1887 届毕业生的历次 Reunion 问卷。我觉得有些纳闷的是，他们的聚会与我们不同，他们以毕业 15 年、25 年、35 年和 45 年为惯例。为什么会这样安排呢？这样做有什么特殊理由吗？我猜想，可能的理由之一是，这样的安排得以使同学们大体在 40 岁、50 岁、60 岁和 70 岁这些对人的生理和心理都有重要变化意义的年龄关口之前聚会。如果我们也可以这样，那么秋生和邹斌就有机会参加 15 年的聚会了。儿子引用了耶鲁 1887 届毕业生 35 周年 Reunion 问卷中李恩富的下列回答：

“有无任何商业联系和职务？——无

与其他商行、公司或机构有无联系？——无

毕业以来有无专业和其他荣誉学位？——无

有无政治机构、活动和职位？——无

有无教会机构和职位？——无

有无慈善机构以及职位？——无

有无社团、俱乐部或兄弟会关系？——无

除此之外尚有什么需要补充？——我只有笔”

李恩富与秋生是同乡，是容闳130年前带到美国新英格兰地区留学的130多个学童之一，也是儿子所在中学最早的中国毕业生，还是第一个用英文出版著作的亚裔美国人和一个虔诚的基督徒。1881年，在他进入耶鲁大学不久，连同百余位同伴被清廷强行召回，当时只有詹天佑等二人完成了学业。李在回国三年后又设法自行返校，所以成为1887届毕业生，并且以最优生的资格发表了毕业演讲，而他的演讲主题就是猛烈抨击当时甚嚣尘上的排华运动。李恩富的一生颠沛坎坷，最后死于1938年日军轰炸广东之时，此前他在当地的一家英文报纸做编辑。儿子以很大的心力投入了对他的研究，提炼的主题也不错——就是上述问卷的最后一句回答：我只有笔。不过他误写成了45周年Reunion的问卷，这就给我造成了一场虚惊。我在周末晚上翻阅他搜集的资料时，发现45周年Reunion的资料中根本没有关键的最后一问，而其他几次Reunion的复印资料又不完整，无法佐证。于是为了尽快确证这不是儿子自己的杜撰，我把他从睡梦中叫醒，证实了的确是笔误，也确定了还要再去档案馆复查和复印完整资料，这才安下心来把我自己的这篇Reunion文章写完。

鹰守传来的资料上要求每个人写一篇纪念性短文，我的这一篇写到这里已经不算短了。我在1989年刚到美国不久曾经写过一首诗，给当时周围的一些北大校友看过，他（她）们都很喜欢也都有评论。一个计算机系的朋友打趣说，从来没有读过这样哲学化的诗，应该算是分了行的哲理散文。一个哲学系的朋友却非常严肃地说，这就是诗，因为我们阅读的时候，引起了内心的强烈波动。让我把这首诗附在这里，作为献给邹斌和秋生的祭奠吧。

炉边夜话

——别赠牧师费里　1989年12月

康德说
由于一系列的二律悖反
自在之物
乃是纯粹理性达不到的
作为实践的人
有一个领域
你只可信
不可知

尼采说

上帝死了
是我们亲手
在清晓将他杀死
难道你不曾听见
抬尸人的脚步
和掘墓的锹声么

罗素说
为什么我不是基督徒
因为我论定
在分析的时代
一切信仰都是迷狂
从而只能是
科学的天敌

马克思有言
更为雄辩
宗教是鸦片
是苦难现实的异化
是这个世界的精神
是被压迫人类所呻吐的
一声叹息

记不得莎士比亚说过什么
但有一句话
像剃刀一样锋利
爱与良善是弱者的虚构
用以震撼强者
在吃人时
留一点余地

一位
持不同政见的朋友
颈上有一天
挂上了十字
他告诉我
这是为了使仇恨有所节制
要不然
他会在疯狂中
毁掉一切
包括自己

善哉
我不想 CARE
永恒的本体
劳生有限

庄子曰
以有涯随无涯
殆矣
孔子曰
敬鬼神而远之

可是有一位朋友
却对我说
你还是
和我们不一样
你能让别人觉察出
你总在信着什么
不管你有过
什么样的经历

此话莫非是一句谶言
应验于
耶元一九八九
夏日之后
大洋彼岸
波士顿洁白的雪夜

壁炉在静静地燃烧

圣诞树挂满希望
气氛温馨
也有几丝凄迷
就是这样的炉边话别
与我的朋友
牧师费里

谈到信仰
我说
与其把它当作追求
莫如说它是
人对自己有限的个体生命
做不断的整理
用信仰的熨斗
反复熨平
生命的每一个皱褶
当然
不见得每一个人
都会感到
这种整理的必要

谈到圣经
请允许我深表歉意

我无法被它的论据说服
也无法摆脱
它诉诸心灵的引力
这也是一个二律悖反
心似乎已被耶稣叩动
思维却依然通着康德
哲学史和圣经
二者果然
必居其一

不，费里说
康德是错的
他不肯承认上帝
请翻开圣经
答案就在这里
耶稣早已言之凿凿
你必得谦恭地放弃
作为学者的智慧
才能与圣灵
打通心犀

但是，我说
学者的智慧

就是生命的蛋白
只有死
才能被迫
将它放弃

尼采疯了
罗素在瞑目时
心中充满恐惧
他说
一片黑暗
吾将焉赴

2002年3月21日晚草于鹰守电话后

4月29日夜补于美国康州新港西园寓所

附言：

这篇文章是应北大法律系1978级同学毕业20周年聚会主办者的要求而写的，当初说是聚会后将纪念文章合集在北大出版社发表，可是一直没有后话，我猜测大概是因为没有征集到足够数量的文章。我来华科以后，有一次和罗玉中老师谈话时偶然提起这件事，罗老师说他有印象，好像是在什么场合听到有人朗读过这篇关于邹斌和卢秋生的纪念文字。我于是有些欣慰。欣慰于它可能曾经溅起过老同学们的情感涟漪。那次聚会我没有参加，会后收到过姚红、陈忠林、齐树结等同学的问候邮件，很是感念，也仔细收藏了。

五年以后在武昌，我回国后在武大参加中国法理学年会时，见到了老同学朱苏人。苏人甫见面即大呼："这么多年你生不见人……"，我对曰："死不见尸。"然后二人抵掌大笑，出会场沿珞珈山路漫步长谈。我知道苏人和邹斌的友谊很深，于是向他了解邹斌同学的遗属情况，并且经苏人联系当晚就和黄经华、邹京荆母子见了面。而且通过在这次会议上认识的中山大学黄建武教授的多方帮助，半年后我也终于联系上了秋生同学的遗属，当年年底在广州与李霞同学一起和蔡晓军、卢一强母子见了面。去年我们78级同学入校30周年聚会，我极力邀请两家人与我同去参加，很遗憾因故未能成行。不过，我还是在聚会中特别向同学们报告了他们的情况，也代表大家向他们发了慰问信函。

今年恰好是邹斌去世10周年。经华有意编辑一本纪念册，已经发出了征文信息。我以此文应征。由于经华表示不会以正式出版物出书，所以同时发表在我们的《华中法律评论》上也不发生版权问题。谨以此，作邹斌同学10年祭。

2009年5月13日夜识于武昌喻家山不知庐

8 Proclaim Liberty

——为沈宗灵老师执教50周年而作

归期未有期，不见导师久。隔海问禧年，情在燕园柳。
湖畔十余秋，立雪自辛酉。传道沐春风，解惑识良莠。
授业记灯窗，去国伤八九。明月几回圆，月下双回首。
吾师喜沉潜，佳酿封坛口。坛口不轻开，开时人知否？
吾师性耿直，清廉甘自守。冷面暖心肠，忧患寻常有。
吾师重谨严，言笑称不苟。偶尔谐趣来，燕子飞窗牖。
吾师爱人才，薪火执其手。桃李下成蹊，天公多抖擞。
十五志于学，七十从心走。抱朴而守一，岁寒二三友。
师表五十经，弟子成渊薮。人格可独行，文章能不朽。
虎丘晚钟长，钱塘奔潮吼。愿与寿南山，遥迢将进酒。

《贺沈宗灵老师执教50周年》

母校的百岁华诞刚刚度过，转眼又将隔海纪念导师执教

50 周年了。50 年，即便在现代条件下也是一个足以覆盖大半人生的长久时期，一个人如此恒久地专注于一项事业，何其不容易，这纪念不用说是相当难得的。《圣经》中将 50 周年作为具有神圣意义的禧年，《旧约·利未记》中便这样引述摩西的话说："第 50 年是你们庆祝禧年的时候"，"你们要在境内吹响号角，这年成为神圣的禧年。你们要释放所有因钱债而为奴隶的；豁免一切公私债项；卖去田产的要重新得回自己的产业。"人们大多知道美国费城的独立广场上有一座著名的自由钟，其来历就与此相关。它本是 18 世纪的宾夕法尼亚总督威廉宾为授以海外殖民地 50 周年之庆典而于英国定制，1752 年运抵费城后开裂，又延聘当地匠人以原钟铜料重铸而成。自由钟上即铸有《利未记》的如下经文："PROCLAIM LIBERTY THROUGHOUT THE LAND TO ALL ITS INHABITANTS"。自由钟之名乃由此引申而来。在纪念导师执教 50 年之庆的时候，回想于燕园受教的难忘经历，我也自然联想到了自由钟，并以此引发一些有关的随想。我想说的，就最深刻的层面而言，我对沈宗灵老师学术精神的认识，应该就是他对学术自由的极有个性的追求。

此一个性不是别的，恰恰就是严格地循规蹈矩。自由、个性、规范，这些不同概念在沈老师的毕生学术追求中得到了一种富有特色的完美结合。凡了解沈老师的人都会同意，作为一个法学教育家，他堪称严守学术规范与社会规范的楷模。沈老师能够成为这样的楷模当然有其自身性格、经历与修养方面的特定背景和原因，而这些方面却是作为学生所不应妄议的。对于我，沈老师这种极有个性的言传身教是使我受益良多的一个重要存在，它使我由之而切身体会到，仅就学者的个体实践来说，学术自由是一个需要怎样的途径和努力方能实现的境界与追求。规范与自由的关系是一个很大也很难论证的法哲学题目，学术规范与学术自由的关系也可以言人人殊，这里姑且不作理论表述。然而以沈老师的学术实践而论，我们都可以作这样两方面的见证：作为在特殊的社会历史条件下从事法学教育和研究的前辈学者，沈老师一方面的确表现出比别人更严格的自律（借用哈特的说法就是对规则更自觉持有内在观点），而另一方面他与同代学者相比较也的确实现了更大程度的学术自由（以得到著述表现的成果而言）。我们多数人都承认严守规范对于学术自由的重要意义，而与沈老师的区别则在于我们没有达到他的严格程度。我们今天纪念沈老师执教 50 周年，其意义之一或许就在于我们希望以他为楷模，尽可能像他那样严肃地对待教育、学术和人生。

初识沈老师是将近 20 年前的事了。记得是在刚上大学二年级的时候，有一次法律系开会，由两位教授分别向教师和 77、78 两级学生作参加国际学术会议的报告，一位是王铁崖先生，另一位就是沈老师。沈老师介绍的是他代表中国法学界首次参加国际法律哲学和社会哲学大会的情况，他当时给我留下的印象，除了听来浓重的浙江口音以外，是在看似严肃的外表下偶尔流露出平易的幽默感。例如沈老师故意提及，他因故迟到，而到会以后才得知大会主席是一位女士，因而对发言前的致辞称谓甚感踌躇，临时翻检字典也未及找到合适选择，最后却在登台那一刻随机应变搪塞过去了。会后同学间有一种传言，说这次大会的中国名额本来是给中国社会科学院法学所的，尽管该所学者对其高校同行一向持评甚严，唯对北大的沈宗灵先生颇多优礼，所以又将这一名额转让给了沈老师。任何传言大抵皆有失准确，我后来自然也一直没有就此向沈老师核实，当时姑妄听之，此时也姑妄言之罢。然而自那时以后，这位使我印象深刻且在传言中略显神秘的老师却一连几年杳如黄鹤，再也见不到面了。直到本科最后一年，我见选修课中有沈老师讲的《现代西方法律哲学》，便毛遂自荐当了这门课的课代表，才算有了多年难得的受教机会。而拜“文革”浩劫之赐，彼时我年已 28 岁，到了苏东坡的父亲开始发愤读书的年龄了。《三字经》语云：“苏老泉，二十七，始发愤，读书籍，彼既老，犹悔迟……”沈老师当可证明，我那时的确也是大有一番发愤之慨的。

选修西方法哲学课的同时也恰是准备报考研究生的时日，我于是在一次课后向沈老师小心表示了有意投师的愿望，未曾想到沈老师听罢竟报我以一种相当怀疑的目光，说他从不鼓励学生报考他的研究生，对我当然也不例外，沈老师还反问我说，听说你在本年级中是学业不错的学生，为什么不选择国际法或经济法这样实惠的热门专业？年轻人切忌心血来潮，何不为自己今后的职业生涯慎重考虑？这番表态令我既觉意外又感挫折，是我与法律系众多师长的接触经验中从未有过的特例。而本科期间我学得最有兴趣的两门课就是民法和西方法哲学，民法当年又无招生计划，我便只好硬着头皮逆颜而上了。寒假中我与石泰峰同学冒雪逐一拜访法理教研室的各位老师，面对着我们此番程门立雪的拳拳之心，沈老师却仍是一副拒人于千里之外的冷淡态度。当时心想，即使得以忝列门墙，这从师就教的日子恐怕也好过不到哪里去。有此最初经历，所以当我研究生毕业后留校任教时，每逢听到年轻的学弟们纷说沈老师极难接近而我当初却有幸得免冷遇，我就要一边解释事实并非如此，一边告诉他们：以我自己的体会，所谓亲师重道的要诀除了硬起头皮以外别无他法。

为时三年的研究生学习就是在这种顾虑之下开始的。当时沈老师是与张宏生老师名义上合带研究生，但实际上二人有所分工，张老师负责 81 级、沈老师负责 82 级，因此我与石泰峰和姬敬武便成为沈老师独自带的第一届研究生了。对我们来说，沈老师的外表依旧严峻得不可亲近，但的确不难感受到他内心中对学生的那种极端认真负责，当然这并不表明他当时对我们个人有何好感，而是沈老师一以贯之的职业态度。坦率地说，至少在研究生的第一个学期里沈老师仍然对我们抱有某种堪称冷峻的怀疑和考察态度，他显然怀疑我们自称的法理学兴趣是否真诚和强烈得足以耐得将冷板凳坐久，同时也在暗中考察我们各自的理论资质和学术准备是否足以不浪费他的栽培苦心。面对这样的导师，我们每次上课都不免诚惶诚恐。然而也正是由于“文革”经验的缘故，我们毕竟都已具有一定的人生历练和独立见解，自我意识不但不会在导师的威严面前被彻底压倒，反而时时难免出现不同个性与思想的摩擦甚至撞击。因此随着接触的增多，师生关系也逐渐得到磨合，借用社会学的说法这便是“互动”了。大概也是因为我较另两位同学略为年长些，所以我可能较早感觉到我与导师之间关系的明显变化，尽管就个人的风格气质而言，我与他的师生反差或许是最大的。

我记得这种变化的契机是来自第一学期的期末课业论文。我当时有两篇论文引起了沈老师的注意。一篇是由他指导的经典课论文，我的选题是马克思早期的法哲学思想与异化理论的关系；另一篇是张国华老师指导的思想史课论文，我的选题是民初思想家朱执信的三民主义法律观。尽管我把整个寒假都赋予了学校图书馆，开学时也只完成了两篇论文的初稿，每篇却都将近 3 万字，大大超过老师们的要求。沈老师虽不赞同我对马克思早期思想的格外重视，也不认为青年马克思不成熟的异化理论值得我如此费力钻研，但他还是被年轻人对待学术问题肯于追根究底的求索精神和不计价代的非功利态度所打动了。他从张老师那里听到对我的论文的褒奖后，也特意索来读过，我想这绝非好奇之故，而是有意对我的学术素质作一判估。事后导师很郑重地专门找我作了一次薪火之谈，他肯定我愿意下功夫钻研学问，同时又诚恳地告诫我，正因为生有涯而知无涯，所以作为学者在选择论题和分配时间方面不能没有必要的计划性和功利性。沈老师还以我本科毕业论文探讨伊斯兰法为例，指出一个人兴趣广泛求知欲强虽然好，但也要知所节制，用经济学的话说就是学术资源要讲求有效配置。若干年后我在美国读到数理学家王浩先生“探索永恒：哥德尔和爱因斯坦”一文，作者总结说哥德尔没有能像爱因斯坦那样好好计划他的一生，而后者则对什么是可行的这一点看得更清楚。我读后沉吟良久，知此生已不可再造，复又想起导师当日之语重心长。

当然，我所引起导师重视的不止于此。比较起来，沈老师不习惯也不喜欢的是我过强的形而上思辨气质。在他的指导经验中，像我这样的学生想必不会后无来者，但确有可能是前无类例。这与极具分析气质的沈老师显然很不相合，也曾经让他颇觉苦恼，不止一次地说我“脑子里思辨哲学太多”。此一特点的短长在我后来为比较法和西方法哲学这两门课写的学期论文中有鲜明对照：前者关于法系一文虽在《法学杂志》上发表，但我自觉不好，导师却相对满意；后者则评论西方二战后昙花一现的存在主义法学，发表于北大校刊后虽然受到教研室重视，沈老师却无奈地问我何以总选此类论题。尽管我与导师之间的哲学对话不太相投，然而双方还是自觉达成了某种平衡。一方面，沈老师尊重并试图积极利用我的这一学术趣味和思维特点，例如他向我建议硕士论文选题做罗尔斯的《正义论》，可惜我后来不幸陷于研究生会的泥沼而不能自拔，因时间紧迫只好在最后关头改换了选题。这是最令我日后抱憾之事，作为现代新康德主义的理论重镇，罗尔斯于我显然是本应在研究生阶段好好打磨的一块最重要的思想砺石，真是知我者导师而误我者不知谁也？另一方面，在导师的影响下我也对分析实证方法很用了一番功夫，以致在后来接任西方法哲学课时，我始终坚持把分析法学作为讲课的重点。记得大约是在研究生第一学年结束前后，沈老师特意问起我对毕业去向有无考虑，是否愿意留教研室任教？我回答说那自然是我所愿。我想这次意向探询标志着导师对我的考察告一段落了，同时也自勉面对此一信任要更加努力。

回顾我的研究生阶段，显然不能不提及对我的学业有深刻影响的一件大事情，就是我所担任的北大研究生会的工作。三年的学习时间竟有两年半捐弃给此一无底洞式的公益活动，沈老师多次提醒这对我个人的学业将造成难以挽回的损失，但我当时却是欲罢而不能，真应了那句老话“上贼船容易下贼船难”。事情的起因是入学半年后研究生会改选，我担任了第四届执委会的学习部长，之所以接受这个安排，是我预期学习部的工作应能与自己的学业有所结合，导师也认为此事利弊参半，希望我能妥善处理两者关系。然而实际做起来我才发现自己并非可以“双肩挑”的那种人，而是一个不折不扣的“single mind”。一年下来相当分散了我于本专业的努力，于是导师和我都越来越期待着任期届满之日的到来。然而恰在改选前夕，由于“妾身未明”的研究生会无意中突破了内定的活动禁区，涉嫌与外校串联，结果被公安部、教育部、北京市委和团中央联名发文厉参，同时在校内因工作范围交叉也与团委的关系空前紧张，在如此强大的压力下研究生会面临着被裁撤归并的命运。执委会遂决定推荐我参加下届改选，以求保持工作延续并化解各方压力。当时我正因病在家休息，对此决定毫无所知。待我闻讯赶回学校已是投票当晚，监选小组拒绝将我撤出候选人名单，理由是选票已经发下无法收回。但听说是21人选9，如此之高的淘汰率还是令我安心不小。未料第二天早上我从南北阁学完一套鹤翔桩归来，正觉神清气爽准备去见导师重拾学业，却被突然告知改选结果已出并得到校领导批准，由我担任第五届研究生会主席。我错愕之下多方推辞无效，不得已勉为其难，沈老师获悉此事也只好深而为之苦笑。

这一任做得我真个是四脚朝天，研究生会的体制经一番艰苦折冲固然保住并得到全国性的正式推广落实，与外校的联系交流也得以合法化并主持召开了全国研究生培养教育研讨会，然而我自己的学习和私人时间却不得不被残酷挤压，以致当我最后卸任时，距毕业关头仅余两月，论文都差点泡汤。对此沈老师虽大不满意，但一直表示尊重我自己的决定。只是在我上任不久时，有一次在南校门与导师相遇，他一见我就急切地问，以前对毕业去向的表示是否因此而有改变？若有变化请尽早告诉他，以便来得及另作安排。我仓促中无法向他解释被违心装入彀中的原委，只是连忙保证说："您放心，我是决不会在这条邪路上走下去的！"话音刚落，沈老师便畅怀大笑起来。我还从未见到导师那样由衷而欣慰的大笑，我理解，这笑声其实来自对某种价值的肯定。我想，如同犹太民族坚信自己是上帝的选民和文明的守夜人一样，像沈老师这样具有教师身份的中国知识分子也深怀着某种坚定的信仰和骄傲，对教书职业抱有一种宗教式的虔诚。当然，这信仰既是每个人不断进行自我选择和确认的结果，同时也像薪火一样需要师生之间的传递。我与导师的心正于此相通。

毕业后的暑假里，我整理了三年间在导师家里上课时所做的笔记。望着厚厚近千页用活页纸装订的笔记，心中也是感慨万端。我想，倘若当初不入歧途或及早抽身，将三年宝贵光阴都投入专业学习，于自身固益莫大焉，对导师也可减少许多愧赧之情。好在虽已毕业，仍在导师的指导下工作，耳提面命朝夕可也，正所谓东隅已失桑榆未晚。我后来也曾在与导师的谈话中有此感慨，沈老师也回顾说，他对我第一个学期的学习状态印象深刻，可以说是赞赏的，如果没有干扰坚持下来成绩必然可观。惋惜之余，沈老师亦以往者不可及来者犹可追相嘱，而这也正是我留系任教时所抱定的初衷。我所承担的课程，先后有给本科生开的《现代西方法律哲学》和给研究生开的《比较法总论》，另有给非法律系学生开的《法学概论》和给高级法官班开的《法律社会学》，前两者都是从沈老师那里所接任。后因留日的季卫东同学募得一笔基金，学校报经教委同意成立了一个不占编制和经费的比较法与法社会学研究所，我们师徒二人分任子虚乌有的正副所长，接着我又开始从沈老师读在职博士，直到 1989 年夏天出国。以此看来，在沈老师的诸多学生中，我应该说是与导师过从较多的一个了。我想这原因大约有二，一是作为沈老师独自带出的首届研究生，多承心血似情理使然，而其中我后来又留教研室工作，相处自然更多些；二是我自认属于头皮较硬一类，不会过分在意导师表面上的威严之态，这或许与我当过兵的经历多少有点关系吧。

在我看来，若要对沈老师为人治学的品性与风格作一简练概括，最恰当者莫过“严谨”二字了，这突出地表现为他的敬业和守纪精神。人们都公认沈老师是一个敬业守纪的模范，有关的故事佚闻已颇多，但作为学生我于此却不能不再述及一二。回忆我入学后的第一印象，就是导师恭楷手拟的详细培养计划和各门课的教学大纲，英文书目也是他从图书馆一一查阅后自己用打字机打印给我们的（我现在手头还保留着这样一份），面对着每次上课都全力以赴一丝不苟的导师，你若不曾认真准备的话一定会惭愧之极。说来也巧，恰在我们毕业那年沈老师当选为研究生院的模范导师，需要上报典型材料。沈老师极认真地总结了如何培养研究生的实例和经验，为慎重起见还先在教研室宣读以征求意见。我进北大前已经当过近10年的工农兵，期间也都做过机关干部并经手过许多材料，但我从未见过这样白皮书式的严谨和平实。沈老师勤勉自律和不断进取的精神也使我每受教益。记得出入导师家多见案头摊放着英语字典甚至语法书，每每令我自愧不如，明知许多一知半解就因懒于翻字典而造成，却仍养不成像导师这样的好习惯。沈老师先后两次出国访问，每次回来都告诉我他基本上是在美加各法学院图书馆度过的，抓紧一切时间翻阅各种法学期刊，追踪国外学术动态。印象最清楚的是沈老师对后一次的观感，说近些年批判法学在西方法律院校标领风骚大行其道，其学术观点与马克思主义多有相通或传承，令他为之深思不已。

不难想象，在历经“文革”与改革接踵洗礼的北大校园，像沈老师这样严谨敬业守纪的模范是日渐稀少了。一方面，大家仍然肯定这是一种值得赞赏的学人传统，所以沈老师不断地当选为各种先进；另一方面，人们则又越来越自愿地远离此一传统，以致行事古板的沈老师越来越不合时宜，在特殊情境下甚至会凸显出某种荒诞意味来。1984 年北大研究生院的成立大会就是一例。院领导原安排我代表学生在会上发言，而我发现被选中作为教员代表的恰恰是我的导师，便转请研究生会的副主席马伯强代劳。大会的各项准备皆很充分，可万没想到时间恰与一场电视台临时转播且又不幸打满 5 局的美苏男排比赛撞个正着。尽管研究生院的老师和研究生会的干部倾巢而出到各宿舍楼敦请大家准时出席，然而大多数同学却仍是看罢球赛才姗姗来迟。丁石孙校长因另有会议事先致歉将晚到半小时，未料他后来竟还在主席台上干坐了两个小时才把学生们等来。这次大煞风景的成立大会固然令研究生院颜面扫地，把丁校长也气得个七窍生烟，但是我看得出，带着认真准备好的讲稿在空荡荡的大厅里静候了三个小时的沈老师，才是内心中最而为之沮丧的人，望之恍如隔世。后来沈老师同我谈起此事，表示他实在无法理解，如今的读书人怎么成了这个样子？这样下去还得了吗？幸而沈老师不曾问我若不身为研究生会主席我会怎样做，否则我真不知该如何作答。

由于严谨，沈老师平生最见不得的就是对学问的狂妄态度。什么是狂妄？用沈老师的话说那就是言过其实。记忆所及，读研究生期间的首尾两端都有被导师棒喝的教训。本科时我们对沈老师平实细致的讲课方式印象颇佳，尤其欣赏他从不硬套马克思主义理论，而是申明他相信高年级学生已具备必要的独立分析能力。没想到第一次上研究生课时，沈老师却在介绍完教学计划以后话锋一转，严厉指责起几年前77、78两级学生发动取消马列经典课程一事，讥之为狂妄典型，并质询我们对此事的态度。我对沈老师这种代人秋后算账之举大感意外，辩解说那原无可厚非，因为那些经典我们都已读过多遍，而外语水平却要从零开始，对课程作相应调整自是理所当然。沈老师听罢未予置评，只是严肃地要求我们对他指导的经典课必须认真对待。此后虽说是夹紧尾巴轻易不敢造次，然而在我行将毕业时一不留神又遇当头棒喝。我的论文选题是美国法学家德沃金的《认真看待权利》，这部盛名之作篇幅不算厚也不甚难解，我反复读过以后在一次与导师讨论时，自认理解已无懈可击，因为我相信，当时法学界除了沈老师和法学所的潘汉典先生以外不会有多少人认真读过此书。与导师眼中前次历史的集体狂妄不同，这一回可算抓住了现行的个人狂妄，当即指出我对“非暴力反抗”和“倒过来的种族歧视”两章中的几处明显误解，一番严厉批评使我没齿不忘。

然而接触久了就会发现，沈老师对学生的严格要求其实也并不是一张令人无所逃遁之网。他懂得所谓水至清则无鱼、人至察则无徒的道理，因此这严格在他是有分寸也有宽容的，只是作为学生你未必于事先把握得准。例如，沈老师瞩意我接任《现代西方法律哲学》这门课由来已久，我自然理解这于他于我皆非意义寻常之事。因此当导师安排我在毕业前一年给81级本科生讲课时，我一点都不敢掉以轻心，特地把研究生会的工作甩掉两个月，专心备课，而且每进课堂都要先定睛看看导师是否也在其中。可直到课程结束沈老师也没有出现，我的心理压力却不得不保持始终。经一事长一智，下一年在给82级学生讲课时我就放松多了，可就在我最放松的时候这柄“达摩克利斯之剑”掉了下来。那一次是讲庞德的社会法学理论，正好因家中有事未及充分备课，看到沈老师不早不晚偏偏此刻端坐在学生中，讲课的自我感觉当然说不上好，心想一定会有严重后果。却没想到，课后沈老师反倒与我轻松谈论起庞德的生平佚事来。我这才体会出导师的原则是用人不疑，而且也可以大而化之。

另一方面，沈老师的严谨风格虽然不免予人以冷峻感，但他对待学生的态度却是相当真诚而平等的。外人恐怕很难想象，外表木讷的沈老师内里是个很爱争论的人，尤其喜欢与学生们作激烈争论。记得第一次与导师发生激辩是讨论德国纳粹时期的法律是否可以作为法律看待这一问题，我们正好都与导师持相反观点，只见沈老师抖擞精神舌战群儒，不，应该说是“儒战群舌”，直争得脸红脖子粗。我曾担心这种争辩难免有冲撞师长之嫌，后来发现导师根本不以为忤，反倒习以为常。沈老师治学甚严且不善酬交，故极少当面嘉许后学，却深喜学生有所创见，一旦发现即予特别肯定。例如我开始给 81 级学生讲课时，因对凯尔森纯粹法学的理解与导师不同而向他征询意见。我认为凯尔森的两对“is”和“ought to be”公式的重要性是不一样的，不应将之简单并列，真正代表其方法论的是第二对公式，也就是说，法律在凯尔森看来说到底还是应然而非实然领域的研究对象，他其实是想把康德论证纯粹理性的方法用于应属实践理性的法律，而这却是有悖于康德哲学自身逻辑的，他在法律体系中所假设的基本规范尽管说起来玄虚，其实就是康德道德律令的逻辑翻版。沈老师在与我反复讨论之后非常强调地说，这是你的一个创见，你完全可以这样去讲。

的确，作为治学严谨而又身居学术领导地位的前辈，沈老师对后学怀有严肃的责任感和期许，欣慰于我们的每一个学术进境。他曾告诉我，每次参加法学会议都留意寻察学术新秀，有时甚至专门为此才去开会，例如 1986 年在苏州召开的全国高校法学会议。在那次会上我与季卫东合作发表了“系统方法在法学研究中的应用及其局限——兼论法学方法论问题”一文，读者一般关注的是我们对将系统论方法引入法学研究的讨论，也有一些读者注意到我们提出法学研究应区分规范方法与实证方法以及倡导法社会学的观点，只有两个人敏锐地察知文章的深层意义还在于提出“实践法学”的命题和初步论述框架。一个是法学所的梁慧星老师，他后来曾问过我是否就此展开了进一步工作；另一个就是沈老师，但我当时并不知道。两年后我开始读在职博士时，一次导师问起我有无可能将实践法学的构思写成书。我说，一种尝试性的理论探讨需要反复的知性刺激砥砺，而教学正是其最好机会，如果1985年我毕业后在讲西方法哲学的同时也讲法理学，那么几年下来可能就会磨出个东西了。我没想到这番顺便回答竟使沈老师顿足起来，连说看来这真是一大失误，当时只考虑各教研组之间的工作平衡，才让我兼讲概论，现已时过境迁后悔莫及。沈老师那种发自内心的慨叹使我极受感动，因为我意识到，导师对我的责任感和期待心比我自己犹有过之。

中国读书人传统上于师长有尊亲之别。例如钱钟书先生便自道对他的清华老师吴宓先生“尊而不亲”。或许沈老师也难免使学生作如是观，其实他内心中的人情味是相当厚重的，只是由于性格与经历的缘故，他不愿也不善表达。最了解这一点的人自然莫过沈师母了。一次我去见导师，师母趁他未归之际抓紧时间对我说，你们可千万不要误解他呀，他一辈子就是这样的人，脸上严厉，可为你们是真操心，有时候急得晚上都睡不好觉啊！诚哉斯言。就我个人来说，初入导师门下时确曾心怀忐忑，但不久这心理距离就开始逐渐拉近。1983年底我到福建探亲，旅途中读了王蒙先生的中篇小说《杂色》。作者以一匹历经坎坷的老马为象征，用意识流笔法把自己的大半生复杂感受抒发得淋漓而深沉。阅读时我总是不自觉地想起我的导师，掩卷沉思良久，回来后就向他极力推荐。沈老师不动声色地听了半天，最后表示愿意一读。我不知道他如何理解这篇作品以及我的推荐意义，但在我则是某种主动的亲师姿态，它表示我愿意并能够理解前辈师长。几年后于苏州开会时，一次在虎丘山上，沈老师突然用从未有过的感性口吻向我讲述他少小离乡求学时的感受。我既没想到沈老师内心中深藏着这样的诗意情怀，也没想到严肃多年的导师有朝一日会向学生稍启心扉。我几乎是受宠若惊，尽管一句话也没有说，此一情境却注定成为记忆中的珍贵一页了。

此外我还要说，尽管有着严肃的个性基调，作为一个善良而有智慧的长者，沈老师于幽默感是绝不缺乏的。切莫以为我们在导师家上课的气氛始终如入学时那般凝重。在逐渐熟识后，随着心理的放松，喜剧性场面也便迭而有之。须知沈老师有一大排解不开的季节性苦恼来自他的口音，每年秋冬给本科生授课时都会不招自来。有次我们去上课，正逢沈老师授课归来，一见面就意态不平地要请我们作裁判，说他在讲马里旦的新托马斯主义法学时，学生们因听不懂口音反响强烈。我们问是哪些话听不懂？沈老师举例如“人权”与“神权”。于是我们请他用自认准确的发音再说一遍，然后不得不告诉他两者正好说了个颠倒。望着沈老师气馁之余又自我解嘲的样子，我觉得这个中的人神妙处真是难与君说。西方法哲学是让一般学生望而生畏或生厌的课程，我在讲课时借用三国人物杨修的话将之喻为鸡肋，食之无味弃之可惜，沈老师闻言亦颇欣赏，谓国际法经济法乃鸡胸鸡腿是也。另还记得某次上课时，沈老师正为出国访问办手续到处碰壁而恼火，对我们认真抱怨说，这些机构其职责本是为教员工作提供方便，但只要你有事去办就一定会体会到，他们其实"旨在为你提供麻烦"。我当时被沈老师的这番幽默引得大笑不止，只是到了后来，当罗豪才老师为我安排的巴黎大学比较法博士项目被学校师资科卡住，北川善太郎教授为我联系的京都大学比较法博士项目被国家教委卡住，我才体味到这幽默也真是一种不堪承受之轻。

拉杂写了以上不少，但似乎还应就沈老师的学术思想方面谈一点我的认识。只是因出国日久，手头缺乏必要的参考材料，所依凭的便只有印象了。我想从一个作为背景的话题谈起。记得是在1988年春召开的"两会"上，人民大学的戴逸先生提出了一个著名论断，叫作"哲学的贫困、历史学的危机、经济学的混乱、法学的幼稚。"法学界为之深受刺激，在当年我参加的几次会议上这都成为热门话题。平心而论，戴先生此说虽欠严谨却有些传神，大体上也为法学者所私下接受。至于幼稚的主要表现，法理学恐怕要首当其冲，那似乎是指从总体上说学术积累和创造较少，理论思维水平较低，与实践问题对话能力较弱，学术规范尚未成型，研究方法和逻辑命题陈旧等等。之所以有此局面，社会政治方面的种种历史与现实的原因显然最为重要，对此人所共知无须赘言。当然，那本应由政治决策者所负的责任却因此一变而为要由法学家所承担的难堪声誉，这却是很不公平的。我当时有意回避与沈老师论及此一话题，因为在我的记忆中，一向内敛寡言的沈老师曾有两次表现出强烈的激愤之情：一次见诸公开场合，那是在1986年底的某次教研室会议上，沈老师在回顾“文革”浩劫时有过难以自抑的情感爆发；另一次则是在导师家里，他指着不得不束之高阁积以多年心血的大量译稿（其中就有凯尔森的《纯粹法学》）对我以身说法，那种不堪回首的痛心之态使我深感震动……似此对待法学家及其工作成果，欲求法学之成熟岂可得乎？

正是在这样一个背景下来认识，沈老师多年的艰辛工作及其对中国法学理论的独特贡献便是极为难能可贵的。他的教学和研究集中在三个方面：即当代中国法理学、现代西方法律哲学和比较法（总论）。后二者既是沈老师于“文革”后在国内高校的首创课程，其研究成果也是国内学术界的相应开山之作。他在这两个领域的开创性工作对当代中国法理学的建设具有虽然间接但却重要的意义，即在一定程度上突破了法学研究的封闭状态，为法学理论的开放提供了必要的准备。另一方面，沈老师有关中国法理学的直接理论工作主要体现为他先后主编的全国高校统编教材《法学基础理论》和《法理学》，以及国家七五科研项目《法理学研究》。以我个人的体会，沈老师对中国法学理论的最值得称道的贡献，是他有意识地将分析法学的理论方法引入当代中国的法学研究，尤其是比较成功地借鉴了以英国法学家哈特为代表的战后西方新分析法学派。我的这一说法未必会得到沈老师本人的同意，因为他可能会认为自己所借鉴的不只分析法学一家，而且其借鉴目的也是要建立具有综合特色的中国法理学，其证据之一，乃是他为研究生讲授西方法哲学时特别选用了博登海默的《法理学》作主要教材。博氏此书即以“统一或综合的法理学”自况。然而比较起来，使我印象较深的还是沈老师对新分析法学的成功借鉴，允我举例说明上述看法依据何在。

一例是关于法律本质的讨论。法学界的此一讨论始于80年代初，时有起伏，其水准自不必说。我们曾多次请导师发表意见，但他坚持要先对讨论方法作一番观察。1984年终于有次上课时沈老师拿出了文章初稿，刚念了一段我们就拍案称奇。该段大意是说，讨论问题首重语义分析，否则于事无补。例如对同一层楼，英国人会说这是第二层楼，美国人则会说那是第一层楼，两者都有根据，但争论却了无意义。我不记得这篇文章后来发表在哪里以及是否引起了注意，但我自己此后每尝加以引述，推之为法理学论述的一个虽质朴却重要的进步。另一例是关于法律功能的论述。此刻我在写这篇回忆文章时正好有一位学生从纽约打来电话，他因而特别提到，作为86级本科生虽未直接受教于沈老师，但是同学们对法理学教材中印象最深评价最好的部分，就是他所写的法律功能一章，认为既别开生面又言之有物。这番话又使我想起导师1983年写作该文时多次与我们讨论的情景。他说这次要做一个大胆尝试，借鉴新分析法学家拉兹的方法，从规范功能与社会功能两方面立论，同时也借机测试人们对理论借鉴与创新的接受效果。见素来谨慎的导师抛除顾虑敢为天下先，我们都甚感振奋，文章写出后果然不同凡响，口碑以致传到隔代弟子。我后来多次建议沈老师以此方法重写一部法理学，他也解释了当时无法这样做的理由，我虽然理解但的确为之遗憾，因为这是沈老师本可贡献于中国法理学的一个具有独特意义的重大成就。我想，沈老师之所以较多地借鉴新分析法学派有两个原因：一是它作为西方法学家在二战后反省纳粹暴行的主要理论产物，其中包涵了许多相当积极的思考成果，与中国法学家在“文革”后力求重建法律秩序的历史任务不乏某种相通；二是它以牛津语义哲学为其方法论基础，从人们的日常语言经验入手整理和分析法律问题，与重视经验分析的沈老师一拍即合。

既然谈到新分析法学派，就不能不稍微涉及同样为沈老师所考察的其他现代法学流派。沈老师坚持将本世纪各种西方法学理论划分为三类，即新自然法学、新分析法学和社会学法学，即使对相对晚近出现的批判法学、语义法学和法经济学等也分别作相应归类。或许有人认为这种划分方法已经过时，但我理解它绝非学术上的削足适履，其理论根据依然存在。因为无论自认身处现代或是后现代，法学家所面对的都是关于人类生活的秩序问题，而归纳其基本理论问题无非三类：需要一个什么样的法律秩序或者说既定的法律秩序是否符合我们的正义标准？应当如何解释、分析和操作我们已有的法律秩序？这种法律秩序是否在社会生活中实现或者说得到了怎样的实现？这些问题在逻辑上既相关联又有区隔，自然法学派、分析法学派和社会法学派就是对这三者的分别理论回答。尽管一直不乏有抱负的学者或学派试图全面回答这些问题，然而我们仍能发现，无论何种回答，其最具启发意义和理论贡献的往往集中于某一方面。这些回答作为西方法学家多年努力的思想结晶，对已确定经济市场化国策并力求全面进入当今国际生活的我们是值得认真借鉴的。20 世纪的人类生活当然发生了也正在发生着多方面的急剧变化，人类的不同群体所面临的具体法律问题也各有差别，但是法理学的基本问题至少是相通的，这不仅是因为不同群体的人于人性本身大体相同，还在于人们的生活方式和环境正前所未有地处于某种一体化过程中。哲学家怀特海曾论称本世纪是“分析的时代”，这是因为分析的精神和方法有效地消解了作为上一世纪特征的各种思想体系。不管世纪尾声中出现了怎样繁复的多重变奏，对逻辑和语言的分析仍可说是当代人类思维的稳定主题。而鉴于中国学术思想界在20世纪的特殊经验，科学分析方法的理论训练对于法学的成长恰有某种特殊价值，法理学家对此应当有所会心。

回到前面作为背景的话题。我想说，彼时的中国法学可能确不免于幼稚，但判断这所谓幼稚的方法可能也未必成熟，如果它本身即未经分析思维的酸液洗涤。法学走向成熟需要一个过程，沈老师的毕生工作既是此一过程的见证，也是在过程中发生着“催熟”影响的要素之一。相对而言，法理学有其不可克服的内在矛盾，它既包涵深厚的人文关怀又具有社会科学的面向，既须有规范研究又须有实证研究，既是理性的抽象产物又面对具体感性的个人。因此从方法论角度来说，我以为法理学或法哲学所应致力于探讨的，是体现于实践的法律秩序中的这样一些基本关系：个人与他人或群体、主体与客体、确定性与非确定性、理性与非理性、个别与一般、现象与抽象、自由与强制以及推理与仪礼等。只有通过对它们的多角度深入探讨，法理学才能不断获得对自身学术品格的确证。当然，这些探讨必然也会借鉴哲学和其他人文学科、社会科学甚至自然科学的某些方法与成果，例如不仅法社会学和法经济学理论与相应科学的渊源关系显而易见，批判法学同社会政治理论的密切关联，现实主义法学对现代物理学的热情呼应等，也无一不是明证，而各派法学理论都以某种现代哲学流派作为方法论基础这一点就更不待言。然而无论采用何种方法或角度，法理学其实都不能免于就上述若干基本关系作出属于自己的回答。我们可以看出，本世纪的法理学发展（以西方为典型）固然有其外在各种社会的和学术的影响，同时也是其内在矛盾的不断展开，它总是一方面力图在上述各种基本关系中尽可能排除个体的、感性的、非确定的因素，然而另一方面这些因素却一次又一次地顽强现身并主动挑战。我们的认识可以随着知识的累积和方法的更新而不断深入，但是这一内在矛盾的展开过程却是伴随人类实践而不可定论的。不过我认为，借用毛泽东哲学的术语来说，法理学内在矛盾的主要方面应该是上述基本关系中的群体的、理性的、确定的方面，这是由于人类法律事务的性质所决定的。而这些关系中最根本的便是个别与一般（普遍）的关系，也就是具体与抽象的关系。正是在此一意义上，维科在其《新科学》中甚至以雅典公民立法与苏格拉底对于普遍性的抽象为例，将法律作为哲学的源头。黑格尔在他的《法哲学原理》中说，密那法的猫头鹰只有在黄昏到来的时候才会起飞。我们已经进入了20世纪的黄昏，那么，猫头鹰又起飞了么？

星月往还，人事代谢。于今我在文中提到的几位北大师长，丁校长和罗老师已位列庙堂之高，张国华与张宏生两位老师却已萧然作古，惟余我们的沈老师还在燕园老圃笔耕依然。在欣悦地纪念导师执教50周年的时候，我忍不住还想说出心底的另一种纪念，那是对张宏生老师的感伤的纪念。这不仅是因为张老师在档案名义上与沈老师一样是我的研究生导师，还因为正是两位导师在学术人生的品性风格方面的差异和互补，感性地丰富与深化了前辈师长给我的教益。我出国前最后参加的两次法学界集会也莫不与张老师有关：1989年2月法学所召开中国法制建设10年反思研讨会，北大法律系委派沈、张两位老师和我参加，沈老师和我分别发了言。会上的某种浮躁气氛使我隐约感到不安，中午休会期间我陪张老师去附近一家服装店定做衣服时，还向他表示了我的这种感觉。谁想数月后衣成人去，在有诸多法学界师长参加的告别式上，沈老师格外凝重肃穆的表情深深地印在了我的心底。我觉得我解读了它的全部涵义。

1998年8月写于美国康州新港都铎寓所
2009年5月13日夜识于武昌喻家山下不知庐

9　寻找童年

——记一次旅行

飞机快要在汉城机场降落的时候，我对儿子说，这是我第三次来朝鲜了。从朝鲜停战之后到志愿军撤离之前，我曾经两次随母亲来到这里，和驻扎在大同江畔的父亲团聚。当然，我是不可能有什么印象的，但是留下了一些照片。出乎我的意料之外，儿子对此不仅没有表现出任何兴趣，反而很郁闷地追问：为什么当初中国要在朝鲜和美国打仗呢？我愣了一下，然后说，马上要着陆了，下了飞机再说吧。

这是 1994 年的初夏，我带着儿子从美国回中国度假探亲。因为乘坐的是韩亚航班，所以需要在汉城中转。在机场等候转机时，儿子除了和一个德国男孩玩了一会儿游戏机，就是反复地向我提出刚才在飞机上我没有回答的问题。我解释了朝鲜战争发生的背景和大体过程，告诉他这主要是当时苏联领导人斯大林设计的一个冷战环节，中国为了避免战火蔓延入自己的国土，所以铤而走险打出了国门。儿子听罢似乎是懂得了一些什么，但是显然在情感上难以接受，还是一再究问为什么。我把所有的为什么都回答完了之后才发觉，他的为什么原来不是事实上和道理上的，而是想要表明一种态度。这不免使我有些感触和联想。于是我努力回想自己 9 岁时有没有什么类似的经历，那时的我和现在的儿子有什么不同呢？

记忆搜寻出的是 1963 年发生的一件大事：中苏公开决裂。记得我们是在一次少先队的队日活动之前，从《中国少年报》上得知这个消息的。它强烈震撼了我们每一个男孩子，我们根本无心过队日了，惊恐地围在操场的双杠旁边，讨论是否很快将面对一场核战争的前景。30 年的沧海桑田，两代在不同环境下成长的少年，对战争和政治的理解显然很不一样了。我们当初几乎本能地把战争接受为一种无法回避的残酷，儿子则首先是发自内心地反复质疑。1972 年，尼克松在他“改变世界的一周”之旅中，曾经和毛泽东有过一次关于战争前景的哲学式争论。毛泽东质疑问他的客人：你总是说要争取一代人的和平，那么显然你认为 25 年后是要打仗的了？客人答曰：当然不是，争取和平也需要下一代人的努力。毛泽东再追问：那么再下一代呢？最终还是要打起来的。毛泽东固然是好斗的性格，不过这段对话却典型地表达出政治家对战争问题的不同思考方向。忘记是哪位西方哲人说过这样的名言：一部人类历史其实就是战争史，和平只是暂时的，战争才是永恒的。他说出了毛泽东的着眼点。毛泽东的这个着眼点既来自他对普遍人性和历史的观察，也来自他个人的人生和政治经验，这些都深刻地笼罩和影响了不止一代中国人的人生。

我们从汉城机场转机到了香港，停留了三天，住在两个耶鲁同学的家里。他们的住宅位于条件很好的港岛半山区，公寓里有露天游泳池，晚上乘缆车登太平山也很方便，儿子简直乐不思蜀了，且不管这蜀是北京还是康州。同学热情地大展东道之谊，陪同我们游览了各处名胜，走访了香港大学、中银大厦、海洋公园和九龙科技博物馆等等。印象最深的是在科技馆里看的一场全景电影：海湾战争之后的油井灭火。

儿子9岁生日的前两天，我们离开香港，前往粤北小城韶关探亲。在九龙车站候车时，一个衣着简朴的中年妇女上来搭讪，请我让渡一个可以购买免税大件的指标。我说我家是在北京，怎么能在广东提货呢？对方说可以陪同我在深圳海关办手续。我想，这应该不属于走私行为，因为我反正也不会要这个指标，带回北京给朋友和在这里给陌生人，法律意义是一样的，而且正好可以借机看到海关的作业内幕。于是就同意了，在她的带领下一路来到深圳海关。办完手续后已经过午，妇女一路上绷紧的心理也松弛下来，抚摸着我儿子的头，满脸的风霜都堆满了慈爱，一再要请我们吃午饭。我说不必了，我们还要赶路，你也很辛苦，赶紧回家吧。其实她对孩子的自然流露已经打动了我，使我体察到一个母亲的情感本质和生活的艰辛，不管做什么，大家都不容易就是了。

在广州转车的经历对我是一次重温，对儿子可就是一场噩梦了。由于临时买不到快车票，我们只好挤上一趟慢车。虽然是始发站，车厢里已经人满为患，根本无法挪动。我和儿子只好挤在车厢连接处，周围都是吞云吐雾的吸烟旅客，空气混浊不堪，地上布满痰迹秽物，儿子惊愕地感受着半天之内的环境突变，一声不吭地站着。在花都停车时，一个背着巨大包袱的女人挤上车后，像坦克一样旁若无人地甩动包袱开路，儿子躲避不及一下子被扫倒，爬起来却连忙向她说对不起。女人一脸茫然地看了看他，继续义无反顾地往前挤去。旁边的旅客们纷纷感叹说，多好的孩子，真懂事。儿子对着车窗外飞逝的景物看了半天，神情落寞地对我说："我如果告诉我的美国同学中国就是这个样子，他们一个都不会来。"我说，不应该这样看自己的国家。世界这么大，只有一个美国，很多地方不可能达到美国的标准，而且中国正在努力改进。

到韶关时天快要黑了。舅舅已经在车站等了很久，也给我们买好了两天后去北京的卧铺票，因此我告诉儿子接下来的旅途就不会那样辛苦了。舅舅在当地从事文化工作，落户南国已 30 多年了。1957 年父亲从朝鲜回国后，所在部队驻扎广东，舅舅也跟着来到这里，高中毕业后就参加了当地剧团。那时我在幼儿园，曾看到过舞台上的舅舅，印象里他参加的是一个歌舞剧表演，脸涂得通红，我几乎认不出来了。舅舅现在住的地方在城外，临近北江。这是珠江的一条支流，从南岭山脉发源，经此向南，在五百里之外的广州汇入珠江。晚上安排儿子睡下后，我独自来到凉台上，发觉江面已不像小时候感到的那样宽阔，但是江水的流量仍然很大，涛声依旧。看着江里的点点船火，听着近处的摆渡桨声和远处的驳船马达声，一种温暖的感觉扑面而来。

寻找童年。感觉逐渐在心底凝聚成这样几个字。逝者如斯夫，不舍昼夜，童年消失在这里已经很久了。我是 1961 年初离开广东的，当时全家随父亲奉调进京。文革初期大串联的时候，我们一群小学生也趁火打劫跑出来，淋漓尽致地前后两度全国大漫游，后一次就来过这里。我们当时的目的地本来是广州，但是途中听说那里正逢广交会，开始控制外来人数，于是我提议临时在韶关下车休整。我们在这里逗留了两天，跑到当地的政府机关和师范学院煽风点火一番，吃了几顿炒米粉，还在剧院看了两部彩色纪录片，分别是《我国第二次原子弹爆炸成功》和《毛主席接见百万文化革命大军》。在从事懵而懂之的革命之外，我也曾极力寻找童年时的记忆残片，自己来到江头感受着熙熙攘攘的小船和已经陌生的粤语，谁能知道这个茫然若失的少年在寻找什么呢。

第二天，我带着儿子随舅舅去舅妈老家拜访。舅妈是本地人，家在江东的城里，要摆渡过江。登船后，儿子看到船夫撑篙，觉得很好玩，拿过来左试右试，船却不听指挥，只好作罢了。上岸后坐的是人力三轮车，儿子又觉得很新鲜，左顾右盼，很兴奋的样子。我问他今天感觉怎么样，他说很喜欢，但还是有些留恋香港。舅妈一家人都是演艺出身，舞台下却非常质朴。儿子在离开美国前刚参加了当地的双语诗歌比赛，获得第二名。午饭后，我建议儿子班门弄斧，把他的获奖英语诗歌《我最好的朋友是紫色的》拿出来表演一番。尽管有语言障碍，我却发现所有在场的观众都极为投入，好像是艺术院校的考官一样全神贯注。他们分明都在以心去感受。虽然他们没有给出任何来自专业的评论，但是我从气氛中别有感悟。面对着又一代成长中的孩子，每个人的心底会泛起怎样的人生波澜？

下午返回城外的路上，我沿途细看城中景物。对韶关城我是有印象的，因为我在这里上过幼儿园。我记得的幼儿园，是一座老式的高大砖木结构建筑。我们在那里最热衷的活动是折纸飞机，然后比赛看谁的飞机扔出去飞得高、飞得久。

经常有飞机落在高高的屋梁上，大家在仰头浩叹之余，就前赴后继地用飞机试图把它撞下来。当然撞中的概率很小，而我的飞机往往运气最好，这使我很得意。幼儿园的生活还给我留下了一块伤疤。一次早饭时我不慎把热稀饭碰翻，在右手腕处烫起一个大泡，很久才痊愈。丰子剀先生曾经写过一篇《梦痕》，记述了他儿时一次跌伤留在额头的疤痕，将它比作童年留给自己的纪念。他说，这疤痕就像是给发配到成人世界的自己在脸上烙下的印记，向他提醒着前尘往事。子剀先生的这一美好警喻令我深为叹服，他竟然把三世佛说做了这样的改造！他在 1975 年去世之前还曾回到故乡，对陪同他的孙儿说，是来和故乡告别的。我不记得子剀先生对自己的来生是否有过同样精彩的文学表述，但是，当我看到他用画笔为女儿深情状述的七彩童年时，分明感觉到，那种亲切和迷离就是作者自己生命的寄托。

幼儿园生活还给我留下了美好的声音印象，它来自电影《柳堡的故事》。电影的画面和情节早已模糊，但是它的插曲《九九艳阳天》却始终和童年一起明朗地刻录在记忆的磁盘。记得那段时间无论做什么，幼儿园的老师们总是在哼唱这首歌，于是那个 18 岁的哥哥和他的小英连就永远坐在记忆的河边了。说来可笑，我的艳阳天还和一幅精彩的画面联系着。那是一次我们沿着北江散步，老师依旧陶醉地唱着“九九那个艳阳天来哟”，忽然，我们听到有人在响亮地应答“十八岁的哥哥呀坐在河边”，寻声一看，路旁的一片菜地里，一个菜农汉子一边用长柄木勺浇着大粪，一边自得其乐地咧嘴大声唱着同一首歌。我不知道老师当时是否败了兴致，但那歌声的确是伴着浓郁的粪味飘散在夕阳里了。20 年后香港电影《三笑》风靡中国大陆，《北京晚报》登载了这样一幅漫画：幼儿园的孩子对反复哼唱着“郎呀咱们两个一条心”的老师说，你怎么能和狼一条心呢？这幅漫画一下就击中了我，呼唤出了我的如梦童年。

由于幼儿园在城里，我们经常跟老师去看电影。50 年代后期的电影很多是战争片，我们也基本上是在银幕战火的熏陶下成长着。当时看过的许多电影都没有印象了，除了《柳堡的故事》以外，大略记得的是《战火中的青春》和《上甘岭》。前者中的女主角是王苏娅，男主角是庞学勤。后来到北京上学，大概是五六年级的时候，读到了陆柱国以一江山岛战役为背景写的小说《踏平东海万顷浪》，才知道电影只是截取了其中的一段回忆故事。我当时怎样也无法将小说中的高山和电影里美好的女主人公形象联系起来，因为作者将战争对女人的损害用文字刻画得那样入骨地残酷，令人不可接受。《上甘岭》的著名插曲也是幼儿园老师的口中脍炙，所以也熏陶得我对歌词没齿难忘。25 年后，在北大的一次篝火晚会上，我们的校园第一女高音王惠把这段歌词离奇地唱错了。按照乔羽先生的本意，凡住在那条大河边上的人们，姑娘美丽、小伙豁达，他们用好酒招待朋友、用猎枪迎接豺狼。可是王惠把所有这些主语谓语和宾语全都唱乱了套，她宣布姑娘来了有好酒，而迎候着小伙的却是猎枪，这当然引起了观众的骚动。后来我常拿此事和她打趣。其实，使我记住这个电影的原因并不是那支插曲，而是因为父亲告诉过我，他也参加了这个战役。父亲一直保留着战役总结报告的记录手稿，直到文革被抄家时遗失。

当然，我的童年并不都是在幼儿园中度过的。大概是在反右运动的后期，母亲被所执教的学校划为“中右”，一度下放到边远的郊区农场劳动，也把我带在身边作伴。对这段生活我有些依稀的印象。母亲参加什么劳动我不明就里，我自己的工作是放鹅，每天赶着几只大白鹅到河边和田野觅食嬉戏。农村的生活条件自然比较差，我因为吃蚕豆患了肠炎，从此消化系统就一直不好了。中医理论认为脾是后天之本，我在那时便没有固住自己的本。我们的近邻是个丈夫在城里工作的老妇人，孩子很多，也都比我大，好像还算良善人家。我经常去她家里看小人书和听故事，也把我自己的好东西和他们分享。我最喜欢的是一个关于有异禀的七兄弟合作战胜妖怪的故事，他们分别叫做千里眼、顺风耳、通天手等等。这个故事成为我回城后讲给伙伴们听的保留节目，很受欢迎。后来不知道因为什么缘故我们搬家了，很孤单地住在离人群挺远的地方。有一天晚上停电，我们的火柴正好用光了，无法点灯，于是母亲带着我摸黑到别人家去借火柴。在不见星月的无边暗夜中，我只觉得行道两边高大的马尾松树影黑黢黢的，像怪物般一个接一个扑过来，那条路也好像永远没有尽头。

身为军人子弟，我似乎从小就习惯了动荡和旅途。不过，最终留在儿时印象中的伟大旅行却只有一次。那是母亲带我去山东荣成的老家探亲。去时是坐火车走京广线转胶济线，回程是从烟台乘海轮直返广州。路线设计得很有匠心，可惜我太小了，万千海陆风光都被母亲独自欣赏了去，给我留下的只是一些记忆碎片。我对火车旅行的片断印象，是通过当时刚建成不久的武汉长江大桥。过桥前我就感觉到车内气氛开始紧张，大人们脸上的表情高深莫测。一位邻座的伯伯告诉我，这是万里长江第一桥，苏联老大哥帮助建设的，说得我也似懂非懂地激动起来。可是当列车过桥之时，所有的车窗都被关闭、窗帘被拉合，连灯也关上了，搞得像国庆之前的防空演习一样，结果大桥到底是什么样子我一点也没有看到。在烟台港乘坐海轮的经验就没有那样神秘了。然而无论是客声嘈杂轮机轰鸣的高大轮船，还是舱外波涛连绵起伏的无边大海，都传达给我一种关于未知领域的强烈陌生感。这是一种渺小个体在面临动荡的伟大之时必然会感受到的不安。正是因为有着这样的经历，所以我后来在带儿子旅行时，特别注意和他保持良好的沟通。

回到舅舅家，我听了表弟给我留在录音机里的留言。表弟在海南工作，担心一时请不到假赶回来，所以事先做了这样的准备。表弟建议我不妨借此机会到数十公里外的南华寺去看看。我觉得这是一个好主意。我当然知道南华寺是禅宗六祖慧能的住持地，据说还保留着他的真身，可是我居然一直不曾留意到，自己从小竟然在离南华寺这么近的地方住过，这可真叫灯下黑了。我向舅舅大体询问了去那里的路线，发现还来得及探访小时候父亲所在部队的驻地，于是大喜过望。看了看天气预报，明天是周日，有雨，决定还是把儿子留在舅舅家里，我自己去这两个地方。

次日起床后果然一直下雨。我把儿子安顿好，拿了一把伞，带上护照和相机就出发了。在市中心的长途汽车站坐上顺路的小型车，在颠簸的路上一任思绪伴着目光悠悠地散开去。广东的确在快速发展着，一路上到处都可以看到建设工地，工人们在雨中忙碌着。但是所有的建筑却都显得杂乱无章，大片农田被无端毁弃，公路也被翻修得乱七八糟，沿途不断遇到梗阻。这条路我小时候应该是多次乘车走过了，但是留在记忆中的只有一次经历。那是我在一个周末随同父亲去广州，同行的还有一位李叔叔。车行半路忽然停了下来，大人们二话不说全都急忙下了车。我从车窗向外看去，见到一辆侧翻在前方不远处的蓝色卡车。由于是空车，并没有东西散落，我就居然想不到这是翻了的车，反而纳闷怎么会有这样奇怪的车，它怎么开呢？正在乱想着，只见父亲和李叔叔每人背着一个满脸血污的工人走过来，放进我们的吉普车里。父亲让李叔叔和我留下来等在路边，他和司机先把伤员送去医院。这个难忘的情节20多年后被我写进了给父亲的悼词中，也打动了追悼会上所有在场的老军人，以致很长时间后我还不断地听到他们的感叹。

车终于到了目的地，司机还体谅地特意为我把车停在驻军营房的大门外。我下了车，在雨中四处打量着阔别了34年的儿时故地。一切都依稀似旧，建筑格局也大体未变，只是不再如小时的眼中那样高大了。有道是铁打的营盘流水的兵。这里的营盘已打造了近40年，官兵如流水，时光如流水，满眼物是人非了。1959年，有个回到湖南韶山冲故乡的诗人曾写下这样的诗句：别梦依稀咒逝川，故园三十二年前。这是我从少年时代就熟悉了的浪漫时空表述，此时此地才真正醒觉，自己也已经走过这样的人生跨度了。不过依稀固然，咒却不必。诗人明摆着是回去验收人生的成功，而成功也只能在时间的流逝中呈现。据说其原稿是“哭逝川”，这其实很合乎作者的思想行为逻辑，因为他从青年时就不断感叹“人生易老天难老”，到了英雄迟暮时分，更是动不动就大哭一场。然而当时湖南省的政协主席看了手稿却进言说：毕竟以领袖身份不宜言“哭”，建议改为“咒”。诗人闻言大喜，连称对方为其半字师。不过我不赞同这位进言者，领袖怎么就不能哭呢？殊不知1947年转战陕北的时候，“主席拉屎了”甚至每每传为队伍的欢呼声。我走向营门，一种朦胧的亲切开始聚拢，我体会不出其中可以诅咒的意味，也没有诗人原本的歌哭之感。看来原因很简单：作为芸芸众生，我远不具备那种“欲与天公试比高”而内涵激烈冲突的伟人情怀。

我在门岗接受了预想到的留难。门岗请出了值班参谋，我向他出示了护照，说明了自己冒雨远道来访的理由，参谋显然是个军校毕业生，很理解地让我填好会客单，还指引我先看好布告牌上的营区一览图。由于部队正在外出拉练，留守人员本来就少，加上今天是周日，营区非常安静。营区的大致布局和主干道依然如故，到处的玉兰花正在枝头怒放着，雨丝夹带着浓郁的花香一阵阵飘过来，和心情一样舒缓温馨。我决定先到办公大楼里碰碰运气。果然，在政治部的办公室遇到了一个正在加班的少校。我向他说明了来访理由，询问有没有可以给我作为纪念的有关资料。少校开始相当迟疑，明显保持着警惕，毕竟我这个不速之客过于超乎他的公务经验。他仔细查验了我的护照，问清相关姓名事由，侧身打开一个靠墙的文件柜，拿出一本酱红色封面的资料，背对着我翻阅起来。少顷，待少校转过身来时，面目已判若两人，轻松又热情地和我打招呼。我留下了联系地址，又请他帮我在当初我和父亲照过相的办公楼前照了几张相，就告辞了。走过正门前的花池时，我想起了离开这里前最后的一次传奇经历。那是一个深秋的下午放学以后，我们在回家的路上听说抓到了一条大蟒，正在办公楼前的花池里展示。大家立即蜂拥到现场，果然看到一条碗口粗两丈长的大蟒在铁笼子里蠕动着。我们见状一个个兴奋莫名。一年后我在北京动物园也看到了大蟒，但是却要小许多，一点都不觉得刺激。

父亲那时候已经调到广州军区工作了，只是家属还暂时留在原部队，因此我以为他不知道大蟒这件事情。到北京多年以后，有一次晚饭时我偶然提到了此事，父亲却张口说出了几段鲜为人知的背景故事。原来大蟒是被外出野营训练的部队中一个炊事兵捕获的，他出去到山溪挑水，看到了也在饮水的大蟒。这个兵是广东山区人，一点不害怕，摘下军帽一把蒙住大蟒的脑袋，然后和它缠斗了半天，终于胜利擒获。然而不记得是不是这个传奇兵，后来在面对他所完全不熟悉的事物时鲁莽地丢掉了性命。一次做饭时鼓风机出了故障，班长去找技工修理，他一时好奇心起，自己用手去鼓捣，当即被电击打了回来。兵愤怒了，正好尿急，就说：你还敢咬人，看老子用尿浇你！解开裤子就浇将上去。班长找了技工回来，闻声奔过去，发现他已经被电老虎咬死了。文革前两年全国大兴“学毛著”运动，我虽是小学生，也被席卷其中附庸风雅，父亲把这两个故事作为对我解说毛泽东的《实践论》观点的正反案例，而他的那一番理论概括也确实恰到好处。据父亲说，那条大蟒后来好像送给了湖南省动物园。

离开办公楼，我穿过训练场走向位于营区后山下的家属院。场内的几副篮球架还是用炮弹壳连接焊制的，比一般的球架要粗壮结实。我停下来抚摸良久，如同把晤岁月。在这里我是有过一次历险的。记得是在一个周末，我们一群孩子在场上玩，看到有一辆中吉普停在那里，就都爬进去了。恰好司机忘了把钥匙摘下，一个当时 8 岁的大孩子见了，就问我们想不想开车出去玩，大家报以欢呼。于是他按照平时观察到的驾驶经验操作起来，中吉普轰鸣着奔向前方，眼看开到场边了，但是他掌握不好拐弯，一下子撞上篮球架。我们全都吓呆了，满车的欢呼变成了哭叫，惊动了在屋里休息的司机，他赶紧跑出来，才将我们解于倒悬。这件事故非同小可，肇事者的父亲据说发了雷霆之怒，一顿暴打自然是在所难免，随后就被发配到广州的寄宿学校读书了。

且思且行之中，我已经走到后山下的旧居面前了。这是几座两三层的小楼，周围的马尾松和玉兰树枝叶茂密，有些还随风扑打着楼窗。因为下雨，室外不见人，却有一群刚出壳不久的毛茸茸小鸡，跟着母鸡沿着墙角叽叽喳喳地奔走觅食。我很容易就找到了当初住过的楼层，在外面环绕着走了一圈，一种恍如隔世的感觉油然而生。因为有住家，不便打扰，我只是在楼道里慢慢上下走了一回。有趣的是，那群小鸡居然也跟着我进了楼道，但是楼梯对它们显然还是高不可攀，只好在母鸡的召唤下回去了。儿时的旧居对于我来说是应该有象征意义的，可是我没有子剀先生的智慧，创造不出《梦痕》那样美好的譬喻，尽管关于旧居生活的零散记忆，我似乎也有很多。譬如周末和假日几乎灯火通明的麻将聚会，那是我们作为孩子最深恶痛绝的事情，也是孩子们和父执辈较量意志的磨盘，好像往往是大人最后磨不过小孩，一个个被拖回了家。譬如我在楼后的草丛里发现了一棵野生西瓜苗，每天悄悄地照护，终于眼看着长出一个娃娃头一般大的小西瓜，和小伙伴分而食之，其乐融融。至于印象最为深刻的，应该就是1959年的国庆之夜了。

共和国初度10年大庆，在当年是非常热烈的大规模事件，我当时却毫无记忆和理解。上学以后才逐步接触到一些相关资料，很羡慕那些有幸比我大几岁并且生活在首都的人，譬如那些在刚落成的人民大会堂朗诵袁鹰先生那宏伟诗篇的少先队员。因为我对这个庆典的记忆其实是完全负面的。记得还在国庆前几天，幼儿园老师就开始吓唬我们，说台湾的军机要来空袭骚扰，让我们回家度假时要小心听话。我们对这些本来早就习以为常了，50年代台湾的军机来东南沿海地区袭扰是家常便饭，部队经常处于高度戒备状态，我们也从小听惯了防空警报。但是这一次大人们却不同寻常，使我很奇怪也很紧张。果然，国庆之夜实行灯火管制，驻地一片漆黑，只有探照灯的光柱不断变换着分割夜空的角度。我们在家里点蜡烛照明，一旦警报响起就吹熄蜡烛伏卧床上。回想起来那一夜简直就像抽风一样，凄厉的警报声频频拉起，时而听到飞机的轰鸣和高射机枪的连击。我相信没有人睡成觉，节日的气氛自然也被搅得精光。30 年后，我在美国读到了来自对岸作家的当时作品，真实地感受到了败退到孤岛的人群在那个年代里，面对失去了的故国河山而难以排遣的无限孤郁苍凉。将心比心，我似乎觉得很可以理解记忆中的那次袭扰了。蒋先生的那一夜，应该也是不眠之夜吧！

旧居后面不远处有几座连绵的小山，我们叫做后山。如果说，鲁迅先生的童年乐园是他家屋后的百草园，那么这后山便是我真实的玩具天堂所在了。这里的原因很特殊：当年后山是部队的模拟演习阵地。山上山下，布满了铝合金做的小小的飞机、坦克、野战炮、火箭炮和各种车辆，还有用木头和有机玻璃做的各种各样的人工建筑与自然地貌，不一而足。这些琳琅满目的东西，在我们眼里当然都成了玩具。尽管我们都被严厉告知那是不能动、更不能拿的，然而还是经常偷偷跑上山来过干瘾，因为它对男孩子的诱惑力显然是无法抵抗的，何况它离家又这么近！我在离开这里去北京之前，警卫班的叔叔们曾经给了我几个小模型作纪念。就像鲁迅忘情地怀念他的覆盆子和何首乌一样，这些小车小炮小坦克也寄托着我对童年的一往情深，后山也就经常成为我后来小学作文中的题材。

我沿着熟悉的小路走上山头。这里早已不是演习阵地了，山头上还修建了一个小小的观景亭。它修得有道理，因为这里的确是整个营区的制高点，不但可以俯瞰脚下的营区和村镇，还可以远眺数十公里外的韶关城和北江。雨停了。我倚坐在亭子外侧，凝视着远近的山野城镇，耳畔悠然传来不知何处广播喇叭中的广东音乐。先是紫竹调，然后是步步高，悠扬婉转，直入心脾。这音乐之声仿佛一条时空隧道，一时间恍若把我带回到童年。所有的岁月怀思和人生旅情，伴随着乐声纷至沓来，在心头汇合涌动着。今夕复何夕，闻此丝竹声！我知道这样的因缘际会一生中很少可以获得，所以我只能珍惜此时此刻。我原来在北大的学生吴伟，去年夏天皈依入了佛门，还寄赠我一册《金刚经》。于是一年以来，在他与同学之间、与父母之间、甚至与我作为老师之间，发生着一场尚无分晓的关于信仰的意念拔河。他知道我这次回国的消息，正在北京静候着有机会超度我。记得《金刚经》开篇即说，一切有为法如梦如幻如露如电。古德有云，无生终不住，万象从流布。吴伟显然知道我其实能够理解他。

此时我的目光落在了离营区不远的剧院。对，那里也是有回忆的。广东四年，我在那里进出不知道有多少次了。逢年过节都有各种演出，我有时是随幼儿园集体来，有时是和父母一起。看过的节目差不多都忘记了，依稀还有印象的只剩两次。一次是舅舅所在的剧团来演出，那是一台为大跃进擂鼓的歌舞节目。舅舅刚参加剧团，不是主角，我当然很失望，不过有一个女声表演唱却很受欢迎，歌名叫做《妈妈你好糊涂》，是女儿批评思想保守跟不上形势的母亲。歌词生动、曲调活泼，又采用了对唱与合唱的形式，所以风靡一时。第二天，我们幼儿园老师们的妈妈就全“糊涂”了。另外一次记忆却是因为我的闯祸，那是1959年建军节的慰问演出。地方京剧团来表演《大闹天宫》和《挑滑车》，前者是我小时候最喜欢看的戏，后者的故事在当时我是看不明白的，三年之后才接触到《说岳全传》连环画。当高宠没完没了地象征性挑翻一辆辆滑车时，我已经不耐烦了，拿自己手中的玩具取乐。一不小心玩具被扔到了舞台上，我急了，不管父亲的警告，就扒着舞台向上爬，试图伸手抓到玩具。观众和演员都注意到我的举动，剧场的气氛显然因而受到干扰。扮演高宠随将的演员想必迅速做了一下利弊权衡，跨前两步走到舞台边，弯腰拣起玩具递给我。这一下我可露了大脸，不过我完全没有意识到问题的严重性，只是看到父亲的脸色铁青。回家后父亲空前严厉地训斥了我，但是好像我并没有听进去。孩子的思维逻辑有时候就是不可理喻的，这一点直到我自己当了父亲才深有体会。

从后山依依不舍地下来，我想去看看自己的母校八一子弟小学。途经军人服务社，想起今天是儿子的9岁生日，就进去买了个篮球作为礼物带着。这个服务社我也是有印象的，因为它的侧面外墙曾经是我的启蒙老师。由于位置醒目，这面墙壁一直被各种宣传画占据着，随着政治季节而变换起舞。画面必然配有标语口号，因此也就成了我最初的识字课本。记得最清楚的，是在1958年大跃进时期的宣传画，它某一次的口号是：青年赛武松、老年赛黄忠、妇女赛过穆桂英、少年赛罗成，分别画着这四位古代英雄。不用说，这样的画面当然对我大有吸引力。那个时期全国上下之浪漫癫狂，如果不对应到具体的荒唐事实上，只看它的文艺鼓动形象，还真是颇具意兴的。君不见那个还乡诗人就是一个杰出代表，他那首诗的最后两句便是一幅宣传画：喜看稻菽千重浪，遍地英雄下夕烟。然而诗家有幸国家便不幸，这些英雄们营造出来的，乃是全民大炼钢铁之烟，诗人把他的六亿神州都点化成舜尧了。当时部队的后勤部门也不甘人后，建了一座土高炉，用各家交来的金属器具和部队自己的报废装备来炼铁。结果自然可以想象。后来在北京，晚年的父亲曾对我谈起过那段时日。全部队各单位各部门都像发狂一样要求大跃进，压力之大简直令人身心俱疲焦头烂额。

雨又下起来了，天色也因之有些黯淡。走到校门口，正好遇到学生们打着雨伞三三两两地离开学校。看到陌生人，孩子们显出好奇，和我互相认真打量。他们肯定不知道我的目光中有什么涵意。是的，我想从孩子们身上寻找自己留在这里的童年身影。我问几个女孩子：怎么星期天还上学呢？

回答说是老师安排的补课。我走进一年级的教室，里面空无一人。黑板上方仍旧是“好好学习，天天向上”几个字，四面墙壁上却换上了布鲁诺、居里夫人、张衡、祖冲之等古今中外科学家的画像，这是我们那时候没有见过的。我在一个座位上坐下来，静静地整理着自己的心情，回想着1960年的9月初和12月底。可是无论怎样努力，记忆已经漫漶了，印象里只依稀有个用红漆写着姓名的黄色搪瓷洗脸盆，还有临别时同学们认为我以后能天天登天安门见领袖的艳羡表情。无生终究不住，万象只能流布。我也到了该离开这里的时候。

我又在雨中来到了营区门口。天候不早了，这里距南华寺还很远，去不去呢？略作犹豫之后，我决定还是要去，哪怕走马观花，也强过错失机遇。为了节省时间，我找了一辆摩托车，一路颠簸，终于在暮色降临之前赶到了曹溪侧畔的南华寺。

此时游客们已在络绎离散，门外的小商贩也将要收摊。我来不及仔细挑拣和讲价，买了一个观音塑像和一个弥勒塑像，然后就匆匆走入寺内。南方寺庙的格局与风格，与我所熟悉的北方景观显然不同，但是此时我已完全没有时间细细察考了。六祖殿也很遗憾地没有开放，幽黯地坐落在大雄宝殿侧旁。有勒文介绍说，南华寺始建于梁天监元年，为印度高僧智乐所倡修，寺名迭经更改，至宋开宝元年宋太宗敕名南华禅寺。我在寺内各处殿廊且观且行，想起宋人文天祥《望南华》的诗句："有形终归灭，不灭惟真空。笑看曹溪水，门前坐松风。"不禁感慨像他那样壮怀激烈之人，也有着如此通透的佛家理念。

不多时，暮色就已经完全笼罩了南华寺。僧人们不晓得从哪里一下子都冒出来，成群结队地出现在寺里，又迅速回到各个集体僧舍，一边更衣洗扫、一边谈笑风生。我从门窗外看到这番景象，竟然也生出一种不知今夕何年，此处何方之感。如果脱去黄色的袈裟，我根本无法判断，眼前这些焕发着青春朝气的年轻人竟然是在出家。我觉得，这里的气氛和我曾经所在的北大荒的农场、太行山下的连队，以及高炉边的工棚中经历过的青春岁月，都是那样恍惚相似。此身此境，是庄周梦蝴蝶，还是蝴蝶梦庄周呢？我在顾盼中无意间发现了一个牌子，由此知道这里还是一所新设立的佛学院，那么这些年轻人应该是学生了。难怪如此。

告别南华寺的时候天近全黑，雨也基本止歇。我择路返回韶关。舅舅一家已经包好了饺子，在生日蛋糕上插好了蜡烛在等我。儿子欢快地吹灭了 9 支蜡烛，全身心感受着亲情的祝福，好像已经完全融入了这里，浑然忘记北京、香港和美国了。吃过饭，我们要赶晚上 10 点多的火车赴北京。匆忙之中，舅舅一家送我们上了车。列车开出韶关站的时候，儿子有些期待地问我：爸爸，我们回美国的时候还在这里停吗?

我心想问得好。殊不知我已作为不速之客，在早已逝去的童年流水间因缘溯停了一瞬。再要造访住留的话，恐未可行。

1994年9月10—11日写于美国康州新港都铎寓所

10　予人玫瑰，手有余香

——纪念一位朋友

中午到的邮件里面，有一份新出的《曙光》杂志第2期。翻开来，便觉得与自己有些关系。不多的文章里面，有四篇是为纪念一位朋友。我也认识这位中文名叫李玫瑰的朋友，那是在三年前的哥伦比亚加里，由巴迪基金会主办的一个暑期研讨会上。

那是1991年的6月，我刚结束了在耶鲁的LL. M学业，正在申请J. S. D学位项目。这个时候我收到了两个邀请，一个来自国际法律社会学协会，另一个就来自总部设在澳门的巴迪基金会。前者邀请我参加在荷兰海牙召开的一个学术会议。正好在两个月之前协会改选，我被几位西欧学者推荐为候选人，不过通讯投票时我比来自匈牙利的候选人少一票，因而落选。不知这个会议邀请是否与此有关。后者是巴哈伊教设在亚洲的基金会组织。我1990年在洛杉矶加州大学做访问学者时，认识了校园中一些信仰巴哈伊教的朋友，到耶鲁以后仍然保持着联系。应该是这些朋友向巴迪基金会推荐了我，邀我参加在南美哥伦比亚召开的一个关于乡村教育的研讨会。

无论是欧洲还是南美，我都没有去过，都想去。无论是法社会学还是乡村教育，于我也都是感兴趣的主题，我都想参加。可是偏偏两个会议时间撞车，于是成了鱼和熊掌，不可兼得。我于是向比我早出国的朋友们咨询。有一位朋友为我分析说，一般来说去南美的机会比较少，而以后想去欧洲应该不难。我觉得有道理，就去纽约领馆办了签证，辗转迈阿密，飞越古巴，来到位于赤道附近的哥伦比亚加里。

那次研讨会的主题，是以在加里的巴哈伊乡村建设的实践为经验基础，探讨有关发展中国家的乡村发展与教育的关系。友人华赞向巴迪基金会推荐我参加。会期三周。因为暑期还有课业，我只能参加最初一周的活动。好在主持会议的罗兰女士说，主要的参观和讨论都安排在开始一段时间，所以我的损失不大。我们白天忙于参观会谈，晚上在临时借住的公寓里继续讨论到深夜。夜里停电的时候，来自加拿大的小伙子特里（Terry）吹起长笛，我也就拿出口琴吹起《蓝蓝的天上白云飘》。Terry很喜欢这首歌舒展的旋律，马上就学会了，以至于每天会议间歇时，我们都会听到窗外传来的口哨声。回到耶鲁后我颇有些后悔，为什么不多停留几日。我想我会永远怀念在加里度过的那简朴而又充实的7天。

会议的参加者除当地主人外有10余人，其中就有李玫瑰。玫瑰的英文姓名是Roxanne Terrel，她和罗兰都是巴迪基金会的代表，印有绿色的名片，两人都是美国人，也都懂中文。见到会说中文并且对中国别有一种亲近感的巴哈伊朋友，那时对我已经不算惊奇的事情了。每个巴哈伊都是一个精彩的人生故事，都是一首独具风格的诗。但是7天的时间实在太短，回想起来，对李玫瑰似乎就只有一种格外朴素、明朗的笑容印象了。和她对面谈话，你会觉得连儿时的歌谣都再现在耳边。人们所说的亲和力，大约就是这样的吧。李玫瑰的身世和经历我知之不多，只记得她告诉我曾经在台湾住过不短的时间，也曾陪同拉巴尼夫人去过中国大陆许多地方。和许多巴哈伊一样，她谈起中国就洋溢出一种真诚的兴奋和亲切。她对我谈到一年以后的巴哈伊世界大会和巴迪基金会以后的工作计划，表示她的生命的剩余部分已经和中国不可分离了。

她留给我最难忘的印象，就是在加里墓园的那次晨祷了。与我们同行的与会者Grace Bates女士有一个妹妹安葬在那里，她生前是到哥伦比亚志愿工作的巴哈伊。我们到加里的第四天早晨，一起到那座山间墓园祭扫。Grace准备了一大束馨香的玫瑰，我们每人手持一枝，围拢在墓碑前。夜里刚下过雨，墓碑上还有水痕，松涛随着山风一阵阵涌起。造物与人生、天涯与比邻、永恒与有限，在这里我获得了一种尚未有过的经验。就是在此时此地，我听到了玫瑰用中文朗诵的巴哈伊祷文。她的脸上和口中都现出庄严，我知道那是一种伟大的沟通，尽管我自己还不能做到。当时和事后我都曾想过，为什么她要用中文，而不是用她的母语来朗诵祷文呢？我没有问她。我相信这一定是由一种强执的内心动力使然。

去年11月间，巴哈伊世界大会如期在纽约召开。我也去了纽约。因为只有巴哈伊才能参加正式的大会，我便只参加了大会以外的一些活动。见到老朋友Jean Bellows女士时，她告诉我玫瑰因患癌症刚刚去世，此前她一直在伦敦守护着玫瑰。我听了大吃一惊。这怎么可能呢？Jean的表情很肃穆，我又想起了加里墓园那有松涛伴随的晨祷和手中的玫瑰。巴哈欧拉喜欢用玫瑰的比喻。玫瑰便是有着朴素芳馨和明朗色彩的人生。大会期间举办了一个中国主题讨论会。我赶去参加了，欣慰地见到了许多朋友。但是因为有事，我在会场停留了不久就匆匆离开了。在会上，一个接一个的发言者表达了对玫瑰的怀念和赞颂，令我印象非常深刻，感觉玫瑰好像依然活着，在离我们不远的某处，默默陪伴着我们。

除了两年前在加里的那几日，我与玫瑰便再无接触了，也就无从有更多了解。而玫瑰又是个安静的人，在加里的会上会下也说话不多。最主要的是，我在加里的时间本来就短，又完全被会议主题和巴哈伊朋友们在那里的乡村实践所吸引，过于严肃地全神贯注在观察和思考甚至辩论中，也就忽略了和其他朋友们作个别的充分交流，而这样的交流其实是非常有价值的——事后回想起来。

记得来美不久，我就注意到北美《世界日报》的文艺副刊。那上面发表的或长或短的散文随笔，其品味风格与我多年在中国大陆所熟习的有很大差别。它们带给我一种全新的阅读体验和人生观察。这种体验与观察，我以前要么是被遮蔽、要么是自己有意忽略掉的。多年前的一件事可资为例。1984 年暑假我和北大学生艺术团去青海巡回演出的路上，有两位研究生就贝多芬和柴可夫斯基发生了激烈论辩。计算机系的郭建英扬贝抑柴，哲学系的盛天启正好相反，二人争得不亦乐乎，也引动在场的其他人纷纷表态。问到我时，还没容我开口，大家就说我肯定不会喜欢老柴。我说对，我听不懂老柴，搞不明白他哪里来的那么多小感情，而我一听老贝就从心里强烈共鸣。

但是出国以后的体验和观察使我改变。我依然喜欢贝多芬，却也不再对柴可夫斯基那样隔膜了，好像逐渐懂了一点。我不再只是欣赏奋斗着的具有强大内心的个体（其实它内涵的是整体精神），对于软弱的善感多愁也乐于开放，确认它们的人生和美学价值。对于宗教，我在出国前的理解主要是从哲学、社会学和人类学意义上的，而出国以后才在经验中体认到它的个体心理学意义。这是非常重要的，对此我一直有空白。

我对玫瑰确实了解不够多，也不够深入。但是因为有着加里墓园晨祷的一幕，我不能说我对她的印象不够鲜明和深刻。我从《世界日报》副刊的一则随笔中得知一句印度古谚语：予人玫瑰，手有余香。英语表达可以是“The rose's in her hand, the flavor in mine”。谨以此语，纪念朋友李玫瑰。

1993 年 5 月 10 日写于美国康州新港都铎寓所

11 张文显二三事

张文显，男，38 岁，吉林大学法律系法学硕士，现为吉林大学法学院副院长，副教授，《时代评论》副主编。

1987 年美国福特基金会在一份关于中国法学教育和法学研究的报告中写道："一颗新星正在中国法学界升起。他就是吉林大学法律系的张文显先生。""张文显先生是美中法学教育交流项目获得成功的典型。"一年后我在北京见到此报告的作者福特基金会驻京项目官马克·赛德尔先生，称道他这个判断准确。赛德尔先生听后颇为得意。

张文显，1951 年 9 月出生于河南省镇平县。1982 年 7 月毕业于吉林大学法律系，获法学硕士学位。1983 年赴美国哥伦比亚大学法学院进修，1985 年回国后执教于吉大法律系，同年 10 月任法律系副主任。现为吉林大学法学院副院长、副教授、吉林省社会科学院兼职研究员，同时担任吉大校务委员会委员、美国研究中心副主任、省社联《时代评论》杂志副主编。

文显是我的同行和学术上的知音，我们分别在北大和吉大教西方法哲学这门课。我们也是很好的朋友与合作者，尽管我们彼此相识的时间并不算长。说来很可惜，我们错过了本可以更早几年相识的机会。1982 年文显在吉大研究生毕业时，我刚开始从师沈宗灵教授读研究生。文显到北大法律系进修，和本科生一起上沈老师讲的《现代西方法律哲学》一课。记得当时曾听沈老师讲过，吉大有一刚毕业的青年教师也在听这门课。我也曾问沈老师，那我是否还有必要再听，沈老师说因与一年前给我们讲的基本相仿，只是最后增补了关于佩雷尔曼的新修辞学法学的一章，到时再去不妨。这样我就有缘与文显在一间教室里上过一次课。若干年后我们曾试图一起在记忆中找出哪怕是极依稀的当时对彼此的印象，却终未偿愿。1985 年，当我毕业后接替沈老师承担这门课的教学工作后，曾向沈老师征求关于更动教程结构的意见。沈老师是按照“流派—人物”来讲的，我提出是否可改为按照“论题—观点”来组织。沈老师说已经有人这样做了，吉大的张文显已从美国回来，他在吉大讲的课便是如此。沈老师还给我看了文显寄给他的打印讲稿，果不其然。我读后非常高兴，因为在国内搞西方法哲学的人寥寥无几，能有切磋者弥足珍贵。于是我便给文显写了一封信，表达了这种求教与交流的愿望。很快就收到了文显的回信。信写得很诚恳、很谦逊、很温厚，一如后来见面时的印象。1986 年秋天全国高校法学会议在苏州召开，我在会上有幸结识了另一位来自吉大的朋友郑成良，便很关切地问他文显何以未能与会。成良说本该文显来，但他后来将名额让给其他人了。这使我大叹相见无缘。但是，文显提交会议的一篇谈“法的本质和法的质”这篇题目颇为拗口的论文，却使我欣喜地看到一种饶有新意的理论蹊径，以至于后来沈老师向我问起近年来法理学的好文章时，我不假思索地便加以推荐。次年夏天我在北大读美国法暑期讲习班时，听吉大的一位同学吴祥文说文显正好来京出差，便急忙请祥文引我来到宾馆登门求见，而文显则已然在屋中备好瓜果和冷饮候客多时。中国成语里的“神交已久”、“相见恨晚”之说，用来形容我们这次相会是再贴切不过。此后我们见面的机会便多了，彼此的相知也日深起来。

文显外表给人的印象是木讷老成。但在这种外表之下却深藏着过人的睿智和机敏。前不久，我陪同在北大执教的美国法学教授罗伯特·赛德曼夫妇应文显之邀去吉大讲学，教授刚见面不久便很兴奋地对我说，“这个院长是个极聪明的学者”。我笑而不言但心中暗想：又一位直感很好的美国教授发现了这样一个不争的事实。

但是在中国法学界，文显的成名却并不得力于法学教授们的直感印象。记得两年前我屡次向各位师长介绍文显的才学非同小可，他们还半信半疑。后来才逐渐首肯，这原因主要在于文显回国以后所拿出来的学术理论成果。这些成果在质和量两方面都十分引人注目。三年内他独自写作和发表了三部专著，与人合作完成了一部学术著作、主编了一本教材。这些著作和教材在法学界赢得了很高评价。他的第一本书《当代西方法哲学》1987 年出版后，获誉甚佳，各地新华书店不久便销售一空。《法制日报》评价该书是一本“别开生面并对繁荣我国法学极有意义的新作”。许多读者和专家在给文显的信中都说这本著作打开了法学界封闭多年的理论窗口，使读者看到了西方法学的基本状况，将有助于建设具有世界水平的、能参与国际对话的中国现代法学。他的另一本书《当代西方法学思潮》也已由辽宁人民出版社列入“面向世界丛书”出版。他还应我国著名法学家、政治学家张友渔先生的约请，为《政法袖珍文库》撰写了《西方法学流派》一书。此外，他担任副主编的国家教委博士点基金项目《法律社会学》也即将由上海人民出版社作为“新学科丛书”出版。对文显这几本书的出版，我是十分欣悦的。作为文显的学术同行，我深知理论的开放对于中国法学发展的严峻意义。文显在这方面所做的工作实在是大有功德的。如果说文显的上述专著侧重于通过比较研究和评介西方法学理论，那么由他主编的《法的一般理论》这本新教材则是重构和发展我国法学理论的一次比较成功的学术实践。这部充满改革精神和科学态度的教材现在已经开始在东北地区的大学法律系及政法学院使用，受到了教师和学生们的普遍好评。承蒙文显惠赠，我也读到了这本书并且向同行们作了推荐。我相信，由此书所代表的建设性理论态度对我们目前的法学界来说是很值得提倡的。

文显的深厚积累和勤奋多产不仅于此。这些年来，他还在《法学研究》、《政治学研究》、《社会学研究》等重要学术刊物上发表了数十篇论文。这些论文也都受到了普遍的重视和好评。其中，《战后西方法哲学的发展和一般特征》被专家誉为“近两年法理学科最好的论文”；《关于改革我国理论法学的设想》和《经济分析法学》先后被评为“吉林大学优秀社会科学论文”；《改革和发展呼唤着法学的重构》和《发展商品经济是步入法治社会的必由之路》被中国法学会选为“十年法制建设理论研讨会”论文，在大会上作了重点宣读，并被推荐到中宣部等单位联合召开的纪念十一届三中全会理论研讨会；《论法的本质和法的质》、《法治在政治体制改革中的地位和作用》被评为国家教委《中国社会主义法制建设理论与实践学术研讨会》第一、二次会议重点论文并收入论文集。此外，文显在一系列会议和论文中提出并经过日臻严密论证的“法学应该是权利之学”的思想，也被许多同行们认为：“找到法学发展的突破口，给沉闷的法学界带来一股新鲜空气。无论是对法学理论的重构，还是对法制建设的推动，均有突破性的进展。”甚至有人还借用哲学家罗素对洛克的评语说，人们像欢迎久盼的客人一样，欢迎法学应该是权利之学的命题。

文显治学严谨且勇于开拓，不仅在法哲学领域有很深的造诣，而且在政治学、社会学、经济学等领域也颇有独到研究。他在《政治学研究》、《当代法学》等学术刊物上发表的关于政治体制改革的论文，显示出作者有着坚实的政治学理论功底和透视当代中国政治的能力。他关于西方法社会学的论著受到了中国社会科学院的《社会学研究》编辑部和社会学研究者的好评。他的代表作《当代西方法哲学》在经济界也有很好的反响，一些青年经济学家称道此书为从法学角度研究中国经济问题、推动经济体制改革提供了可资借鉴的理论，是一本不可多得的高质量的有实践价值的理论著作。1988 年 2 月在北京举行的法律经济学研讨会上，文显作为法学界首席代表作了“关于市场与企业制度的法律调整”的学术报告，还作了“关于平等与效率”的发言，给与会的青年经济学者们留下了深刻印象，他们一致称赞他为“优秀的青年法学家”、“百科全书式的学者”。1988 年 5 月在珠海召开的全国法理学会议上，文显以全票当选为中国法理学研究会理事和副总干事。我的一位老同学在脱离法学界（到河北某县代职工作）一年之后回来见到我，首先就半开玩笑地问：

“我发现法学界现在开的会都以能请到张文显参加为荣啊，这是怎么回事?”我便解释说：“原因很简单。因为别人说的他基本上都知道，而他说的别人则基本上不知道。”

文显的勤奋是惊人的。他调动自己的能力极强。成良曾向我赞叹文显的本事：他的论文几乎都是在被极繁冗的公务分割成碎片的时间里写成的，无论如何忙乱，他都能使自己一坐到书案前就有效地埋头著述。我们都自愧弗如。文显在吉大的邻居则证明，他宿舍的灯光总是亮得最早而灭得最迟。在文显出国学习的一年半时间里，他分秒必争地广泛接触美国著名法学家，阅读了大量当代西方法哲学的代表性论著，写下了30多万字的读书笔记，还完成了一本书的初稿。他除了在哥伦比亚大学的法学院参加研讨班外，还到其他院系选修了多门与法学关系密切的课程。甚至在炎热的暑假他也放弃休息，到哥大参加政治学、美国社会和社会学等夏季讨论班。据说一位香港同胞见状对文显大发感慨：“在我认识的大陆留学生中，你的时间抓得最紧。中国最需要的就是这种时间和效率。”在这种寸阴当惜的勤奋精神背后，支撑点则是一个知识分子与民族共命运的良知。固然，文显选择了治学作为其生活和事业的方式，并且以获得更大的学术成就作为个人生命价值的展现，但是这种选择的背后还有一个更基本的选择——我可以用被动语态来称呼它，因为实际上是“被选择”，被社会所选择。

这种积淀于心底流通于血脉中的社会责任感，正是文显思想和行为的基调。而构成文显特色的是，他从来不标榜自己背负着这种“大道”，而是用行动默默实践着它。在个人志愿与超个体的事业需要发生冲突时，文显一次再次地选择了对后者的服从。这种选择从旁人角度看代价当然很大，选择过程自然十分痛苦，但是文显过后总是视如寻常。更值得赞叹的是他总是能够尽自己最大的努力而将这种代价和痛苦转换为新的成就和欣慰，这种素质实在难得。1984 年 7 月美中法学教育交流委员会主席爱德华先生已决定为文显再提供一年的费用，但由于吉林大学急需他回来开设新课，文显便毅然服从组织决定，于 1985 年春季开学之前回到学校，几乎未事休息就登上了讲台。文显很珍惜这次学成归来的机会，在教学过程中开始尝试新颖的理论思维，大胆地探索教学改革。他一方面联系实际进行了重构法学理论体系的初步尝试，另一方面又引进国外某些合理的教学方法，如案例教学法、辩论（对话）法、法律和道德二难法、比较分析法等，使他的讲授极富启发性，使课堂显得生动活泼，充满着学术自由和平等的气氛，既培养了学生解析问题的能力，又在无形中培养了学生的民主精神、参与意识和对话能力，成为全校最受欢迎的授课教师之一，并荣获吉林大学教学质量优秀奖。

文显担负的众多领导职务，其实也都是非他所自愿的。他钟情于自己的法理学专业，珍惜自己在学术创造上的黄金年华，深知担任领导工作要消耗和占用大量宝贵的时间和精力，但是每次他最终还是愉快地服从了这种“被选择”，并且全力以赴地投入工作，高质量高效率地完成了自己所担负的行政、教学和科研工作。他先后主管过科研、外事、研究生和教学管理等繁重的行政工作。为了不辜负全系师生的信任，他恪尽厥职，花费大量时间和精力去从事组织、协调和服务工作；同时又更加勤奋地从事教学和科研。1987 年吉林大学对校内中层以上干部进行考核，设立了“事业心、原则性、公正廉洁、全局观念、开拓创新精神、求实精神、民主作风、本职工作能力、组织协调能力、决断能力、勤奋精神、工作实绩”等 10 多项指标，他的平均得分为 91.5。这个得分令我简直叹为观止。我实在无法想象在当今中国社会的各种条件下，一个人担负领导工作如何能获得这样高度且全面地评价。吉林大学很多师生都说，像文显这样既能出色地完成繁重的行政领导工作，又能以高水平的教学受到学生们的欢迎，同时还能为繁荣法学理论贡献良多质优学术论著的全才实在不可多得。难怪福特基金会要把他称为中国法学界的一颗新星了。

中国学人有一个传统，就是道德、文章并重。但是真要在这两方面堪可为人师表则委实不易，就连大名鼎鼎的陈独秀先生也难免使他的一个崇拜者——苏州监狱的老典狱长留下遗憾之讥。然而文显作为新一代学人却可以说几乎无懈可击，他的品格和才学受到人们的同样钦敬。文显为人质朴而豁达。尊师、重道、克己、敬人，中国知识分子的传统美德在文显身上多有体现。但是这一切并不构成对现代文明中人际关系的羁绊，反而每每自然而然地帮助了文显在人生和事业上的成功。从事学术研究的人都知道一个常识，一个人能否取得突出的学术成就，与他能否占有新颖而丰富的资料密切相关，在竞争激烈的高校和研究机关内，“资料封锁”历来是很多研究者惯常的行为模式，这在学术界也几乎成为一条无需过多指责的惯例。在国外学习期间，张文显用本人生活费的结余复印和购买了大批国内缺少的图书资料。为了使国内法学界了解西方法学以促进中国法学的繁荣，他主动热情地向国内学者推荐当代西方法哲学的重要论著，毫无保留地向来访的学者和研究生展示他从国外带回的最新资料。几年来，他先后为北大、复旦、政法大学、社会科学院法学所和西南政法学院等单位的同行们复印图书资料数十册。有的朋友告诉他：同行之间互相封锁已成为一种风气，资料就是学术生命，最新、最好的资料不要轻易示人，更不应借阅和复印。文显则回答说，这种风气是小生产的习惯在学术研究上的反映，我自费收集国外的资料并不仅是为了我个人著书立说。如果我把资料封锁起来，其价值是极为有限的，只有让更多的有识之士得到它们，中国的法学和法制才有希望。文显为人朴实真诚和豁达大度于此可见一斑。

前年秋天北大法律系派我参加全国高校法学研讨会（郑州会议）的审稿，前吉大法律系主任刘富起老师下车后见到我第一句话就说：“文显问你好。他对你很关心。农民孩子待人可是真心啊！你们之间的这种友情我们都很感动。”吉大法学院院长张光博老师也曾打电话真诚地向我祝贺我与文显在北京的第一次相识机会。前辈师长们饱经人事沧桑的慨叹和祝勉，使我们并不算年轻的心更加感到人生道路上真诚友情的珍重。文显比我长两岁，因此我在给他写信时便称之为“文显兄”。这种称谓在朋友中是习用的，至于被称谓者年龄是否确可为兄，那倒并不需要太认真。但是文显在我们北京第一次会面后的来信，居然就对应地写“海滨弟”。这就真真使我感到亲切而有趣，不过后来文显自己大约也觉得这种称呼不合乎于惯例，于是便不再自命为兄。在珠海开会期间，西南政法学院的陈学明老师、文显和我一起商议计划中的长春会议和重庆会议，文显又一次在言及“学明兄”之后脱口而出一句“海滨兄”，但他却在我作出反应之前连忙郑重地告诉我说：“我这是在以第三者的身份说话，你可别当真。”我赶紧连声说岂敢岂敢，一句便足以受用了。于是相视大笑。当然我们彼此都非常默契地理解，这种称兄道弟绝非仅出自礼貌或幽默。我们都太需要从对方获得学术上和人生中更深层次的相知和亲近。而从文显身上自然透射出的兄长般的信任和理解，使我常常感到这温暖的可贵。我们只要有机会聚在一起，无论是在北京、在郑州、在珠海、在长春，彻夜交谈便是绝对免不了的。在朋友们中间，大家都非常尊重文显。这不仅在于他的学问好，同时也在于他的人品。

然而千万不要以为文显便只是这种谦谦君子。鲁迅曾评说陶渊明的两种反差极大的风格，强调读者需注意其“精卫填沧海，猛志固常在”的一面。作为与文显相知已深的朋友和同道者，我对他更加称道的其实还是他那种潜藏于内里、如地火一般燃烧着的壮烈情怀。他曾在留学期间参加的一次国际会议上严辞驳斥某些代表对中国西藏问题的别有用心的发言，维护了国家的主权和学者的尊严。而且，外表上老成持重、讷言慎行的文显居然还做过一件在政治上孟浪率真得令人难以置信而又钦佩至极的事情。事情发生在前些年的一次社会大动荡中。处于变革中的中国社会各个阶层，都还没有处理在变革中难免有时激化起来的社会矛盾的经验和能力。因此，我们的报纸也就对之作出一些过于紧张的反应。文显从报上看到一种他认为从法理上很值得究问的观点，于是按捺不住，当即投书有关部门，提出质疑和批评。虽然是泥牛入海无消息，但他幸运地在那种背景下没有受到追究——这证明我们的社会政治生活是无可置疑地进步了——而当他后来将此举告诉我时，我惊诧半晌方说：“居然!”类似这种事情我在 19 岁时曾义无反顾地做过，当然那后果（须知那是 1972 年）是很不美妙的。我毫不含糊地指出文显此举的轻率天真，但我同时又衷心地赞佩这种率真的赤子之为。中国的知识分子缺少这种勇敢得近乎愚执的参与精神。水至清则无鱼。人总是要在其内心保留着一块绝对的价值领域，一种多少带有盲目性的本能冲动，即便是经过相当完好的理性训练的学者也概莫能外。如果说在此之前我还主要地把文显当作切磋学问的良友，那么，在我闻说此事之后，便极愉快地完全将他引为精神气质上的同类了。甚至可以说，在我描述了文显所具有的那么多的可贵品质之中，这一点是最引我深为敬重的。所以，当文显当选为法理学会最年轻的副理事长之后，曾有青年朋友问我文显的成功是否在于他为人少年老成、谨小慎微，我回应说事实正相其反。书生本色而志士情怀，这便是我对文显风格基调的深层次把握。

不过，以上所述仍不足以概括文显其人的全貌。我想我不应当忘记描述他性格中的幽默和喜剧成分。大凡有智慧者都不缺乏幽默感这种生活中必要的“盐”，只是文显在表现幽默方面则时时带有明显的制作意向。去年6月，吉林大学召开关于法律范畴的讨论会，我和张宗厚因在珠海会议之后转赴海南而迟到了。师长和朋友们自然不免奇怪我们何以迟到。于是文显便大肆渲染我未办边境通行证而困留广州，又错买到沈阳的机票只能辗转赴长春的几则笑话，使大家如同观众期待一个喜剧人物出场一般等候我们的到会，同时也自然地原谅了我们的迟到。当我们出现在会议时果然产生了一种剧场效应，大百科全书的张遵修老师笑问我："你怎么聪明一世糊涂一时啊?"我回答说："我妻子还可以给您抬出一大筐这种故事呢。"我很遗憾吉大的学生感到我严肃得难以亲近，因为北大的学生和文显接触后印象是很平朴亲切的。去年在北京开法律经济学会议，我带了几个学生作会务工作，结果他们会后总是津津乐道于一件事：文显在夜半两点叫我起来打扑克。他们想不到白天会上道貌持重的张老师夜晚竟显露如此孩童趣态。于是他们便经常模仿文显半夜敲门的腔调说："海滨，起来打扑克吧。"还可以举出一例。去年底我陪赛德曼夫妇去吉大讲学，行前马克·赛德尔先生介绍说，去后一定要访问张文显先生，他有一个极贤良的妻子和一个极可怕的女儿。赛德曼教授全然不解一个六岁的女孩何以"可怕"，我则是早已领教过了的。那是一个天分极高且"侵略性"极强的小朋友。到长春后，我在文显家作客时便向文显夫妇转述了这个评语。几位作陪的朋友都惊叹赛德尔先生所用的这个不寻常的词汇。张吉豫小朋友虽然不懂英文却也听得出"terrible"一词其意不美，于是便羞赧起来。但是做父亲的文显却拿来一大本英汉辞典，满屋子追着女儿硬要给她解释"terrible"是什么意思，一时屋里笑声大作，其乐融融。

这便是我们的文显。无需我提供更多的细节，我想读者已经了然其人了。最后需要申明的是，本文是应《中华青年精英丛书》编辑之约，在吉林大学法学院郑成良同志提供的文字资料基础上，匆匆改写而成，为照顾叙述角度只好署我个人的名字，希望读者留意。

1989 年 1 月 5 日写于北大 25 楼

附言：

这是一篇 20 余年前的仓促旧文，文章最后一段也已略述其来龙去脉。不过这次收入文集，还是需要钩沉和还原一下当时情境，使读者诸君明白我怎么会写出这样一篇文字，也使自己对过往岁月有所纪念。

1989 年的 5 月是五四运动 70 周年。在此之前半年多，共青团中央和广西师大出版社决定合作编辑出版一套纪念性丛书《中华青年精英》，按照工作行业和知识学科设为若干分册，委托相关者推荐入选名单。政法分册题为《不倾斜的天平》，主编是时任《法制日报》副主编、北大中文系 1962 级学长陈应革。我被通知入选并要求写出至少 7000 字小传，在 1988 年底交稿。到了 12 月 31 日那天，我给陈老师打电话，向他道歉说我希望退出。陈老师很讶异，说退出可以，但请先见面一谈。于是晚上我就带着学生楼戳骑车 10 余公里来到当时在五棵松附近的《法制日报》编辑部。陈老师在值夜班，听我道明理由，然后说：世界之大无奇不有，我遇到好多找我要求列入的，还没有像你这样要求退出的，单凭这一点，你就别想退出。写个人物小传有什么难的？找一个既了解你又上过大学的人就可以了，实在不行就让你爱人写，医生总不能没上过大学吧？我再给你几天时间，务必交稿。

我无奈，只好和楼戬连夜赶回北大，然后找到正在中文系读博士的老朋友李书磊帮忙。书磊说他知道这回事，因为他自己也被推选到文学分册。还说如果早一点找他，以他对我的了解一定能写得很好，现在时间这么紧张只好做急就章了。结果书磊几乎是第二天就写出来了。我打电话报告了陈老师，他说已来不及审稿，让我直接送到设在团中央附近某宾馆的总编辑部。我赶去以后，编辑江姗已得陈老师介绍在等候审稿。她读完很满意，我便要告辞，未想她拿出一份目录说，齐老师你看一下入选文章，我们也不了解法学界的情况，想趁便听听你的意见。然后指着排在靠后的一篇说，这是关于吉林大学张文显的，材料扎实，但写法不符合要求，现在也来不及沟通了，我们已决定撤下来。

我连忙说那可不行，不仅不能撤，而且还应置于众文之首，因为这个人很重要，是我们的代表，没有他，这个分册的说服力就大打折扣了。江姗这下犯难了，说全部书稿第二天就要报上去，另起炉灶重写根本来不及，修改也很难。我请她把原稿拿给我看看，从内容看知道显然是因双方距离远而对写作要求沟通不良造成的结果，于是说：我先拿回去，尽量以原提供的材料为基础，看能否改写成符合你们要求的文章，不管怎样明天都送还。回到学校已是傍晚，当天夜里我一直写到两点多，直至累得头晕眼花。次日请学生方腾高送交编辑部，让他务必等候编辑审完稿再回来，因为我心里没底能否被通过。下午很晚腾高才回来，一见我就一字一句地转述说：编辑审稿后嘱咐他，告诉齐老师两件事，一是请他放心，写得非常好，我们很满意，也会采纳他的意见往前放；二是请他代我们约李书磊为全套丛书写总序，因为我们认为他写齐老师的那篇小传，最符合丛书的纪念宗旨。

我后来又被告知，编辑部从各分册选了四篇文章，准备刊发于1989年第5期《中国青年》杂志，其中有李书磊写我的那一篇。我听说后有些惶恐，感到过于出乎意料。当然，那一年的情势后来突发变故，各项计划也就中止了。《不倾斜的天平》倒是有幸成为完卵，率先印了出来，我出国前还碰巧拿到一本。至于它后来是否公开发行了，我因很快出国无以知情，估计是没有吧。

2012年6月18日记于武昌喻家山不知庐

12　红叶隔年

说来惭愧。小时候在北京住过很久，却从来不曾认真看顾过香山的红叶。学校组织春游到香山，老师摘了几片青青的黄栌叶，说秋霜以后，它们就变得殷红殷红的了，满山遍野，是燕京八景之一呢。可惜老师不是封姨，无法使我们当下就真的领略这红叶，我们也就淡然了。兴致却在爬“鬼见愁”。下山时，老师还说秋天里要和我们一起看红叶。然而老师的愿望没有实现，文革不久就卷地而来。老师自然是不免于厄运的，红叶也淹没在波澜骤兴的“红海洋”里了。我们很起劲地到香山去搜山、破“四旧”，打倒和批判着我们还并不懂得的许多东西。没过很久，在汹涌的红流里，我下乡到了北大荒。

北大荒给了我严酷的洗礼。“秋里磨得双手茧，夏来晒脱五层皮；烧荒崩爆烟熏面，伐木叮咚雪满衣。”我们在积水没膝的田野里割麦子，捆谷草；在零下30多度的奇寒中刨着比岩层还坚硬的冻牛粪；夏锄时每天十几个小时在看不到地头的豆田里绝望地劳作；春天小兴安岭起了荒火，我们扑救了几天几夜，下山时活像白居易笔下的卖炭翁。大年初一，我正用笛子在床板上擀饺子皮，有人告诉我箱子被撬了。我跑到仓库，箱子里空空如也。我只好从知青们的黑市交易中买来春夏穿的衣服。第二年深秋，我们到山里搞“小秋收”。满山的柞树林和白桦林一片金黄，令人沉醉得有些朦胧。我恍然感到，这金黄中似乎应当有一种红的色调。我想到了香山的红叶，并且似乎初次体味到，人生并非只有一次秋天，红叶也并不只是风霜老者的精神写照。

这年年底我参了军。不久发生了“9. 13”事件，震惊之后，我感到一种难以平抑的因思想受到嘲弄而生发的愤激，于是拼命地读书，力图搞清困惑着我的许多问题。有人说书读多了要坏事的，果然有幸被言中。我因在政治学习中说了一些当时不能说的话而受到审查。连队党支部极力作保，又幸得一位在部队蹲点的军区领导的偶然干预，事情不了了之。进入了一次思想的炼狱之后，我深深地感到了直面人生的苦闷。这时我读到了流传出的陈毅诗稿。回荡其中的风云之色、金石之声，立时使我如醍醐灌顶——“西山红叶好，霜重色愈浓。”掩卷凝思，诗中深沉纯朴的红叶形象，以及这一形象被赋予的斗争品格和牺牲精神，给我以深沉的感召和寄托。

我对红叶的怀思便像醇酒一样发酯了。秋天，部队在太行山里摔了飞机，我受命进山拾取遇难战友的遗骸。遇难的机械员是一位北京同学。牺牲的意义对于我从未有过这样的切近。峡腹里有几株红得像血一样的枫树。我采了一把枫叶，觉得它很沉重。我把它插在灵车前。夜半下山，在车灯的照射下，就像颤动着的火炬。

孕积着对红叶像醇酒一样发酯的怀思，我把探亲假推迟到 1974 年的仲秋。行前，连队的干部战士交给我大量的采购任务，从定量分配的白糖到凭券供应的手表。却有一位战友只要我给他带回几片香山的红叶。这使我极感欣慰，写诗辞行："故国金风阵阵吹，乡思浓比桂花酯。此行惟记君之嘱，采得西山红叶归。"抵京次日，我就扑上了香山。在肃穆的秋空里，凭高四望，漫山的红叶有一种撼人心魄的气势，沉雄、苍迈。我想起戚继光的诗句："繁霜尽是心头血，洒向千峰秋叶丹。"经历了怎样的斗争生活，才能升华得如此坦荡、凝重的情怀！我远远看准红得最透的一株，在夕阳的余晖里，钻进它那火焰般跳动的丛林里，凝视着叶上闪烁的光斑，身心都仿佛幻化了去。

从部队退伍后，我在外地一家钢铁厂当铆工。工作和条件都很艰苦。车间是两座新上马的 100 立方米的高炉。"会战"一个接一个。骇人听闻的工伤事故接连不断。我第一次尝到"白手起家"的甘苦。费了九牛二虎之力架起一间小屋，却被领导以调整住房为名抢占了去，只好重新营造。食堂管理员大事贪污，伙食克扣惊人，我只好领回口粮自己做饭。一天夜里，装面袋的手提包忘了关好，钻进一只老鼠，把我从梦中扰醒。恼怒中我抄起擀面杖一顿狂抽猛打。看着从包中拎出的肥大的死鼠和被鼠血染红的面袋，我想起了《诗经·硕鼠》作者的哀苦。这袋面我后来还是吃了。没有别的办法。晚秋时节，我和工友到山里的水库去打野鸭子。水库边恰巧有一片红得醉人的枫林。野鸭子一只没打着，却在枫林里痛饮了一回，好好玩味了一番“停车坐爱枫林晚，霜叶红于二月花”的意境。还带回一大把，插在书桌上。晚来相伴夜读，又题一诗：“茅檐浥雨纸新糊，自饮村醅偎小炉。窗飔牖露寒灯阒，红枫默照案头书。”寂寞中，有一种作为普通劳动者才能感到的充实。

1976 年的深秋。那一年的红叶，红得多么透彻！当“打倒”这个 10 年来人们司空见惯的谓语动词把那四个家伙从主语变成了宾语的时候，香山的红叶发出了畅怀的笑声。我当时正在江南出差。天平和栖霞的枫叶正像云锦般绚烂。北京的朋友写来厚厚的信，信中夹着一片红叶。这红叶使我想起了清明时广场上的白花。饱浸了人民多少血泪，它才变得这般鲜红！在京口北固山上俯瞰着东去的大江，在嘉兴烟雨楼上面对着沉静的南湖，在镇海古炮台上遥望着苍茫的海天，我眼前叠现着在秋风中呐喊着的红叶。有饱经忧患的人民，才有多难兴邦的家国；有坚强的、富于牺牲精神的红叶，才有这壮丽而硕果沉沉的秋天！

招生制度改革后，我参加了高考。曲折的生活经历使我不相信命运也会看顾我，就没有企望考回北京。可是厂里教育科的一位老大姐却在我住院手术时，将我的第一志愿由南开改为北大。拿到录取通知书，我不敢认真体味心中复杂的情感。打点好行装，我向老大姐辞行并致谢。她说自己不过是努力对社会克尽自己的职责。行前我留给朋友一部诗稿，扉页上写着："书中夹红叶，红叶颜色好。请君隔年看，真红不枯槁。"——是陈毅诗句。

在未名湖畔，倏忽又送走了好几个秋天。学习生活的紧张气氛使我几乎没有体察身边的物候，尽管校园里花木是那样多。然而一年一度的香山红叶我是绝没有忘记去看的。每一次都像看望神交已久的朋友。有人担忧，现在的红叶不如从前那样纯净了。由于病害和环境污染，他们有了杂质和伤斑。我不曾见过很久以前的红叶，无从想象它曾是怎样地红得纯净。我问过住在香山的老人，在西山许多山坡以前本无红叶，现在深秋里也出现了斑驳的红色。这使我放下心来。红叶的生命力原是坚强而旺盛的。只要我们加以正视，并且积极地防治护理，杂质和伤斑又何足过虑。大学毕业时，同学们互敬赠言，我曾想给每一位同学都题写那首陈毅诗句，征询了意见之后没有这样做，只写给一位同学。如果说人的生活是一部书，那么这首诗便是我珍藏于其中的一枚红叶。我相信我会继续将它珍藏，即使隔很多年、很多年。

1983 年秋写于北京香山红旗村

附言：

此文原题为《红叶情思》，发表于 1984 年 11 月 14 日《北京大学》校刊，但是写于一年之前。当时我在北大读研究生，家在北京香山脚下，周末回去时经常会上山走一走。写此文，是在 1983 年秋天的一个周末上山看了红叶之后。论究起来，当时的写作冲动大概有三：一者那个秋天是我的而立之年，自然会回首生发一些人生感慨；二者当时刚开始所谓清除精神污染的政治运动，高校成为重点清污对象，心中有积郁，如骨鲠在喉不吐不快；三者因同学推荐，周末回家读了史铁生发表于 1983 年第 1 期《青年文学》上的小说《我的遥远的清平湾》，深受触动，直接诱发。当时没有写完，后来因主持校刊文学版《百花园》的朋友李书磊约稿，才想到完成和发表。

发表以后，得到一些有趣的不同反响。中文系的朋友看重的是形式，她们的评论不甚客气，说文学技巧通篇无足挂齿，予人印象新颖深刻的只有这样一句话：当“打倒”这个

10 年来人们司空见惯的谓语动词把那四个家伙从主语变成了宾语的时候……云云，我笑答这样讲话倒是我的习长。外哲所的朋友看重的是思想，他们考证出文章的价值在于最后一段针对清污运动的辩护意义，我说那确实是写作和发表的本来意图。计算机系的朋友比较年轻一些，看重个人际遇，他（她）们想知道是什么事情使我突然写出这样一篇东西，我也解释了一年前的三重写作动因。最特殊的反应来自我的一位同龄警察朋友，他从我弟弟手中一把抢过校刊，读罢连声叹道："真他妈的厚实！这他妈的才叫人生！"我听说以后，沉吟良久——显然他的眼光与校园里的朋友们都不同。我知道，他所看重的是经历，是人的生活。我在华科的朋友贺雪峰教授，喜欢用"质感社会学"一语来表征自己的社会学研究理路特色，我能够理解这个词组传达的独特意义。借用雪峰的创意，我想，我的那位警察朋友——他叫王爱民——其时所看重的，应该就是人生的质感，或者说，是有质感的人生。

2012 年 6 月 15 日于武昌喻家山不知庐

13　我们为母校留下什么

——致北大 77、78 级全体同学

如草木之恋土地，如河水之怀高山。即将毕业的 77、78 级同学，我们将用什么作为留给母校的纪念？

我们是教育制度改革后的第一代大学生。在那黄钟毁弃、瓦釜雷鸣的年代，我们曾空怀献身祖国科学之心，求学无门，蹉跎岁月。四害除，民族兴。北大，为我们敞开了母亲般的胸怀，以她全部的心血哺育了我们。在她的怀抱里，我们成长了，我们成熟了，我们就要学成远去了。——亲爱的母校，我们将为她留下什么？

人生最宝贵的莫过于青春，大学生活又是青春最动人的乐章。北大，我们的青春开花结实的园地。在这里，我们有艰苦的耕耘，也有欣慰的收获；有严肃的求索，也有胜利的狂欢。我们充实而愉快地度过了多么短暂而难忘的四年。图书馆朝夕相伴的灯火，未名湖一往情深的碧波；师长们亲切的教诲，同学间相长的切磋，——这一切，都将成为永远逝去的怀念。——难忘的母校，我们将为她留下什么？

作为北大学生，我们将终生引为骄傲。北大，这科学民主的摇篮，曾经哺育了中国近现代革命史上的一代英豪。在这里，蔡元培兼容并包，开科学民主风气之先河；在这里，李大钊引燧播火，张起马克思主义的赤帜；这里，《新青年》的勇士向垂朽的社会射出第一排利炮；在这里，五四运动的惊雷唤醒了古老而衰微的中华。缅怀先辈，修传统以明志；展望未来，知任重而道远。今天，我们就要沿着先辈开拓的道路，跨出校门，投身于振兴中华建设四化的伟业。——伟大的母校，我们将为她留下什么？

未名湖畔柳，临别总依依。在此，我们怀着对母校全部的热爱、景仰、感激和惜别之情，向 77、78 级同学倡议：为了给母校留下永久的纪念，为了给我们的大学生活留下有意义的回忆，捐资为蔡元培先生和李大钊烈士塑像。亲爱的同学们，“谁言寸草心，报得三春晖”，让我们为母校献出赤子般的挚诚吧！

北京大学第 13 届学生常代会 77、78 级全体代表
1981 年 11 月 28 日附识：

如题所示，本文是北大1977、1978两级学生毕业前关于为母校建像留念的倡议书。今年6月我在写《黄桷树根深叶茂》一文时，在北京家里到处翻找当年的课堂笔记，结果翻出了夹在一个笔记本里的这个倡议书。于是把它作为本书收入的最早一篇文章。其实，据说我的老同学、厦门大学的齐树结教授早在十年前就于网上发表过这个倡议书的文本了——他当年居然是站在三角地橱窗前，逐字逐句地把它全文抄录在日记里。

建像留念的事务是由当时的校学生会主席潘维明负责的，有不少同学参与其事。树结在他的日记中特别提到我是倡议书的作者。其实我是co-author，另一位作者我一直不知道是谁。我记得是在1981年11月的一天中午，我的朋友、学生会宣传部长刘晓峰匆匆找到我，让我以77、78级学生常代会代表的名义写一个捐资建像倡议书，还拿来一份草稿作参考。时间很急，我只好不睡午觉，在基本保留原稿段落结构的基础上重写了大部分文字。晓峰看了很满意，马上拿去参加下午的执委会会议讨论通过，然后我又买了纸和浆糊，找到老朋友图书馆系78级班长华人德，请他抄在大字报纸上。老华是学生中知名的书法家，一见倡议书大喜，不仅当即在宿舍桌上工楷抄录，还主动代表他们全班在倡议书后签名附议。

我和老华当晚就把它贴到了三角地的橱窗上。

随后一段时间里，此事成为北大学生中热烈议论的话题。我既然当了始作俑者之一，顺理成章也就承担了接受同学捐款的部分工作。我也听到了各种意见。多数同学是赞成的。也有一些同学持异议，理由不一，比较有代表性的一条，是认为经历了文革之后，我们不应该再用自己的手树立任何偶像。这些不同意见都被恰当地反映和权衡。让我觉得有意思的是，即便激烈反对建像的同学，也说尽管他们反对倡议本身，却称道那篇倡议书写得非常好，令人印象深刻。

翌年夏天，蔡元培、李大钊两先生的铜像在我们毕业时如期建成，分别立于临湖轩侧和俄文楼前。老华毕业后回到家乡，在苏州博物馆工作。晓峰和我仍在北大，他当团委宣传部长，我读研究生。又是一年多以后，晓峰接任北大团委书记之前曾经找到我，说要编一本书，记述建像一事，要我以倡议书前后经过为题写篇文章。当时我正好寒假临近忙于考试，考完又马上赶往福建探亲，就没有顾得上。我不确定那本书后来出了没有。

30 年弹指而去，事过境迁，风流云散。我和晓峰也都早已离开北大，老华一直在苏州博物馆工作，不知现在是否已退休。大概是在七八年前，我和他们有缘见过面。我是在耶鲁一位友人家里见的老华，他好像是随一个书法家代表团到美国访问，来去匆匆。毕业多年后第一次相聚，堪称阔别，老华送给我一幅书法，看似脱胎于汉隶风格，写的是唐人刘方平的绝句《夜月》。晓峰八九后很坎坷了一段时间，后来一家人好像移民加拿大了，但他还在国内做房地产，我回国时去他在北京的公司见过两次，自然是一番把酒，隔世沧桑。如果不是这次偶然翻找旧时笔记，当年这篇文字恐怕也就湮没无闻了。

2012年7月于毕业30周年之际

跋

暑假前交稿的时候，王兰萍编辑向我建议，选书中的后两篇之一作代序，另外再写一个跋。那两篇文章一是《红叶隔年》，一是“建像倡议书”。我觉得，两文皆已事过境迁，收入文集立此存照就行了，代序可能不大合宜。王编辑予以首肯，于是此书就没有序了。无序而有跋，我不知道是否合于体例，不过的确是有些话需要向读者说一下，也只能写在跋里。

第一个要说明的，是关于成书的原委。我在去年秋天参加外法史年会时，有幸结识了商务印书馆的编辑王兰萍。今年 2 月我的导师沈宗灵先生去世后，我隔海赶写了那篇悼念长文，经赵晓力发在悼念网站上。晓力同时也发在了有更多读者的法学创新网上，王编辑看到了，约我在回北京时见面一谈。她说正在筹划一个题为“法律人生”的系列随笔丛书，每本篇幅 16 万字左右，动员我加入。

我非常感谢王编辑的厚意。但是由于我多年来一直没有出书的打算，所以很踌躇。王编辑坚执不弃，以各种理由努力动员说服。盛情难却之下，我同意了，因为我无法不承认，商务馆这套丛书的构想和我的既有之作确实很搭（这是法律出版社编辑高山后来的评语）；而且我心里大略钩稽评估了一下，发现这些年因缘际会写下的一些散文随笔类文字，差不多就是16万字，也真算是机缘巧合。于是就报了文章篇目，签了出版合同。

既有合同在身，5月间课程结束以后，我开始录入和整理旧作。我在五年前刚回国工作时，因为连续得知一些师长和朋友故去的消息，曾经动笔写悼念文章，但写了开头以后却又因故拖了下来。这一直是我心中的一个未了之念，我想借助这次出版的压力完成。于是有了《空音》与《黄桷树根深叶茂》两文，由于纪念的故人多，篇幅就都很长。即使这样还是有一些朋友和师长没有来得及写到，比如王燕斌和查海生，还有北大的一些老师。由于全书篇幅所限，也就相应地撤掉了原来的一些入选篇目。谨此成书之际，我必须对商务馆和王编辑表达特殊的感谢。一点不夸张地说，没有王编辑的努力，也就根本不会有这本书；对于此书，编辑所起的作用远甚于作者。

第二个要说明的，是关于所收的各篇文章。我其实是一个很少动笔的人，不被逼到头上就不写。其实我从小是有写作习惯的，直到当兵头两年都坚持写日记和读书笔记。记得刚当兵时，有一天训练完后，我发现几个战友把我藏在床下的日记本搜出来，津津有味地翻看，还评论说“比字书还好看。”——因为被我制止时，他们还只看到我当兵前在黑龙江下乡时候的日记。回想起来，我之所以后来不怎么写东西，应该和我在《篱笆》一文记述的那一次思想事故有关。从那以后，我更多地选择以旧体诗词作为表达方式。这有两个原因：一是在文革时期的压制环境下，旧体诗词是一个比较合适的体裁，表达沉郁隐晦，至少篇章短小便于随身，从而减少文字狱的风险；二是我惯于游历，诗词显然比文章更适合旅行，多年以来，我的诗词作品绝大部分是在旅途中产生的。而有了诗词作为情志表达和人生记录，也就愈发懒得写文章。习惯在年轻时既已养成，以后便很难改了。

因此，30 年来我多少还能积有一点东西以待这次被王编辑成功发掘，都是各有特殊因缘的。这些写作因缘，有一些在各篇文章的附言中说明了。从正文和附言中可以得知，多数文章是命题或强力约稿之作，属于不得已而为之的被动性质。清点目录，本书十三篇文章中，属于主动性质的有六篇，是少数。而在这六篇中，却有四篇是悼亡之作，分别是《予人玫瑰，手有余香》、《空音》、《黄桷树根深叶茂》和《我的北大，我的沈老师》；另外两篇是《红叶隔年》和《寻找童年》，属于特定情境下被强烈激发出来的怀旧之作。十三篇文章中，多数也以不同形式发表过，见诸者或文集、或报刊、或网站；未曾发表过的只有四篇，分别是《玫瑰》、《空音》、《黄桷树》和《寻找童年》。《玫瑰》一文本拟投给巴哈伊刊物《曙光》，因其停刊而未果。《寻找童年》之所以没有发表，是因为我当时不认为能有适合的报刊。至于《空音》和《黄桷树》，本来就是在此书的出版压力下才得以完成。

第三个要说明的，是关于书名。“法律人生”是编者为丛书所设定的极好主题，我甚至都有些奇怪这么多年何以一直没有人用过这样的选题。至于本书副题，我向编辑提出了两个建议：一是《北大三题》，一是《远游》。两题都有来历。后者出自《楚辞·远游》，我在《空音》一文中曾有引述。前者背景复杂一点，是我分别于1998、2002和2006年应约写的关于当年在北大的老师、同学和学生的anniversary纪念文章，各有英文标题，正好构成一个相关系列，我后来将之合为《北大三题》。2007年我受聘华科之初，“华中大法律网”的负责人饶传平看到以后，加了编者按语拟发在网站上，我考虑后还是搁置了。今年2月沈老师去世后，晓力等人建了一个悼念网站，把《受教燕园》放了上去，我看到后，商请晓力换为完整的《北大三题》，传平随后也将之转载到华中大法律网。

我希望以《远游》作书名，因为我觉得与内容更贴切。编辑则选用《北大三题》。我解释说，因为书中还有其他文章涉及北大，比如《我的北大，我的沈老师》，那样就不是三题，而至少四题了。不过我后来还是接受了编辑的决定。理由是，全书十三篇文章中确实大多数主题或主要内容都与北大相关，有些甚至就是当时在北大所写的。与北大无关的只有三篇，是《玫瑰》、《寻找童年》和《鄱阳湖畔小松岗》，而且即便这三篇，文中也都提到了北大。所以这样想来，编辑的坚持也是其来有自。尽管我还是认为，就题旨而言，《远游》更发乎作者内心。

此书文稿承蒙我的北大同学刘歌和校友高山、邓郎、王培、马伯强以及华科同事饶传平、杨昂惠阅或评论。我的学生徐浩、邓龙阔、曹健雄、刘彬彬提供了部分的文字输入和校对等帮助。值此本书付梓之际，我也要向他们表示感谢。当然，应致以感谢者还包括我的妻子晓宁和友人吴冬娜、高健、陈妙芬等，她们于本书也各有推助。

是为跋。

2012 年 7 月 25 日于大西洋侧畔

图书在版编目(CIP)数据

法律人生：北大三题/齐海滨著—北京：商务印书馆，2012(2019.7重印)
ISBN 978-7-100-09327-9

Ⅰ．①法…　Ⅱ．①齐…　Ⅲ．①齐海滨—自传
Ⅳ．①K825.19

中国版本图书馆CIP数据核字(2012)第168165号

法 律 人 生
——北大三题

齐海滨　著

商 务 印 书 馆 出 版
(北京王府井大街36号　邮政编码100710)
商 务 印 书 馆 发 行
北京艺辉伊航图文有限公司印刷
ISBN 978-7-100-09327-9

2012年11月第1版　　开本880×1230　1/32
2019年7月北京第2次印刷　　印张10¾

定价：53.00元